金融经济实验系列教材

金融计算实验

——基于 MATLAB 编程

(第三版)

张　燊　石　晓　马孝先　编著

中国财经出版传媒集团
经济科学出版社
Economic Science Press

图书在版编目（CIP）数据

金融计算实验：基于 MATLAB 编程/张桑，石晓，马孝先编著. --3 版. --北京：经济科学出版社，2023.8

ISBN 978-7-5218-4991-2

Ⅰ.①金… Ⅱ.①张…②石…③马… Ⅲ.①Matlab 软件-应用-金融-计算方法 Ⅳ.①F830.49

中国国家版本馆 CIP 数据核字（2023）第 140175 号

责任编辑：宋 涛
责任校对：郑淑艳
责任印制：范 艳

金融计算实验

——基于 MATLAB 编程

（第三版）

张 桑 石 晓 马孝先 编著

经济科学出版社出版、发行 新华书店经销

社址：北京市海淀区阜成路甲 28 号 邮编：100142

总编部电话：010-88191217 发行部电话：010-88191522

网址：www.esp.com.cn

电子邮箱：esp@esp.com.cn

天猫网店：经济科学出版社旗舰店

网址：http://jjkxcbs.tmall.com

北京季蜂印刷有限公司印装

787×1092 16 开 14.5 印张 264000 字

2023 年 8 月第 3 版 2023 年 8 月第 1 次印刷

印数：0001—2000 册

ISBN 978-7-5218-4991-2 定价：35.00 元

（图书出现印装问题，本社负责调换。电话：010-88191545）

第三版前言

党的十九大明确提出要“全面贯彻党的教育方针，落实立德树人根本任务”；党的二十大报告进一步提出要“实施科教兴国战略，强化现代化人才支撑”，可见，全面建设社会主义现代化国家，科技是关键，人才是根本，教育是基础。为达到这一要求，推动高等教育提质增效、内涵式发展，同时也为适应互联网与传统产业深度融合，人工智能、大数据、云计算等数字技术新趋势，创新新金融、新零售、智能制造、数字化管理等新业态，响应“新工科、新医科、新农科和新文科”“四新”建设新要求，高校人才培养需要按照时代发展的全新趋势，跟随国家发展的战略，从单一技能型向复合型转变；从专业素质型向交叉型、综合素质型转变。人才培养将更加关注道德、情商等思政与人文素养、创新精神和创业能力，以及培养具有国际化视野的高级商业人才等方面。

在此背景下，金融实践教学作为实现金融人才培养目标的重要途径，需要在党的二十大精神的指引下，对科教兴国发展战略下全面落实立德树人的教育方针、培养目标、教学内容和教学模式进行重新审视，通过实践教学改革创新和对专业育人、思政育人等课程目标的重新定位，真正将专业知识、实践技能训练与创新创业精神融入课程设计和专业教学中，真正培养出能够适应时代发展变化和经济社会发展实际需求的金融专业高技能型人才，以满足发展教育强国的基本要求。本教材的修订正是基于这一前提。

本教材的修订延续了第二版的编写框架、内容和特色，着重在以下方面进行了深化与拓展：

1. 体现党的二十大精神对人才培养的更高要求。在本教材修订中，注重突出党的二十大报告中关于高等教育发展的重要指示精神，将党的二十大精神与本教材内容、办学定位、人才培养目标合理融入，并遵循高等教育教学活动的一般规律，以及实验教学对人才培养发挥的重要作用。对部分章节中增加了“知识拓展”，以体现专业教学与思政教学在人才培养中同等重要的教育理念。

2. 适应金融新业态的人才需求融入“双创”教育。对本教材的教学目标体系进行了系统性的归纳总结，把每一部分的教学目标从三个维度进行梳理，分为教学的知识目标、教学的素养目标与教学的技能目标，这便于教学过程中教师与学生把握每一章节的教学定位与要求，提高教学效果的针对性。本教材内容的设计包含相关的金融理论、模型和思想，利用 MATLAB 金融工具箱、金融衍生工具箱、固定收益工具箱、金融时间序列工具箱等工具箱中的内嵌函数，将抽象的金融模型通过 MATLAB 的数据处理和图形形式来加以解释、验证和求解，旨在使读者既熟悉当前的金融理论、模型和思想，能够熟练使用 MATLAB 软件来处理经济金融中的定量计算与分析问题。每个实验给出了算法和程序。实验计算程序精心设计，思路清晰。在教材新版本的修订中仍然保持这一特色，以满足教学过程中师生的用书需求。同时，教材还突出了以模块任务为载体拓展教学内容，以提高学生的专业认知和职业操守，引导学生关注国家最新政策，如党的二十大精神，通过关注并参与“双创”，培养学生正确的人文精神和价值观念。

本次修订主要由清华大学社会科学学院助理研究员张燊主编并统纂，负责全书每个章节教学目标的设计与编写，第一章至第十二章“知识拓展”资料的整理与编写。山东财经大学金融学院马孝先教授对本书新版的编著进行了审定。

本次教材内容的修订展示了最新的国家政策和教学内容，更贴近行业对金融人才的实际需求。修订后，将比第二版内容更加严谨、充实，编者将以更高水准、更专业的态度回馈读者，以不辜负广大读者对本教材的期许与厚爱。

编 者

2023 年 7 月 16 日于北京

读者对本教材内容有任何疑问，请加编者微信联系

第二版前言

《金融计算实验——基于 MATLAB 编程》以金融市场学、金融工程、投资学等课程介绍的理论与模型为出发点，在量化交易、程序化交易的大背景下，进行金融实例计算实验，从理论模型的验证、问题解决方法的实操等方面来提高对金融知识的认知。《金融计算实验——基于 MATLAB 编程》针对金融专业开设的理论课程，每部分对应一个金融方面的专题，各部分内容相互独立，理论与实际相结合。

第二版教材继续强调以下重点内容。教材既包含了相关的金融理论、模型和思想，又利用 MATLAB 金融工具箱、金融衍生工具箱、固定收益工具箱、金融时间序列工具箱等工具箱中的内嵌函数，将抽象的金融模型通过 MATLAB 的数据处理和图形形式来加以解释、验证和求解，旨在使读者既熟悉当前的金融理论、模型和思想，又能够熟练使用 MATLAB 软件来处理经济金融中的定量计算与分析问题。每个实验给出了算法和程序。实验计算程序精心设计，思路清晰。

正是具有这样特色的选题与编著，在我校金融学院多年的使用过程中，取得了应有的效果。同时，多所兄弟院校也选择使用该教材，并给予较高的评价，同时也提出了许多宝贵的改进意见与建议，在该教材的修订版中，都有所采纳，在此表示衷心感谢！

本书在编写过程中参阅、引用了有关著作和教材，在此对所有相关人员表示衷心的感谢！

为方便教师教学，本书配有内容丰富的教学资源包，包括精致的电子课件、典型案例、程序编码等，感兴趣的读者可以向作者邮件索取 xiaoxianma@ 126. com。

由于编者的水平和经验有限，书中难免有纰漏，恳请同行及读者斧正。

编　者

2020 年 12 月 10 日于泉城

读者对本教材
内容有任何疑问，
请加作者微信联系

前 言

一、编写背景

国家要求高等学校要把建立和完善实践教学体系，作为提高教学质量的重要内容。根据教育部和省教育厅关于质量工程、实践教学体系的要求，如何改进现有的教学模式，给学生创造更多的实践机会和提高职业技能，培养学生的动手能力和自主创新能力，使之成为能够尽快适应社会环境的合格毕业生，是高等教育教学改革的一个重要方向。规划出版金融综合实验系列教程就是在满足高等学校财经教学改革的客观需求，寻求金融信息化、金融科技化与金融实务的对接，实现金融理论模型方法学习与问题设计验证计量的融合贯通等方面作出的一些尝试与探索。《金融计算实验》以金融市场学、金融工程、投资学等课程介绍的理论与模型为出发点，在量化交易、程序化交易的大背景下，进行金融实例计算实验，从理论模型的验证、问题解决方法的实操等方面来提高对金融知识的深入学习与掌握。

二、内容简介

《金融计算实验》以 MATLAB 计算软件作为应用平台，要求读者具有金融学基本理论知识。全书分为八个部分：第一部分为金融计算的 MATLAB 基础，包括实验一和实验二；第二部分为固定收益证券的计算实验，包括实验三和实验四；第三部分为金融数据处理与价格模拟实验，包括实验五和实验六；第四部分为证券投资技术指标设计实验，包括实验七；第五部分为投资组合计算实验，包括实验八和实验九；第六部分为期权定价计算实验，包括实验十和实验十一；第七部分为在险价值 VaR 的计算实验，包括实验十二；第八部分为金融优化计算实验，包括实验十三和实验十四。

每个实验一般由四个部分组成：实验目的与要求、实验准备知识、实验内容与步骤、实验编程与结果等。

三、教材特色

《金融计算实验》可使读者在掌握现代金融基础知识和理论的基础上，培养其运用数理方法和计算技术研究金融问题的能力，为将来从事相关工作奠定基础。针对金融专业开设的理论课程，《金融计算实验》每部分对应一个金融方面的专题，各部分内容相互独立，理论与实际相结合。既包含了相关的金融理论、模型和思想，又能利用MATLAB金融工具箱、金融衍生工具箱、固定收益工具箱、金融时间序列工具箱等工具箱中的内嵌函数，将抽象的金融模型通过MATLAB的数据处理和图形形式来加以解释、验证和求解，旨在使读者既熟悉当前的金融理论、模型和思想，又能够熟练使用MATLAB软件来处理经济金融中的定量计算与分析问题。每个实验给出了算法和程序。实验计算程序精心设计，思路清晰，便于读者参考学习。

四、适用范围

本书适用于国内财经类本科院校经济与管理类专业的学生和具有同等文化程度的自学者，以本科生为主；也可供研究生班学员、MBA学员使用；还可供广大实际经济工作者自学参考。尤其适合财经类本科专业的高年级学生等读者使用。

本书由马孝先老师统筹与规划，其中第一章、第二章、第三章、第八章由石晓老师执笔，马孝先老师对全书进行了修改和统稿。

本书在编写过程中参阅、引用了有关著作和教材，在此对所有相关人员表示衷心的感谢！

为方便教师教学，本书配有内容丰富的教学资源包，包括精致的电子课件、典型案例、程序编码等，感兴趣的读者可以向出版社索取。

由于编者的水平和经验有限，书中难免有纰漏，恳请同行及读者斧正。

编　者

2017年10月22日于泉城

目 录

第一章 MATLAB 计算环境设置与金融工具箱

【知识目标】

◇MATLAB 平台的整体功能与特点

◇MATLAB 与其他实验平台的联系

【素养目标】

◇以 Matlab 实验平台为代表的系统部署

◇实验软件的基本常识

【技能目标】

◇掌握 MATLAB 常用的六个窗口操作

◇实验环境设置

◇常用金融工具箱

第一节 实验准备知识

一、MATLAB 的发展历程

对于金融市场波动逻辑和规律的认知，是一个极具挑战性的世界级难题。迄今为止，MATLAB 由 Matrix 和 Laboratory 两个词的前三个字母组合而成，意为“矩阵实验室”。20 世纪 70 年代后期，为减轻学生编程负担，时任美国新墨西哥大学计算机科学系主任的克里夫·莫勒尔（Cleve Moler）教授编写了 MATLAB，受到了学生的广泛欢迎。80 年代初期，莫勒尔和杰克·李特（Jack Little）、史蒂夫·班格特（Steve Bangert）合作，三人一起组建了 MathWorks 软件开发公司，并把 MATLAB 推向市场。自 1984 年推出的第一个 MATLAB 商业版本，其内核就用 C 语言编写。此后，除其原有的数值计算能力外，还添加了图形图像处理、多媒体、符号运算以及与其他流行软件的接口功能，使得其功能日渐强大。

MathWorks 公司推出 MATLAB 后，又于 1992 年推出了基于 Windows 平台的 MATLAB 4.0。之后的每年又陆续推出了改进和提高版本，其功能在原有的基础上不断有进一步的改进。如今，MATLAB 已经推出了 40 个版本，从 7.2 版本开始，版本编号以年份来命名，每年的 3 月和 9 月推出当年的 a 和 b 版本。目前的最新版本是 MATLAB 2014b，而且从 2014a 版本开始，MATLAB 界面开始支持中文。

自 20 世纪 90 年代起，MATLAB 的学习就已被各著名大学列入本科生和研究生的教学计划。经过 30 余年的研究和不断完善，MATLAB 现已成为国际上最为流行的科学计算与工程计算软件工具之一，被广泛地应用在控制系统设计与分析、图像处理、信号处理与通信、金融建模和分析等众多领域。

二、MATLAB 优点

MATLAB 在学术界和工程界广受欢迎，其主要优势和特点有以下几个方面。

（一）工作平台和编程环境

MATLAB 由一系列工具组成，其中许多工具采用的是图形用户界面，包括 MATLAB 桌面和命令窗口、历史命令窗口、编辑器和调试器、路径搜索和用于用户浏览帮助、工作空间、文件的浏览器。这些图形化的工具方便用户使用 MATLAB 的函数和文件。

随着 MATLAB 的商业化及软件本身的不断升级，MATLAB 用户界面也越来越精致，更加接近 Windows 的标准界面，人机交互性更强，操作更简单。

同时，MATLAB 提供了完整的联机查询、帮助系统，极大地方便了用户的使用。

MATLAB 简单的编程环境提供了比较完备的调试系统，程序不必经过编译就可以直接运行，而且能够及时地报告出现的错误并进行出错原因分析。

（二）简单易用的编程语言

MATLAB 语言是一种高级的矩阵语言，它包含控制语句、函数、数据结构、输入和输出和面向对象编程特点。用户可以在命令窗口中将输入语句和执行命令同步，也可以先编好一个较大的复杂的应用程序（M 文件）后再一起运行。

MATLAB 语言是基于流行的 C + +语言基础上的，因此语法特征与C++语言极为相似，而且更加简单，更加符合科技人员对数学表达式的书写格式，更利于非计算机专业的科技人员使用。而且这种语言可移植性好、可扩展性强，这也是MATLAB能够深入到科学研究及工程计算各个领域的重要原因。

（三）强大的科学计算机数据处理能力

MATLAB是一个包含大量计算算法的集合，拥有600多个工程中要用到的数学运算函数，可以方便地实现用户所需的各种计算功能。

这些函数集包括最简单、最基本的函数到诸如矩阵、特征向量、快速傅里叶变换等复杂函数。

函数所能解决的问题大致包括矩阵运算和线性方程组的求解、微分方程及偏微分方程组的求解、符号运算、傅里叶变换和数据的统计分析、工程中的优化问题、稀疏矩阵运算、复数的各种运算、三角函数和其他初等数学运算、多维数组操作及建模动态仿真等。

函数中所使用的算法都是科研和工程计算中的最新研究成果，而且经过了各种优化和容错处理。

在通常情况下，可以用MATLAB来代替底层编程语言，如C和C++。在计算要求相同的情况下，使用MATLAB编程的工作量会大大减少。

（四）出色的图形处理功能

MATLAB自产生之日起就具有方便的数据可视化功能，能够将向量和矩阵用图形的形式表现出来，并且可以对图形进行标注和打印。

高层次的作图包括二维和三维的可视化、图像处理、动画和表达式作图，可用于科学计算和工程绘图。

MATLAB对整个图形处理功能进行了很大的改进和完善，使它不仅在一般数据可视化软件中都具有的功能（如二维曲线和三维曲面的绘制和处理等）方面更加完善，而且对于一些其他软件所没有的功能（如图形的光照处理、色度处理及思维数据的表现等），MATLAB同样表现出了出色的处理能力。

同时对一些特殊的可视化要求，例如图形对话等，MATLAB也有相应的功能函数，保证了用户不同层次的要求。MATLAB还着重在图形用户界面（GUI）的制作上做出了很大的改善，对这方面有特殊要求的用户也可以得到满足。

（五）应用广泛的模块集和工具箱

MATLAB对许多专门的领域都开发了功能强大的模块集和工具箱。一般来说，它们都是由特定领域的专家开发的，用户可以直接使用工具箱学习、应用和评估不同的方法而不需要自己编写代码。

目前，MATLAB 已经把工具箱延伸到了科学研究和工程应用的诸多领域，如金融计算、概率统计、最优化计算、样条拟合、偏微分方程求解、神经网络、小波分析等，都在工具箱（Toolboxes）家族中有了自己的一席之地。

（六）实用的程序接口和发布平台

MATLAB 可以利用 MATLAB 编辑器和 C/C + + 数学库和图形库将自己的 MATLAB 程序自动转换为独立于 MATLAB 运行的 C 和 C + + 代码。允许用户编写可以和 MATLAB 进行交互的 C 或 C + + 语言程序。另外，MATLAB 网页服务程序还容许在 Web 应用中使用自己的 MATLAB 数学和图形程序。

三、常用 MATLAB 金融工具箱

MATLAB 的金融工具箱是一个函数库，每个函数就是一个金融问题的解决方案，如果把这些函数组合起来就变成一个程序，把程序集结起来就变成一个模块和系统。图 1 – 1 显示了 MATLAB 中的工具箱。

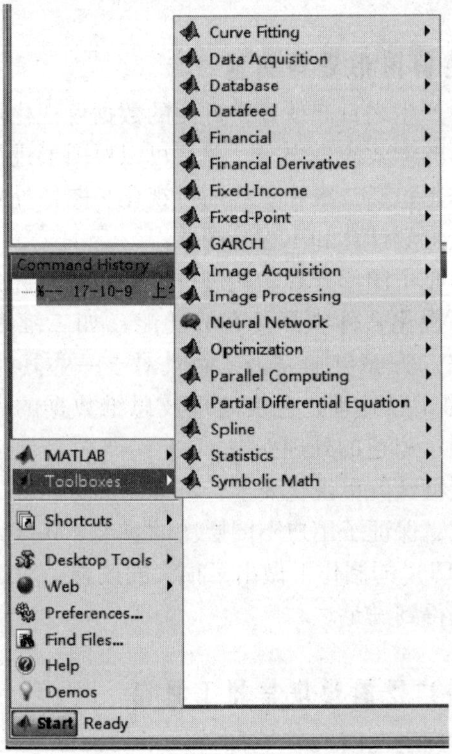

图 1 – 1　MATLAB 中的工具箱

(一) 金融工具箱 (Financial Toolbox)

该工具箱为 MATLAB 自带金融工具箱，具有下列功能：

◆日期数据处理；

◆资产均值—方差分析；

◆时间序列分析；

◆固定收益计算；

◆有价证券的收益和价格；

◆统计分析；

◆定价和灵敏度分析；

◆年金；

◆抵押支持债券。

(二) 金融衍生品工具箱 (Financial Derivatives Toolbox)

Financial Derivatives Toolbox 是金融衍生品工具箱，用于固定收益、金融衍生品以及风险投资分析，也可以用于各种金融衍生品定价策略以及敏感度分析。

(三) 金融时间序列工具箱 (Financial Time Series Toolbox)

该工具箱用于分析金融市场的时间序列数据。金融数据是时间序列数据，如股票价格或每天的利息波动，可以用该工具箱进行更加直观的数据管理。该工具箱支持下列功能：(1) 提供两种创建金融时间序列的对象（用构造器和转换文本文件）；(2) 可视化金融时间序列的对象；(3) 技术分析（投资）。

(四) 固定收益工具箱 (Fixed - Income Toolbox)

Fixed - Income Toolbox 扩展了 MATLAB 在金融财经方面的应用，可以用固定收益模型进行计算，如定价、收益和现金流动等有价证券的固定收益计算。支持的固定收益类型包括有价证券抵押回报、社会债券和保证金等。该工具箱还能够处理相应金融衍生物的计算，支持抵押回收有价证券、国债和可转换债券等的计算。

(五) 异质条件变异数自我回归工具箱 (GARCH Toolbox)

Garch Toolbox 提供了一个集成计算环境，允许对单变量金融时序数据的易变性进行建模。Garch Toolbox 使用一个广义 ARMAX/GARCH 复合模型对带有条件异方差的金融时序数据进行仿真、预测和参数识别。

Garch Toolbox 提供了基本工具为单变量广义自回归条件异方差 GARCH（Generalized Auto Regressive Conditional Heteroskedasticity）易变性进行建模。Garch Toolbox 采用单变量 GARCH 模型对金融市场中的变化性进行分析。

上述工具箱基本上囊括了通常的金融计算，适用于金融学术研究，特别适合金融事务工作者进行金融计算。Financial Toolbox 提供了一个基于 MATLAB 的财务分析支撑环境，可以完成许多种财务分析统计任务；从简单计算到全面的分布式应用，财务工具箱都能够用来进行证券定价、资产组合收益分析、偏差分析和优化业务量等工作。

（六）Statistics Toolbox

Statistics Toolbox 是统计工具箱，具有下列功能：

◆统计量计算；

◆参数估计；

◆假设检验；

◆方差分析和回归分析。

（七）Optimization Toolbox

Optimization Toolbox 是最优工具箱，具有下列功能：

◆线性规划和二次规划；

◆求函数的最大值和最小值；

◆多目标优化；

◆约束条件下的优化；

◆非线性方程求解。

第二节 MATLAB 的窗口

以 Windows 操作系统为例，进入 Windows 后，选择“开始”→“程序”→“MATLAB”，就可以启动 MATLAB。如果安装时已选择在桌面建立了快捷方式，也可以双击快捷方式直接启动。

退出 MATLAB 系统时，在 File 主菜单项中选择“Exit MATLAB”即可，也可在命令窗口输入“Exit”，或者用鼠标单击窗口右上角的关闭图标。

进入 MATLAB 系统之后就可以看到 MATLAB 的默认主窗口，如

图1－2所示。MATLAB主窗口是MATLAB的主要工作界面。主窗口中嵌入了命令窗口（Command Window）、命令历史记录窗口（Current History）、当前目录窗口（Current Directory）与工作空间窗口（Workspace）。除这些子窗口外，主窗口还包括M文件编辑/调试器和帮助窗口。

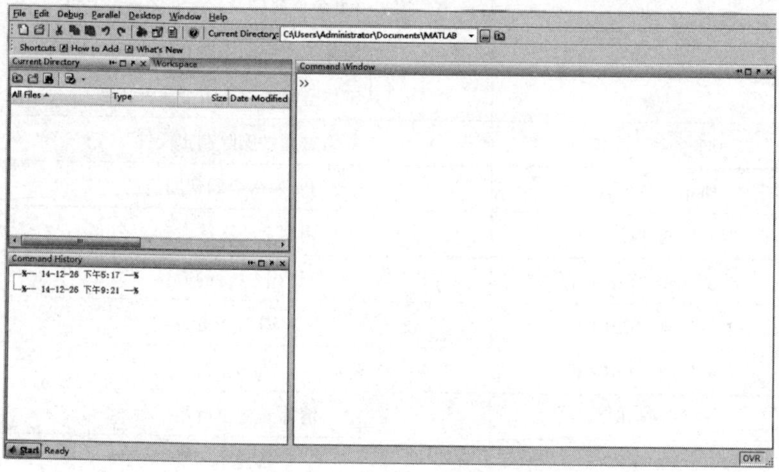

图1－2　MATLAB默认主窗口

一、命令窗口

命令窗口是主要工作窗口，如图1－3所示。命令窗口可供用户输入命令和数据，并显示命令执行的结果。当MATLAB启动完成，命令窗口显示以后，窗口处于准备状态。符号“>>”为运算提示符，说明系统处于准备状态。当用户在提示符后输入表达按回车键之后，系统将给出运算结果，然后继续处于系统准备状态。

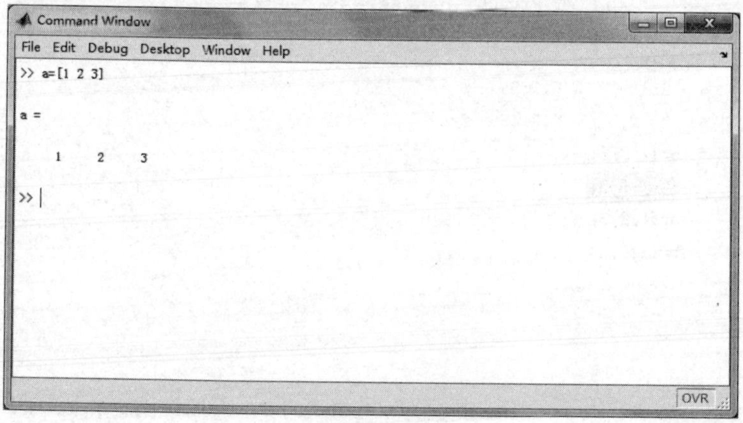

图1－3　命令窗口

用户可以在命令窗口中输入特定的命令，以执行相应的操作。下面将列举命令窗口中常用的命令及功能，如表 1－1 所示。

表 1－1　　　　命令窗口中常用的命令及功能

命令	功能
clc	擦去一页命令窗口，光标回屏幕左上角
clear	清除工作空间中所有的变量
Clear all	从工作空间清除所有变量和函数
Delete < 文件名 >	从磁盘中删除制定文件
Help < 命令名 >	查询所列命令的帮助信息
“↑” 或 “Ctrl + P”	调用上一次的命令
“↓” 或 “Ctrl + N”	调用下一行的命令
“←” 或 “Ctrl + B”	退后一格
“→” 或 “Ctrl + F”	前移一格
“Ctrl + K”	清除光标至行尾字
“Ctrl + C”	中断程序运行

二、命令历史记录窗口

命令历史记录窗口（见图 1－4）在默认情况下，会保留自安装以来所有执行过命令的历史记录，并详细记录命令使用的日期和时间，为用户提供所使用的命令的详细查询，所有保留的命令都可以单击后执行。

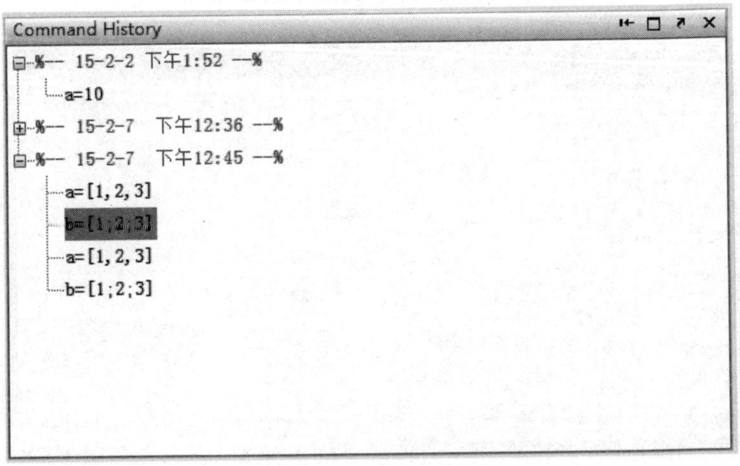

图 1－4　命令历史记录窗口

三、当前目录窗口

当前目录窗口（见图1－5）的主要功能是显示或改变当前目录，不仅可以显示当前目录下的文件，而且还可以提供搜索。通过上面的目录选择下拉菜单，用户可以轻松地选择已经访问过的目录。单击右侧的按钮，可以打开路径选择对话框，在这里用户可以设置和添加路径，也可以通过上面一行超链接来改变路径。

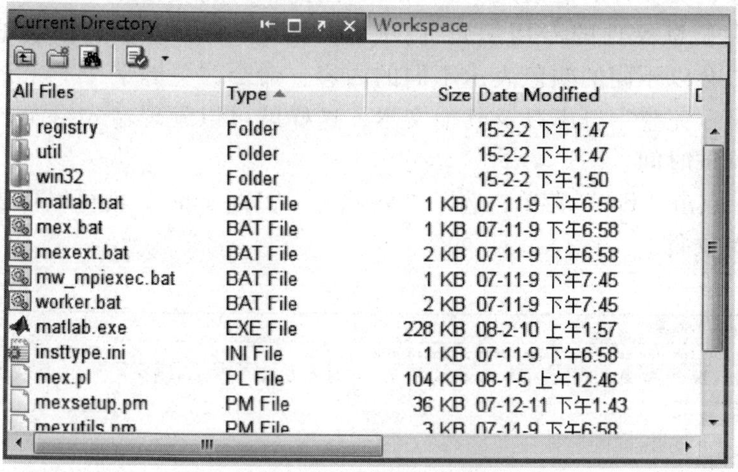

图1－5 当前目录窗口

四、工作空间窗口

工作空间窗口（见图1－6）是MATLAB的一个重要组成部分。

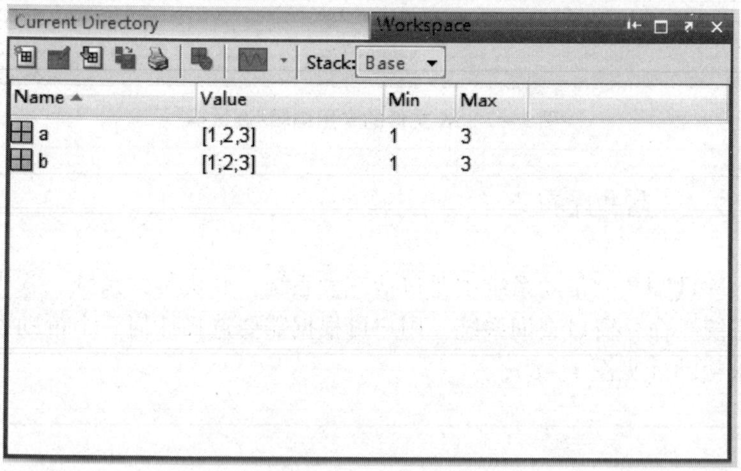

图1－6 工作空间窗口

该窗口的显示功能有显示目前内存中存放的变量名、变量存储数据的维数、变量存储的字节数、变量类型说明等。工作空间窗口有自己的工具条，按钮的功能从左至右依次为新建变量、打开选择的变量、载入数据文件、保存、打印和删除等。

五、M 文件编辑/调试器

将 MATLAB 语句按特定的顺序组合在一起就得到了 MATLAB 程序，其文件名的后缀为“.m”，因此也称为 M 文件。MATLAB 提供了 M 文件的专用编辑/调试器，如图 1－7 所示。在编译器中，会以不同的颜色表示不同的内容：命令、关键字、不完整字符串、完整字符串以及其他文本，这样就可以发现输入错误，缩短调试时间。

点击“File”菜单，选择“New”→“M－File”，就可以新建一个 M 文件。

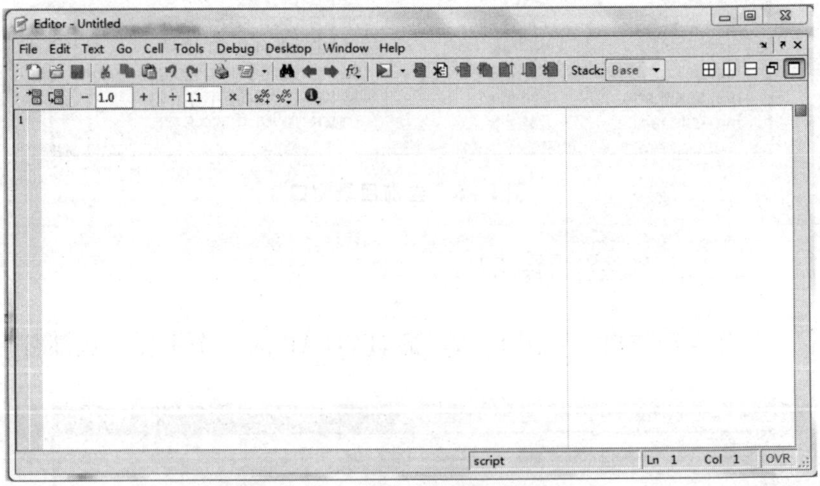

图 1－7　M 文件的专用编辑/调试器

六、帮助窗口

MATLAB 的帮助系统主要包括三大系统：联机帮助系统、联机演示系统、命令窗口查询系统，用户可根据需要选择任何一个帮助系统寻求帮助（见图 1－8）。

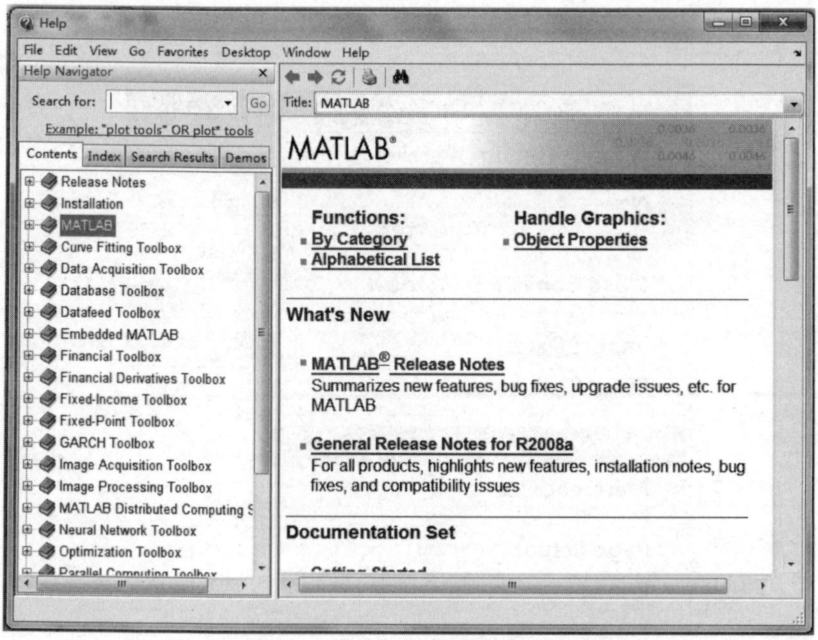

图 1－8　帮助窗口

第三节　实验内容与步骤

MATLAB 的环境设置包括设置文件保存的位置、当前目录以及其他格式偏好设置。实验中常用的是文件保存位置设置和当前目录设置。

一、文件保存位置设置

点击“File”菜单，选择“Set Path”选项，进入“Set Path”窗口。点击“Add with Subfolders...”，选择相应的文件夹后，依次点击“Save”“Close”，就可完成文件保存位置的设置（见图 1－9）。

二、当前目录设置

点击主窗口中的“Current Directory”下拉菜单，选择文件保存的位置，就完成当前目录的设置（见图 1－10）。

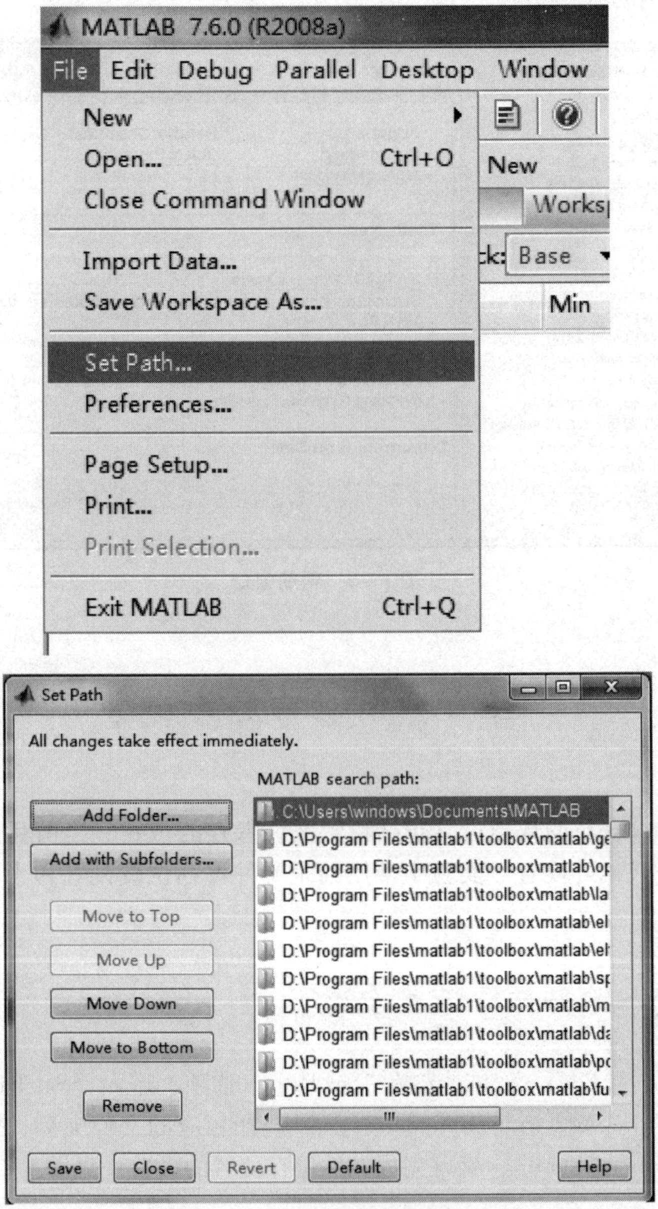

图 1－9　文件保存位置设置

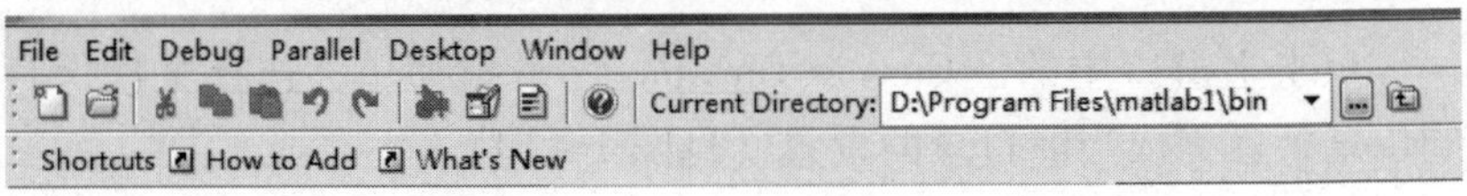

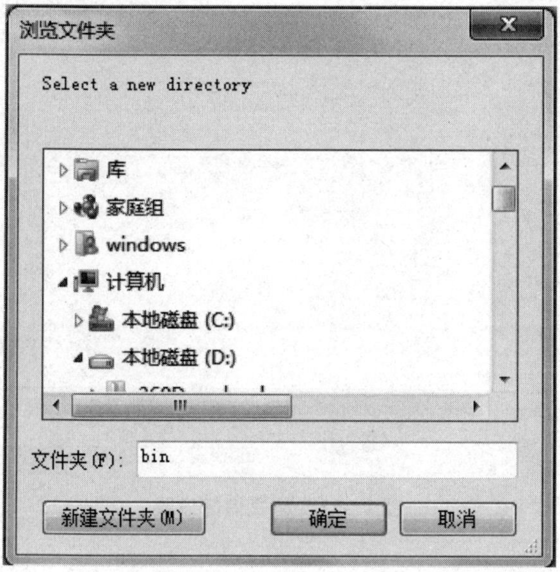

图1-10 当前目录设置

三、格式偏好设置

其他的格式偏好，用户可以点击“File”菜单，选择“Preferences...”选项，进入“Preferences”窗口。在该窗口可以对字体、颜色等进行设置，设置之后点击“OK”（见图1-11）。

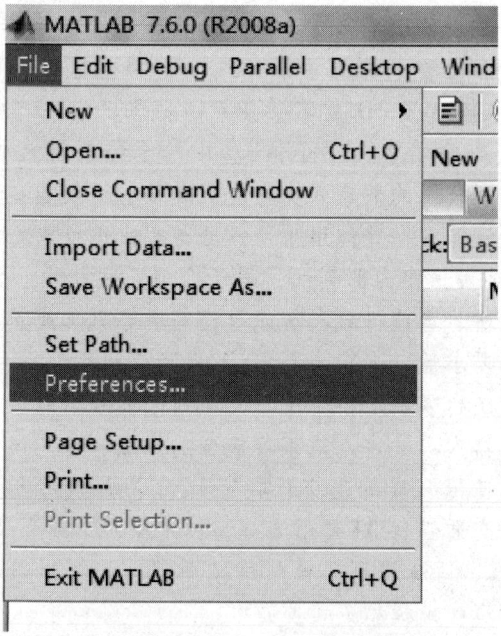

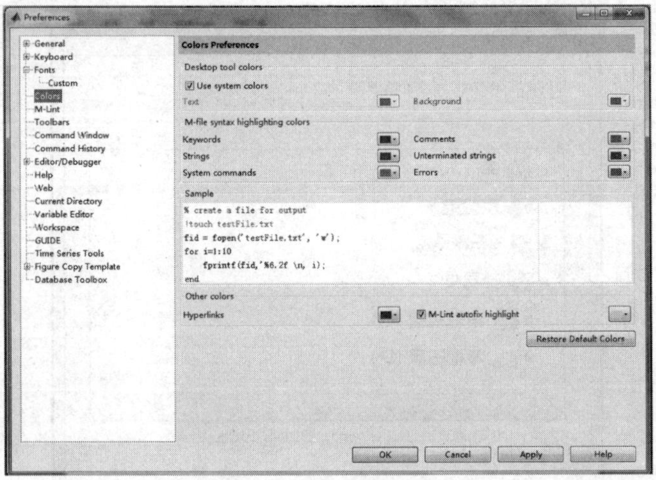

图 1－11　格式偏好设置

知识拓展

数字人施展“超能力”，厂商角逐大模型金融应用

2023 世界人工智能大会上，众多金融机构带来了数字人产品。上海证券报记者在现场看到，一些银行推出的数字人不但能帮客户办理业务，还可以在通用生活领域与人进行沟通。

银行业数字人推陈出新的背后，是各大厂商在技术上的比拼。百度、商汤、谷歌、科大讯飞等公司为银行提供了不同路线的大模型技术。

中信集团整合了旗下诸多子公司参展。中信期货自主研发了智能风控平台，是业内首个“AI＋期货风控”的实时智能平台；百信银行依托 AI 技术搭建了 3D 数字营业厅——零度空间。其中，最吸引游客的是中信金控数字人“小信”。中信金控项目负责人孙天立表示，基于大模型技术的数字人交互能力较强，不仅能在业务办理上帮助客户，同时还能在一些通用生活领域与客户进行更好的沟通。

“目前数字人正在内部测试，明年有望正式推出。此外，基于大模型的智能投研、智能投顾、智能风控等业务更加成熟，在合规且隐私保护均达到要求后，亦将会亮相。”孙天立表示。

交通银行展台吸引了不少中小学生前来体验智能服务。交行展台有智能咖啡机器人、数字人民币智能合约产品、智能风控产品、智能投研产品等。值得一提的是交行数字员工“娇娇”，工作人员透露，数字员工基于交通银行 AI 通用大模型技术驱动，整合了多模态交互、3D 数字人建模、语音识别、自然语义理解、智能知识库等能力。因此，可以更加真实地模拟人类交流。

记者获悉，在各家银行推出数字人的背后，是多家科技公司之间的竞争。目前中行选定基于商汤大模型的技术路线，中信金控则选择了百度“文心一言”等大模型技术路线。交行也采用了百度的大模型技术路线。科大讯飞等技术厂商也向金融机构输出大模型技术。科大讯飞相关负责人表示，未来银行将广泛采用基于大模型技术的数字人或数字员工。这项业务未来将更加深入地影响金融企业运营。例如办理传统银行和保险业务，未来的大模型技术可以直接在客户对话过程中，完成各项业务的办理。相关金融业务数据的计算及价值分析报告都会同步出具，这将极大地提升金融机构的服务能力。公司目前与多家金融机构建立了合作，上海一家银行也采用了科大讯飞的星火大模型技术。

据悉，百度、商汤等大模型技术是属于通用模型，与金融业务对接还需要在金融垂直领域进行训练。蚂蚁集团也参加了展会。蚂蚁集团推出的蚁鉴 AI 安全检测平台 2.0，通过人工智能对 AIGC 生成类内容进行测评，确保内容符合安全规范。蚂蚁集团还推出了“支小宝 2.0”，基于大模型技术向用户提供个性化理财服务，打造流畅的新一代对话系统。

（资料来源：上海证券报，2023 年 7 月 7 日，经整理而成）

本章小结

1. MATLAB 现为国际上最为流行的科学计算与工程计算软件工具之一，被广泛地应用在控制系统设计与分析、图像处理、信号处理与通信、金融建模和分析等众多领域。在金融领域，经常用到金融工具箱。MATLAB 的金融工具箱是一个函数库，每个函数就是一个金融问题的解决方案，如果把这些函数组合起来就变成一个程序，把程序集结起来就变成一个模块和系统。

2. 运用 MATLAB 要熟悉 MATLAB 的窗口。MATLAB 主窗口是 MATLAB 的主要工作界面。主窗口中嵌入了命令窗口（Command Window）、命令历史记录窗口（Command History）、当前目录窗口（Current Directory）与工作空间窗口（Workspace）。除这些子窗口外，主窗口还包括 M 文件编辑/调试器和帮助窗口。

复习思考题

1. 熟悉 MATLAB 窗口的多个界面。

2. 列举 MATLAB 金融工具箱内容。

3. 查找 MATLAB 相关网站，学习如何使用 MATLAB 金融工具箱。

第二章

MATLAB 基础计算实验

【知识目标】

◇理解 MATLAB 实验平台的基础知识

◇理解编程的基本知识逻辑

【素养目标】

◇掌握金融计算的基本编程规范

◇了解编程的基本单元

【技能目标】

◇变量的定义与赋值

◇向量及矩阵计算

◇逻辑运算与控制语句

第一节　MATLAB 基础计算实验基础知识

MATLAB 是一门功能强大、非常简单易学的计算语言，它的运算指令和语法基于一系列基本的矩阵运算及它们的扩展运算，比 C/C + + 、C#、Java 等主流高级语言更简单、更好学，这也是 MATLAB 区别于其他高级语言的最大特点之一，它给金融领域的计算带来了极大的方便。

一、数据类型

MATLAB 数据类型主要包括数字、字符串、向量、矩阵等。下面详细介绍这几种数据类型。

MATLAB 中变量的命名原则如下：

(1) 变量名大小写代表不同变量。

(2) 变量名长度不超过 31 位，31 位后面的字符被忽略。

(3) 变量名必须以字母开头，变量名中可以有字母、数字、下划线，但不能有标点符号。

在 MATLAB 中变量分为局部变量与全局变量，局部变量仅在函数文件中有效，全局变量在主程序与函数文件中有效。如果定义全局变量，则需要对变量事先进行声明，编程时，在变量前面加上单词 global。

在 MATLAB 中还有一些内部定义变量，例如，pi 表示圆周率，NaN 表示不确定值（根据国际电子和电器行业协会（IEEE）制定的标准，含义是 Not a Number），eps 表示浮点运算相对精度为 10^{-52}，Inf 表示无穷大，Realmax 表示最大正浮点数 2^{1023}，Realmin 表示最小正浮点数 2^{-1022}。

（一）数字变量

在 MATLAB 中一般代数表达式可以直接在提示符下演算，非常方便，如四则运算符号可以直接用 +、-、*、/，因此 MATLAB 被称为演算纸式科学计算语言。

对于简单数字运算，可以直接在 Command 窗口中以惯用形式输入，如计算 23×45，可以在窗口中直接执行命令。

计算结果自动保存在变量 ans（MATLAB 自动生成变量 ans 保存运算结果）中。如果表达式后面是分号，计算的结果不显示在屏幕上，这样可以加快运算速度。计算结果如下：

```
>>23 * 45

ans =

        1035
```

在 MATLAB 中数值有多种显示格式，在默认情况下，如果数据为整数，则以整型表示；如果数据为实数，则保留小数点后面 4 位浮点型表示。MATLAB 中的所有数据按照 IEEE 浮点标准所规定的长型格式存储，数值有效范围是 10^{-308} ~ 10^{308}。

MATLAB 输入格式完全继承了 C 语言风格，如正负号、小数点和科学计数法等。

MATLAB 输出格式可由 format 函数控制。format 函数主要功能是控制变量输出形式，其内容如表 2-1 所示。

表 2-1　format 函数内容

指令	含义	举例
format short 或 format（缺省格式）	保证小数点后 4 位有效数字，最多不超 7 位；超 1000 的实数用 5 位有效数字的科学计数法	314.159 = >314.1590 3141.59 = >3.1416e+003
format long	15 位数字表示	3.14159265358979
format short e	5 位科学记数法	3.1416e+00

续表

指令	含义	举例
format long e	15 位科学记数法	3. 14159265358979e +000
format short g	从 format short 和 format short e 中自动选择	
format long g	从 format long 和 format long e 中自动选择	
format rat	近似有理数表示	3. 14159 = >355/113
format hex	十六进制表示	400921fb54442d18
format +	显示大矩阵用。正数、负数、零分别用 +、－、空格表示	
format bank	（金融）元、角、分表示（2 位小数）	13 = >13. 00
format compact	显示变量之间没有空行	
format loose	在显示变量之间有空行	

下面以 sqrt(5) 为例说明 format 的运用。代码及结果如下：

```
>> a = sqrt(5)    % 对 5 开根号

a =

    2. 2361

>> format short; a    % 变量 a 以 format short 格式输出，即保证小
                        数点后 4 位有效数字。

a =

    2. 2361

>> format long; a    % 变量 a 以 format long 格式输出，即以 15 位
                       数字表示。

a =

   2. 236067977499790

>> format bank; a    % 变量 a 以 format bank 格式输出，即以（金
                       融）元、角、分表示（2 位小数）。

a =

            2. 24

>> format + ; a    % 变量 a 以 format + 格式输出，即：正数、负数、
                     零分别用 +， －，空格表示。

a =

+

>> format long e; a    % 变量 a 以 format long e 格式输出，即以 15
```

```
                                位科学计数法表示。
a =
       2.236067977499790e+000
>> format short g;a    % 变量 a 以 format Short 和 format Short e 中自
                         动选择输出格式。
a =
       2.2361
```

（二）字符串及赋值

字符串运算是高级语言不可缺少的部分，MATLAB 字符串运算功能是非常丰富的，特别是增加了符号运算工具箱（Symbolic Math Toolbox）之后，字符串函数运算功能大大加强，成为 MATLAB 符号运算表达式的基本单元。

MATLAB 可以直接对字符串进行赋值，或者调用 char 函数赋值，如以下代码及其结果所示：

```
>> a ='hello'
a =
hello
>> a = char ('h', 'e', 'l', 'l', 'o');
>> a = a'
a =
hello
```

（三）向量矩阵的输入

在进行金融分析的过程中需要牵涉大量金融数据的计算（如对一个具有不同价格和收益率的证券组合进行分析）。在 MATLAB 中，处理金融问题时主要使用矩阵、向量、字符串和标量（即单个的数）作为输入、输出变量。向量只有一行或一列，可看作 1 行 n 列（1 × n）或 m 行 1 列（m × 1）矩阵。字符串是用单撇号括起来的字符序列，MATLAB 也可将字符串当作一个向量，每一个元素对应一个字符，其标识方法和数值向量相同，也可以建立多行字符串矩阵。这里要求各行字符串必须有相同的长度，也就是字符数要相等。字符串是以 ASCII 码形式存储的，每一个元素都对应一个 ASCII 码；而标量是一个数，可看作一个 1 × 1 的矩阵。

1. 数的输入

数的输入代码及结果如下所示：

```
>> r = 0.6   % 输入数值
r = 0.6
```

说明：（1）ans 是系统本身的一个特殊变量名，若运算结果没有赋予任何变量，系统就会自动将其赋予 ans。

（2）% 后面的文字是对该行命令的注释，实际中不参与运算，不必输入，但输入后对运算也没有任何影响。

（3）在命令行尾加“；”则不显示该行的结果；若在行尾加“，”或不加标点，则显示该行结果。

（4）注意：所有 MATLAB 命令中的标点符号必须在英文状态下输入。

2. 向量的输入

输入某个现金流向量的程序代码及结果如下所示：

```
>> Cash = [1500,4470,5280, -1299]   %元素之间用逗号或空格隔
                                     开，数字全在括号 [] 内
Cash =

    1500        4470        5280        -1299
```

说明：MATLAB 命令书写格式灵活，既可以多个命令写在一行，也可以一个命令写在多行。但同一行中的命令之间需用逗号或分号隔开，命令较长一行不够时，可用“...”续行，如：[PortRisk, PortReturn, PortWts] = portopt(ExpReturn, ExpCovariance, ..., NumPorts)

3. 矩阵的输入

输入具有不同面值、息票率、每年的息票偿付周期的两个债券的相关数据，其中，债券按行排列，面值、息票率、每年的息票偿付周期等按列排列。

```
>> Bonds = [1000 0.06 2;500 0.055 4]
Bonds =

    1000        0.06        2
    500         0.055       4
```

上述矩阵是一个 2 × 3 矩阵。

二、变量的存储和调用

MATLAB 命令窗口中已有的变量如果不作保存处理，则在退出后将不复存在。要保存变量值，需在退出 MATLAB 之前使用 save 命令将变量连同其值一起储存在数据文件中。例如，输入以下代码指令的结果：


```
>> Cash = [1500,4470,5280, -1299];save
```

Saving to:MATLAB. mat

则系统会提示你所有变量及数据都已存入 MATLAB. mat 文件。退出 MATLAB 后再次启动时，可以使用 load 指令从 MATLAB. mat 文件中调出。

三、变量查询与删除

使用 whos 命令可列出命令窗口中所有变量的名称、大小、字节数、数组的维数等。如果命令窗口中的有些变量不再使用，则可以用 clear 命令来清除。例如：

```
>> Cash = [1500,4470,5280, -1299];
>> Bonds = [1000,0.06,2;500,0.055,4];
>> whos
  Name        Size          Bytes  Class    Attributes

  Bonds       2×3              48           double
  Cash        1×4              32           double
```

注：以上结果没有显示变量的属性（Attributes）。如果想让变量的属性（Attributes）显示，还需调用 Function 函数来实现。

若接着输入命令：

```
>> clear Cash Bonds
```

结果上面两个变量 Cash 和 Bonds 及其数据就被清除了，如果再输入命令：

```
>> Cash
```

则会输出结果：

Undefined function or variable 'cash'　% 此命令显示为红色

红字显示则表明 Cash 这个变量已经不存在。

注意：单独的 clear 命令要慎用，使用它将会清除命令窗口中已经存在的所有变量。

第二节　数、向量及矩阵的运算

一、矩阵元素定位

我们可用（行、列）符号来确定矩阵中给定位置的元素。例如，想要知道债券矩阵中第一个债券的息票率，即债券矩阵元素定位。

输入以下指令：

```
>> Bonds = [1000,0.06,2;500,0.055,4];
>> Bonds(1,2)
```

输出结果：

```
ans =0.06
```

我们也可以用小矩阵或者向量作为元素来产生大矩阵。例如，输入以下指令：

```
>> Bonds = [1000,0.06,2;500,0.055,4];
>> AddBond = [100,0.065,2];   % 新加入的债券向量
>> Bonds = [Bonds;AddBond]
```

输出结果为：

```
Bonds =
        1000        0.06        2
         500        0.055       4
         100        0.065       2
```

这就是在前面的债券矩阵中加入新的债券向量后所产生的大矩阵。

同样地，可以在上面得到的大债券矩阵中继续加入债券的价格向量而构造出新的更大的矩阵，例如：

```
>> Bonds = [1000,0.06,2;500,0.055,4];
>> AddBond = [100,0.065,2];   % 新加入的债券向量
>> Bonds = [Bonds;AddBond];
>> Prices = [987.5,475.5,995];
>> Bonds = [Prices;Bonds]
```

输出结果为：

```
Bonds =
        987.5       475.5       995
        1000        0.06        2
         500        0.055       4
         100        0.065       2
```

另外，在产生和定位矩阵中的元素时，使用“:”很重要。

例如，为了对前面的债券矩阵中的第 3 个债券的面值、息票率和息票支付频率进行定位，输入命令：

```
>> BondItems = Bonds(3,2:4)
```

则上面大矩阵中第 3 行第 2 列至第 4 列的元素输出结果：

```
BondItems =
```

0.065　2

这就是一开始的债券矩阵中的第 2 个债券的面值、息票率、每年的息票支付周期等相关数据。

二、特殊矩阵生成函数

在金融计算与分析中，常常需要用到一些特殊的矩阵，列举几个如下：

```
A = eye(n)    %产生单位矩阵
A = ones(n,m)    %产生1矩阵
A = zeros(n,m)    %产生0矩阵
A = rand(n,m)    %产生随机矩阵（元素均在0～1之间）
A = randn(n,m)    %产生正态分布随机矩阵
```

三、矩阵的运算

矩阵有多重运算，其运算符如表 2－2 所示。

表 2－2　　矩阵的各种运算

运算	符号	说明
矩阵转置	A′	
矩阵加减	A + B	维数必须相同
数与矩阵加减	k + A 与 k − A	k + A 与 k * ones(size(A)) + A 等价
矩阵乘法	A * B	与 B * A 不同
数乘矩阵	k * A	数与矩阵相同
矩阵除法	A/B 与 A \ B	分别是 AX = B 和 XA = B 的解
矩阵的对数运算	logm( )	
矩阵指数运算	expm( )	
矩阵求逆	inv( )	

（一）矩阵的转置

在 MATLAB 中进行矩阵运算时对矩阵的维数有一定的要求，有时就需要将矩阵进行转置。例如，对下面的现金流矩阵进行转置：

输入以下指令：

```
>> Cash = [1500,4470,5280, -1299]'
```

输出结果为：

```
Cash =

    1500
    4470
    5280
   -1299
```

（二）矩阵的加减

设有四个证券组合 1、2、3、4，每个证券组合均由相同的 A、B、C 三种股票构成，但各股票的数量不同。证券组合 1、2，证券组合 3、4 又分别构成两个更大的证券组合 P_1 和 P_2。现求 P_1 与 P_2 的和（即 P_1 与 P_2 中对应的 A、B、C 股票的股数相加，其中，证券组合 1、2、3、4 按列排列，而 A、B 和 C 股票的股数则按行排列）。

输入以下指令：

```
>> Portfolios1 = [100 200;500 400;300 150];   %证券组合 1、2
>> Portfolios2 = [175 125;200 200;100 500];   %证券组合 3、4
>> NewPortfolios = Portfolios1 + Portfolios2  %新的证券组合为 P1 和 P2 的和
```

输出结果为：

```
NewPortfolios =

   275   325
   700   600
   400   650
```

结果表示新的证券组合中所包含的两个组合的三种股票的股数。

（三）数与矩阵的加减

单个标量（数）也可以和其他不同维数的矩阵进行加减运算。在上面命令的基础上，继续输入命令：

```
>> SmallerPortf = NewPortfolios - 100   %更小的证券组合等于新证券组合 -100
```

可以得到如下结果：

```
SmallerPortf =

   175   225
   600   500
   300   550
```

结果表示在 NewPortfolios 矩阵中的每个元素减去 100 后得到的新的矩阵。

（四）矩阵的乘法

矩阵的乘法运算与加减法运算的方法完全不一样，它是根据线性代数的规则来进行运算的，要求前一个矩阵的列数必须与后一个矩阵的行数相同。若两个矩阵的维数不相容，则两个矩阵就不能相乘。另外，矩阵的乘法运算也不满足交换律，即 A * B≠B * A。

1. 向量的乘法

向量的乘法运算与一般矩阵的乘法法则完全相同。

例如，有一个由三只不同的股票组成的证券组合，三只股票当日的收盘价用行向量表示，三只不同股票的股数则用列向量表示，则要计算出该证券组合的价值，只需简单地将这两个向量相乘即可。

输入如下指令：

```
ClosePrices = [42.5 15 78.875];   % 股票收盘价向量
NumShares = [100;500;300];   % 股票数量向量
PortfVaue = ClosePrices * NumShares
```

输出结果为：

```
PortfVaue =
        35413
```

显然，收盘价向量为 1×3，股数向量的维数是 3×1，结果向量的维数是 1×1，也就是一个标量。这意味着证券组合的价值等于每一个收盘价与它们相应股票的股数相乘所得积的和。

2. 点运算

在 MATLAB 里，有一种特殊的运算，因为其运算符是在有关算数运算符前面加点，所以叫作点运算。两矩阵进行点运算是指它们的对应元素进行相关运算，要求两矩阵的维数相同。点运算在 MATLAB 中起着很重要的作用，也是很多初学者容易弄混的一个问题。

若两个矩阵 $X=[x_1, x_2, \cdots, x_n]$ 和 $Y=[y_1, y_2, \cdots, y_n]$，

则 $X*Y=x_1y_1+x_2y_2+\cdots+x_ny_n$。

在 MATLAB 里，点运算一般用 sum(X. * Y) 或者 sum(Y. * X) 函数来进行计算。注意：使用点乘函数时两个向量必须有相同的维数。

输入以下指令：

```
ClosePrices = [42.5 15 78.875];    % 股票收盘价向量
NumShares = [100;500;300];    % 股票数量向量
Value = sum(NumShares. * ClosePrices ')
```

输出结果为：

```
Value =
```

35413

同样，输入以下命令可以得到相同的结果：

输入以下代码：

```
ClosePrices = [42.5 15 78.875]；  % 股票收盘价向量
NumShares = [100;500;300]；  % 股票数量向量
Value = sum(ClosePrices.* NumShares')
```

输出结果如下：

```
Value =

    35413
```

3. 矩阵与向量的乘法

矩阵与向量的乘法运算和矩阵与矩阵的乘法运算完全相同。

例如，第一个矩阵由三只股票在一个星期内的收盘价格构成，第二个矩阵（向量）仍然是证券组合中每个股票的数量。要算出证券组合每天的收盘价，只需做如下的乘法即可。

输入以下指令：

```
WeekClosePr = [42.5,15,78.875;42.125,15.5,78.75;
    42.125, 15.125, 79; 42.625, 15.25, 78.875; 43, 15.25, 78.625]  % 三只股票连续 5 日内的收盘价
PortQuan = [100;500;300]；  % 三只股票的数量
WeekPortValue = WeekClosePr * PortQuan
```

输出以下结果：

```
WeekPortValue =

    35413
    35588
    35475
    35550
    35513
```

其中价格矩阵是一个 5×3 矩阵，股票数量矩阵是一个 3×1，所以结果是一个 5×1 矩阵。

4. 矩阵与矩阵的乘法

矩阵与矩阵相乘按照以下运算规则进行：设 A 是 m×n 矩阵，B 是 n×p 矩阵：

$$A=\begin{bmatrix} a_{11} & a_{12} & \cdots & a_{1n} \\ \cdots & \cdots & \cdots & \cdots \\ a_{i1} & a_{i2} & \cdots & a_{in} \\ \cdots & \cdots & \cdots & \cdots \\ a_{m1} & a_{m2} & \cdots & a_{mn} \end{bmatrix} \quad B=\begin{bmatrix} b_{11} & b_{12} & \cdots & b_{1p} \\ \cdots & \cdots & \cdots & \cdots \\ b_{i1} & b_{i2} & \cdots & b_{ip} \\ \cdots & \cdots & \cdots & \cdots \\ b_{n1} & b_{n2} & \cdots & b_{np} \end{bmatrix}$$

则 C = A * B 就是一个 m × p 矩阵，矩阵 C 中的第 i 行第 j 列的元素 c_{ij} 为：

$$c_{ij} = a_{i1}b_{1j} + a_{i2}b_{2j} + \cdots + a_{in}b_{nj}$$

假设有与前面相同的三只股票的两个证券组合，但股票的数量不同。将 5 × 3 的三只股票每周的收盘价矩阵乘以两个证券组合的 3 × 2 的股票数量矩阵，结果就会显示两个证券组合每天的收盘价的 5 × 2 矩阵。

【实验内容与步骤】 矩阵与矩阵乘法设计实现。

输入命令：

```
WeekClosePr = [42.5     15        78.875
               42.125   15.5      78.75
               42.125   15.125    79
               42.625   15.25     78.875
               43       15.25     78.625];   %星期(1~5)按列排列而股票按行排列

Portfolios = [100    200
              500    400
              300    150];
PortfolioValues = WeekClosePr * Portfolios
```

【实验结果】

输出以下结果：

```
PortfolioValues =

        35413        26331
        35588        26438
        35475        26325
        35550        26456
        35513        26494
```

将三只股票星期一的收盘价与它们相应的股数对应相乘再求和，就得到第一个证券组合在星期一的价值，然后按照同样的方法可得到第二个证券组合在星期一的价值；将三只股票星期四的收盘价与它们相对应的股数对应相乘再求和，就得到一个证券组合在星期四的价值，然后按照同样的方法可得到第二个证券组合在星期四的价值；依此类推，可得到一星期中其他天的两个证券组合的价值。借助于一个简单的命令，MATLAB 就能很快地实施许多计算。

（五）矩阵的除法

矩阵的除法最初产生于求方程的解，尤其是求解线性方程组的解。在 MATLAB 里，只要简单地用两个矩阵除法符号（右除 \ 和左除/）就可以达到简化计算的目的。一般来说：

X = A \ B 表示从方程 A * X = B 里求解 X；

X = B/A 表示从方程 X * A = B 里求解 X。

矩阵代数尤其在求解线性方程组时非常有用。

假设有两个由基于抵押的金融工具所组成的证券组合 P_1 和 P_2。按当前的初始利率，它们目前每年每单位有 100 元和 70 元的偿付。如果初始利率下跌 1 个百分点，则它们的偿付额将变为 80 元和 40 元。某投资者持有 10 个单位的 P_1 和 20 个单位的 P_2，这项投资的收入等于现金偿付乘以单位数。问题：

在基本利率保持不变的情况下，要想收入 7000 元，应当持有每一种证券各多少单位？

在基本利率下跌 1% 的情况下，要想收入 5000 元，应当持有每一种证券各多少单位。

解：设投资者持有证券组合 P_1 和 P_2 分别为 x 单位和 y 单位，则通过求解下面的二元线性方程组就可以得到答案。

$$\begin{cases}100x + 70y = 7000 \\ 80x + 40y = 5000\end{cases}$$

显然，利用 MATLAB 矩阵除法中的右除即可求出结果。

【实验内容与步骤】 矩阵的除法设计实现。

输入命令：

```
Cash = [100   70    % 现金流矩阵
        80   40];
Receipts = [7000    % 收益矩阵
            5000];
Units = Cash\Receipts    % 持有两种证券组合的数量
```

【实验结果】

输出以下结果：

```
Units =

        43.75
        37.5
```

由此我们知道，该投资者为了完成每年所希望的收入目标，应当持有 43.75 个单位的证券组合 P_1，37.5 个单位的证券组合 P_2。

第三节　逻辑运算与控制语句

一、逻辑运算

（一）基本逻辑运算

在进行逻辑运算时，只有大小比较、逻辑与、逻辑非等关系式，在 MATLAB 中的运算如表 2－3 所列。

表 2－3　　逻辑运算符

符号运算	功能	函数名
==	等于	eq
~=	不等于	ne
<	小于	lt
>	大于	gt
<=	小于等于	le
>=	大于等于	ge
&	逻辑与	and
|	逻辑或	or
~	逻辑非	not

【实验内容与步骤】逻辑运算实现示例。

输入命令：

```
a=[1 2 3;4 5 6]
b=[2 1 3;3 5 2]
c=a<=b
```

【实验结果】

输出以下结果：

```
a =

    1    2    3
    4    5    6
```

```
b =

     2     1     3
     3     5     2
c =

     1     0     1
     0     1     0
```

矩阵 c 保存 a，b 比较的结果。如果矩阵 a，b 对应元素满足判断条件则为 1，不满足则为 0。

（二）逻辑关系函数

逻辑关系的函数运算中，大部分函数是 MATLAB 所特有的，它们给用户带来了很大的方便。主要逻辑关系函数如表 2－4 所列。

表 2－4　　逻辑关系函数

函数名	使用说明	函数名	使用说明
any	任一满足条件返回 1	islogical	是逻辑型数据返回 1
all	所有满足条件返回 1	isletter	是字母返回 1
xor	逻辑或非	any	任一有非 0 元素返回 1
isempty	如果是空，则返回 1	isnan	是"NaN"取 1
isequal	相等元素位置返回 1	isinf	是无穷大型数据返回 1
isnumber	是数字型数据返回 1	isfinite	是有限大数据返回 1

二、控制语句

（一）for 循环语句

for 循环语句的语法为：

```
for x = array
MATLAB 语句
end   %x 是循环变量，循环执行次数由 array 中列的数目。
```

其中，x 称为循环变量，循环执行的次数由 array 中列的数目决定。

【例 2－1】 对变量 x 进行循环赋值。

【实验内容与步骤】

输入命令：

```
for i =1:5
```

```
    x(i) =i
end
```

【实验结果】

程序运行的结果如下：

```
x =

    1
x =

    1    2
x =

    1    2    3
x =

    1    2    3    4
x =

    1    2    3    4    5
```

（二）while 条件循环语句

while 条件循环语句的语法为：

```
while 判断语句
MATLAB 语句
end   %x 是循环变量，循环执行次数由 array 中列的数目。
```

其中，x 是循环变量，循环执行次数由 array 中列的数目决定。

【例 2-2】 计算 1+2+3+4+5+6+…+10 的值。

【实验内容与步骤】

输入命令：

```
t=1;
sum=0;
while t< =10
sum=sum+t;
t=t+1;
end
sum
```

【实验结果】

程序运行的结果如下：

```
sum =

    55
```

（三）if-else-end 条件判断

if-else-end 为程序流提供了一种条件判断，当判断表达式为真时执行命令，否则不执行命令。

if-else-end 条件判断的语法为：

```
if 判断语句
MATLAB 语句
Else if 判断语句
MATLAB 语句
end
```

【例 2-3】 判断变量 a 的区间。

【实验内容与步骤】

输入命令：

```
a=10
if a<8
disp('a<8')
else if a<9
disp('8<=a<9')
else
disp('a>=9')
end
end
```

【实验编程与结果】

编程结果如下：

```
a =

10

a>=9
```

（四）switch-case 语句

switch-case 语句的语法为：

```
switch x
case text1
MATLAB 语句
case text2
MATLAB 语句
otherwise
end
```

【例 2-4】 判断变量是否为 1。

【实验内容与步骤】

```
x = 2
switch x
case 1
disp('x = 1')
otherwise
disp('x ~ = 1')
end
```

【实验结果】

```
x =

     2

x ~ = 1
```

知识拓展

数字技术成为金融业发展新动能

提升金融效率、防范金融风险。数据要素作为数字经济的核心生产要素，当前已经成为推动产业升级、优化经济结构和打造经济增长点的战略性资源。自 2022 年 12 月中共中央、国务院《关于构建数据基础制度更好发挥数据要素作用的意见》发布以来，全国各地数据要素市场建设也进一步加速。

在 2023 年 7 月 5 日召开的“2023 全球数字经济大会数据要素高峰论坛”上，与会嘉宾围绕“落实数据基础制度建设全球标杆城市”的主题，就我国数字经济发展情况、数字技术如何赋能金融业、推动建设高质量数据要素市场等热点话题进行了讨论与分享。

保监会原副主席周延礼在论坛上表示，我国数字经济快速发展，已经成为新的经济增长推动力。我国数字经济规模由 2005 年的 2.6 万亿元上升到 2022 年的 50.2 万亿元。2022 年，数字经济占国内生产总值的比例达到 41.5%，稳居全球第二位。预计到 2025 年，数字经济占国内 GDP 的比例会超过 50%。2022 年，我国数据产量达 8.1ZB，同比增长 22.7%，全球占比 10.5%，位居全球第二；截至 2022 年底，我国数据存储量达 724.5EB，同比增长 21.1%，全球占比 14.4%。

周延礼表示，从数字经济发展对金融业的影响来看，当前全球数字经济的发展、数字技术赋能金融的应用产生了极大推动作用，已经形成数字金融的发展新动能。从金融科技发展现状看，数字技术赋能金融服务，对传统的银行、保险机构和其他金融机构都会带来金融效率的提升，尤其是征信管理、信贷投放、风险管控、保险定价等方面，数字技术提供了精准服务的技术条件。

“下一步要做到精准特新服务，更好地服务支持实体经济、提升金融效率、降低经营成本、提高经济效益、防范金融风险都离不开数字技术的支撑。”周延礼说。

此外，周延礼认为，数字技术在降低金融机构的运营成本、提高风险管控能力方面还有很大潜能。数字技术对整个金融业运行数字基础设施建设，尤其是在存量数据的分散性、完整性、全面性等方面仍有很大的改进空间。因此，他建议金融机构要加大数字技术科技投入。长期来看，科技赋能金融服务，金融科技聚焦数字金融，是未来非常重要的主题，要持续研究，做好信息科技超前研究工作，金融科技的风险防控不可或缺。

针对如何推动建设高质量数据要素市场，北京金控集团、北京国际大数据交易所董事长范文仲表示，数据要素价值化的意义重大。他建议加快数据登记交易制度体系建设，鼓励数据开发利用，制定支持将国有企业数据招标规范为进场交易的具体政策，出台数据入表的制度规范。同时，数据价值化过程中可应用区块链、隐私计算、人工智能等新技术手段，还应大力打造配套的数字经济中介服务机构，推动金融创新，完善风险管理，并配套数字经济产业资金支持，鼓励数据交易所持续探索数字经济新模式、新技术和新业态。

此外，值得注意的是，北京“数据要素20条”于论坛举办当天正式亮相，为北京数据要素市场建设指出了更明确的方向。中共北京市委、北京市人民政府印发的《关于更好发挥数据要素作用进一步加快发展数字经济的实施意见》提出，力争到2030年，北京市数据要素市场规模达到2000亿元，基本完成国家数据基础制度先行先试工作，形成数据服务产业集聚区。同时提出，要培育发展数据要素市场，提升北京国际大数据交易所能级，推动数据要素市场的价格形成机制，完善数据跨境监管机制，建立社会数据专区，引导社会数据有效汇聚，更好地用好市场手段优化数据供给、提升数据流通、激活数据价值。

（资料来源：期货日报，2023年7月7日，经整理而成）

本章小结

1. MATLAB进行矩阵与矩阵之间的运算时，尤其是矩阵与矩阵之间的乘法和除法的运算时，注意矩阵之间的乘积与矩阵之间点乘的区别，和两个矩阵的左除与右除的区别。

2. 有循环的情况下，经常要用到控制语句，不同控制语句调用方式不同，注意调用的方式。

复习思考题

1. 求解线性方程组：

$$\begin{cases} x+y+3z-w=-2 \\ y-z+w=1 \\ x+y+2z+2w=4 \\ x-y+z-w=0 \end{cases}$$

2. 产生6行9列下述特殊矩阵：

（1）单位矩阵；（2）随机矩阵（元素在0~1之间）；（3）正态分布随机矩阵。

第三章
资金的时间价值与债券的价值评估实验

【知识目标】

◇理解掌握债券计算的专业术语和基本常识

【素养目标】

◇理解债券的专业价值计量

◇建立债券评估的基本方法与实现手段

【技能目标】

◇现值、终值、年金等问题的计算

◇投资项目的分析

◇了解各类债券的价值评估计算方法

◇美国短期债券进行定价计算

◇短期债券回购价格计算

◇贴现债券、到期一次还本付息债券、附息债券等的计算

第一节　实验准备知识

一、资金的时间价值

资金的时间价值是资金经过一段时间的投资和再投资所发生的增值，也称为货币的时间价值。正是由于资金的时间价值，今天的 100 元与一年之后的 100 元并不是等值的。我们可以将今天的 100 元存入银行或者进行投资，无论是存入银行还是进行投资，一年之后，我们都将获得利息或者投资报酬。而我们获得的利息或者投资报酬就是资金的时间价值，显然这两者是不相等的。

计算资金的时间价值，就必须知道表示不同时间资金价值的现值

和终值。所谓现值，又称本金或期初资金额，是指资金的现在价值。终值，又称本利和，是指资金在经过一段时间之后包括本金和时间价值在内的未来价值。而现值和终值的计算根据计算利息的方式不同而发生变化，通常有单利终值与现值、复利终值与现值、年金终值与现值。

（一）单利终值与现值

单利是指在借贷期限中只有本金才产生利息，不管时间长短，利息的计算都是以本金为基础的。我国银行的存贷款业务一般采用单利方式来计息。

在单利的计算中，记 PV 为现值（本金）；r 为利率（计算时除特殊说明外，所给利率都是年利率）；t 为时间；FV 为终值（本利和）。

$$FV = PV(1 + r \times t)$$

$$PV = FV/(1 + r \times t)$$

（二）复利终值与现值

复利是指每一个计息期的利息不仅是由本金计算产生的，还有一部分是由之前的利息计算产生，而每一期产生的利息也将在下一期加入本金一起计算利息，这就是通常所说的“利滚利”。计息期是指相邻两次计息的时间间隔，如年、季、月等，相应的复利计息频数为每年 1 次、4 次、12 次。一般情况下，计息期为 1 年。

复利是金融分析中常用的利息计算方法，资金的时间价值一般是按照复利计算的。

复利计算下，记 PV 为现值（本金）；r 为利率；t 为时间；FV 为终值（本利和）。

$$FV = PV(1 + r)^t$$

$$PV = FV/(1 + r)^t$$

（三）连续复利计算

连续复利是指在计息期趋于无限小、计息频数趋于无限大的极限情况下得到的利率。

设 PV 为现值（本金）；r 为利率；m 为每年的计息次数；t 为时间；FV 为终值（本利和）。

$$FV = \lim_{m \to \infty} PV \times \left(1 + \frac{r}{m}\right)^{mt}$$

即：$FV = PVe^{rt}$。

二、年金的计算

年金是指在持续的一段时间内，发生的一系列有稳定规律的现金流量。年金是一种常见的金融工具，且在现实生活中被广泛地应用，如住房抵押贷款、保险金、养老金等。年金可以按照收付的次数和时间被分为后付年金、预付年金、永续年金等。

（一）后付年金的计算

后付年金是指固定现金流量发生在每期期末的年金，它是现实生活中最常见的年金形式，因此，又称为普通年金。

假设每期期末都将收到相等的现金流 CF，利率 r，从现在开始共有 n 期，因此由这一系列现金流构成的后付年金现值为：

$$PVA = CF \times \frac{1-(1+r)^{-n}}{r}$$

后付年金复利终值为：

$$FVA = CF \times \frac{(1+r)^{n}-1}{r}$$

（二）预付年金的计算

与后付年金不同，预付年金就是现金流量发生在每期期初的年金，又称为期初年金或者即付年金。

假设每期期初都将收到相等的现金流 CF，利率 r，从现在开始共有 n 期，因此由这一系列现金流构成的预付年金现值为：

$$PVA = CF \times \frac{1-(1+r)^{-(n+1)}}{r} + CF$$

预付年金复利终值为：

$$FVA = CF \times \frac{(1+r)^{(n+1)}-1}{r} + CF$$

（三）永续年金

永续年金是年金的一种重要的特例，它是指现金流量无限期持续下去的年金。现实中，优先股的股利可被视为永续年金。它没有终值，其现值即为：

$$PVA = \frac{CF}{r}$$

三、投资项目分析

投资项目决策是公司理财中经常遇到的问题。公司的财务经理需要对各种投资项目分析，考察潜在的投资机会，才能完成为股东创造价值的目的。投资项目决策分析的方法有净现值法（NPV）、内部收益率法（IRR）和回收期法等一系列方法。这里主要介绍净现值法和内部收益率法。

（一）净现值法

净现值指的是其未来现金流量的现值和与该投资的成本之间的差额。净现值法是公司理财中常用的投资项目决策方法，它将净现值作为投资准绳。如果一项投资的净现值大于零，则可以投资该项目；如果该项投资的净现值等于零，则既可以投资该项目也可以不投资该项目；如果该项投资的净现值小于零，则不应投资该项目。

假设某投资项目的期初投入为 CF_0，投资后将获得持续 n 期的现金流，分别为 $CF_t(t=1, 2, \cdots, n)$，该项目的贴现率为 r，则该投资项目的净现值为：

$$NPV = \sum_{t=1}^{n} \frac{CF_t}{(1+r)^t} - CF_0$$

（二）内部收益率法

内部收益率是指使投资项目净现值为零的贴现率，它反映了投资项目的必要报酬率。内部收益率法也是投资项目决策的常用方法。如果一项投资项目的内部收益率大于资金的成本，则可以投资该项目；如果该项投资的内部收益率等于资金的成本，则既可以投资该项目也可以不投资该项目；如果该项投资的内部收益率小于资金的成本，则不应投资该项目。

假设某投资项目的期初投入为 CF_0，投资后将获得持续 n 期的现金流，分别为 $CF_t(t=1, 2, \cdots, n)$，该项目的内部收益率为 r，则可以根据下列公式求出内部收益率：

$$CF_0 - \sum_{t=1}^{n} \frac{CF_t}{(1+r)^t} = 0$$

四、债券价值评估

债券是以借贷协议形式发行的证券，一般包括面值、偿还期和息票率等要素。按照付息方式不同，债券可以分为贴现债券和息票债券两大类。由于其具有一组稳定的现金流，因此又被称为固定收益证券。

假设债券的内在价值为 V，债券的面值为 M，债券的剩余期限数为 n，第 t 期的现金流为 $C_t(t=1, 2, \cdots, n)$，市场收益率（即贴现率）为 k，则债券的内在价值为：

$$V = \sum_{t=1}^{n} \frac{C_t}{(1+k)^t}$$

由于实际中的债券定价往往非常复杂，故下面将介绍债券的相关概念，以方便之后的债券定价。

（1）面值。面值是债券的赎回价格，债券的持有者最终以票面价值赎回。

（2）息票率。息票率是债券票面上规定的年利率，以确定债券的利息支付额。

（3）交割日。交割日是指债券交易的买入方支付价格和卖出方交割证券的日期。

（4）到期日。到期日是指债券的借贷协议终止的日期，到期日当日发行人应还清所有本金和利息。

（5）发行日。发行日是指债券第一次被出售的日期。

（6）月末法则。月末法则指当债券到期日在某月的最后一天，而该月天数小于30天，债券息票在最后一天支付。MATLAB默认实施月末法则（见表3-1）。例如，今天是2015年2月28日，债券每半年支付一次息票。如果没有实施月末法则，下一次支付息票就是2015年8月28日；如果实施了月末法则，下一次支付息票就是2015年8月31日。

表3-1　　　　债券的月末规则及其含义

规定的值	意义
1（默认值）	实施月末规则
0	不实施月末规则

（7）息票支付周期。每年息票支付的次数，取值范围是0，1，2，3，4，6和12，分别对应着没有息票、每年支付一次、每半年支付一次、每四个月支付一次、每季度支付一次、每两个月支付一次和每月支付一次。MATLAB的默认值是2，即每半年支付一次。

（8）应计利息。债券交易随时都可能发生。当债券交割发生在利息支付日时，债券的价格就是它的市场报价；而当债券交割发生在利息支付周期内时，债券购买者就必须在市场报价之外，支付给债券出售者从上一次利息支付到交割日内其所应得的利息，这个利息就被称为应计利息。

（9）日计数基准类型。应计利息的计算牵扯到债券起息日或上一个付息日至交割日天数的计算，即应计天数的计算。而应计天数的计算取决于债券的时间计算规则，即对债券的每月和每年天数的规定，表示为：每月的天数/该年的天数。例如，实际/实际表示每月和每年都按实际天数计算，一年天数是否为366天取决于该年是否为闰年（见表3－2）。

表3－2　　债券的利息时间计算规则及其含义

规定的值	意义
0	实际/实际
1	30/360
2	实际/360
3	实际/365

（一）贴现债券

贴现债券是指票面上不规定息票率，以低于面值的贴现方式发行，到期按面值偿还的一种债券。贴现债券又称为贴息债券，其面值与发行价格之间的差额就是投资者的利息收入。

假设债券的内在价值为V，面值为M，剩余期限数为n，市场收益率为k，则贴现债券的内在价值为：

$$V=\frac{M}{(1+k)^{n}}$$

（二）到期一次还本付息债券

到期一次还本付息债券属于息票债券，它只有一次现金流流入，即到期日的本息之和。

假设债券的内在价值为V，面值为M，票面利率为r，市场收益率为k，从发行日至到期日的期数为n，债券的剩余期数为m，则到期一次还本付息债券的内在价值为：

$$V=\frac{M(1+r)^{n}}{(1+k)^{m}}$$

（三）付息债券

付息债券通常按照面值发行，按票面上载明的利率，按期支付利息，到期按照面值偿还本金。

假设债券的内在价值为V，面值为M，每期支付的利息为C(C＝M×r)，市场收益率为k，债券的剩余期数为n，则付息债券的内在价值为：

$$V=\frac{C}{1+k}+\frac{C}{(1+k)^{2}}+\cdots+\frac{C}{(1+k)^{n}}+\frac{M}{(1+k)^{n}}$$

第二节　资金的时间价值与债券的价值评估实验

一、资金的时间价值

【例 3－1】 某人有一笔 20000 元的存款，现在的市场利率为 3.3%。请计算这一笔存款在 10 年之后，分别以单利、复利和连续复利三种不同的计息方式下可以得到的本息和。

在单利方式下，本息和为 $FV=PV(1+r\times t)=20000\times(1+3.3\%\times 10)$

在复利方式下，本息和为 $FV=PV(1+r)^t=20000\times(1+3.3\%)^{10}$

在连续复利方式下，本息和为 $FV=PVe^{rt}=20000\times e^{3.3\%\times 10}$

编程如下：

```
>> pv = 20000;   %存款的现值
>> r = 0.033;   %市场存款利率
>> t = 10   %存款时间
>> fv1 = pv * (1 + r * t)   %单利方式计算的现值
>> fv2 = pv * (1 + r)^t   %复利方式计算的现值
>> fv3 = pv * exp(t)   %连续复利方式计算的现值
```

执行结果如下：

```
fv1 =

      26600

fv2 =

   2.7672e+004

fv3 =

   4.4053e+008
```

【例 3－2】 有一付息债券，息票率为 6%，每月付息 200 元，5 年后到期，请计算该债券的理论价值。

本例中，计算付息债券的理论价值，可以使用固定现金流现值计算函数计算。

语法：

PresentVal = pvfix(Rate, NumPeriods, Payment, ExtraPayment, Due)

输入参数：

Rate：市场必要收益率或贴现率；
NumPeriods：投资周期；
Payment：每期现金流，正数表示流入，负数表示流出；
ExtraPayment：最后一次非周期现金流，默认值为 0；
Due：现金流计息方式（0 为周期末付息，1 为周期初付息）。
输出参数：
PresentVal：现金流现值。
利用该函数计算该投资项目的净现值，编程如下：

```
>> rate = 0.06/12;
>> numperiods = 5 * 12;
>> payment = 200;
>> extrapayment = 0;
>> due = 0;
>> Presentval = pvfix(rate,numperiods,payment,extrapayment,due)
```

执行结果如下：

```
Presentval =

  1.0345e+004
```

二、年金的计算

（一）年金利率函数

语法：

```
Rate = annurate(NumPeriods,Payment,PresentValue,FutureValue,Due)
```

输入参数：
NumPeriods：现金流周期；
Payment：每期现金流金额；
PresentValue：现金流现值；
FutureValue：现金流终值，默认为 0；
Due：现金流付息方式（0 为周期末付息，1 为周期初付息）。
输出参数：
Rate：利息率。

【例 3-3】某人贷款买房，共贷款 50 万元，还款期 15 年，每月还 5000 元，则他的贷款利率是多少？若改为每月还 6000 元，贷款利率不变，则还款期为多长？

本例中，贷款看作年金处理，贷款利率的计算可以使用年金利率函数，还款期的计算可以使用年金周期函数。

利用年金利率函数计算贷款利率，编程如下：

```
>> presentvalue = 500000;  % 贷款现值
>> payment = 5000;  % 每次还款金额
>> numperiods = 15 * 12;  % 还款次数
>> futurevalue = 0;  % 现金流终值
>> due = 0;  % 每期期末还款
>> rate = annurate(numperiods, payment, presentvalue, futurevalue, due)
>> annualrate = rate * 12
```

执行结果如下：

```
rate =

    0.0073

annualrate =

0.0876
```

注意：因为现金流使用的是每月偿还金额，所以求出的利率是月利率，年利率需由月利率另求出。

（二）年金周期函数

语法：

NumPeriods = annuterm(Rate, Payment, PresentValue, FutureValue, Due)

输入参数：

Rate：利息率；

Payment：每期现金流金额；

PresentValue：现金流现值；

FutureValue：现金流终值，默认为0；

Due：现金流付息方式（0为周期末付息，1为周期初付息）。

输出参数：

NumPeriods：现金流周期；

利用年金周期函数计算还款期，可对【例3-3】编程如下：

```
>> presentvalue = 500000;  % 贷款现值
>> payment = -6000;  % 每次还款金额，在 annuterm 函数中支
                        出为负数
>> rate = 0.0073;  % 贷款利率
>> futurevalue = 0;  % 现金流终值
>> due = 0;  % 每期期末还款
>> numperiods = annuterm(rate, payment, presentvalue, futurevalue,
due)  % 调用 annuterm 函数
```

执行结果如下：

numperiods =

128.8714

此处与【例3-3】相同，求出的还款期仍然是月，还款年数可以由月数相应求得。

三、投资项目的决策计算

（一）净现值NPV的计算

语法：

PresentVal = pvvar(CashFlow,Rate,IrrCFDates)

输入参数：

CashFlow：现金流向量；

Rate：必要收益率；

IrrCFDates：可选项，现金流时间，默认为等间隔，如每年一次。

输出参数：

Presentval：现金流现值。

【例3-4】某公司要投资一个项目，项目周期为6年，初始投资额为100万元，在之后的6年中，公司会每年分别收回投资20万元、15万元、25万元、30万元、20万元、20万元，公司要求的必要收益率为5%，请用净现值法和内部收益率法决定是否应该投资该项目？

净现值法决策投资项目的标准：净现值NPV>0则该项目可投资；净现值NPV<0则该项目不可投资；净现值NPV=0则该项目可以投资也可以不投资。计算净现值可以使用净现值NPV的计算函数。

利用净现值NPV计算函数计算净现值，编程如下：

```
>> cashflow = [-100,20,15,25,30,20,20];  % 现金流
>> rate = 0.05;  % 利率
>> presentval = pvvar(cashflow,rate)
```

执行结果如下：

presentval =

9.5249

由执行结果看，该投资项目的净现值为9.52万元，大于零，因此该投资项目可行。

（二）内部收益率计算函数

语法：

Return = irr(CashFlow)

输入参数：

CashFlow：现金流。

输出参数：

Return：内部收益率。

利用内部收益率计算函数计算内部收益率，编程如下：

```
>> cashflow = [ -100,20,15,25,30,20,20]；  %现金流
>> return1 = irr(cashflow)；  %调用内部收益率计算函数
```

执行结果如下：

```
return1 =

    0.0784
```

由执行结果看，该投资项目的内部收益率为7.84%，大于公司要求的必要收益率5%，因此该投资项目可行。

四、债券价值评估

（一）短期国库券定价

【例3-5】 有一美国短期国库券，面值为1000元，交割日是2014年3月15日，到期日是2014年12月5日，同期银行的折现率是3.3%，请对该债券定价。

本例中，为美国短期国库券定价可以用短期国库券定价函数进行计算，下面我们介绍两种方法。

1. 短期国库券定价函数prtbill函数

语法：

Price = prtbill(Settle,Maturity,Face,Discount)

输入函数：

Settle：交割日期；

Maturity：到期日期；

Face：面值；

Discount：折现率。

输出函数：

Price：短期国库券的价格。

使用短期国库券定价函数prtbill函数，编程具体如下：

```
>> price = prtbill('3/15/2014','12/5/2014',1000,0.033)
```

执行结果如下：

```
price =

    975.7083
```

2. 短期国库券定价函数 tbillprice 函数

语法：

Price = tbillprice(Rate, Settle, Maturity, Type)

输入函数：

Rate：债券等价收益率、货币市场收益率或银行折现率；

Settle：交割日期；

Maturity：到期日期；

Type：利率类型，1 为货币市场利率，为默认值；2 为债券等价收益率；3 为银行折现率。

输出函数：

Price：短期国库券的价格。

利用短期国库券定价函数 tbillprice 函数计算，编程如下：

```
>> price = tibillprice(0.033,'3/15/2014','12/5/2014',3)
```

执行结果如下：

```
price =

   97.5708
```

注意：结果中的价格是默认面值为 100 元的短期国库券的价格，本例中，面值为 1000 元，应将结果乘以相应的比例。

（二）贴现债券定价

【例 3-6】 现有贴现债券，面值为 1000 元，交割日为 2014 年 5 月 6 日，到期日为 2015 年 2 月 15 日，贴现率为 8%，日计数基准类型为实际/360，请计算该贴现债券的内在价值。

若贴现债券的期限为整数期限，则可以直接套用公式 $V = \frac{M}{(1+k)^n}$ 计算。但是本例中，贴现债券的期限不是整数期限，则可以使用贴现债券定价函数 prdisc 函数计算。

语法：

Price = prdisc(Settle, Maturity, Face, Discount, Basis)

输入参数：

Settle：交割日期；

Maturity：到期日期；

Face：面值；

Discount：贴现率；

Basis：选填项，日计数类型：

0 = actual/actual（默认值）

1 = 30/360(SIA)

2 = actual/360

3 = actual/365

4 = 30/360(PSA)

5 = 30/360(ISDA)

6 = 30/360(European)

7 = actual/365(Japanese)

8 = actual/actual(ISMA)

9 = actual/360(ISMA)

10 = actual/365(ISMA)

11 = 30/360E(ISMA)

12 = actual/365(ISDA)

输出参数：

Price：贴现债券价格。

利用贴现债券定价函数 prdisc 函数为贴现债券定价，编程如下：

```
>> settle = '5/6/2014';
>> maturity = '2/15/2015';
>> face = 1000;
>> discount = 0.08;
>> basis = 2;
>> Price = prdisc(settle, maturity, face, discount, basis)
```

执行结果如下：

```
Price =
  938.8889
```

（三）到期一次还本付息债券定价

到期一次还本付息债券定价函数——prmat 函数

语法：

[Price, AccruInterest] = prmat(Settle, Maturity, Issue, Face, CouponRate, Yield, Basis)

输入参数：

Settle：交割日期；

Maturity：到期日期；

Issue：发行日期；

Face：面值；

CouponRate：息票率；

Yield：贴现率；

Basis：选填项，日计算类型。具体数值同贴现债券定价函数

prdisc 函数相同。

输出参数：

Price：到期一次还本付息债券价格；

AccruInterest：到期时债券的应付利息。

利用 prmat 函数计算价格，编程如下：

```
>> settle = '02/07/2002';
>> maturity = '04/13/2002';
>> issue = '10/11/2001';
>> face = 100;
>> CouponRate = 0.0608;
>> Yield, = 0.0608;
>> basis = 1;
>> [Price, AccruInterest] = prmat(settle, maturity, issue, face, CouponRate, Yield, Basis)
```

执行结果如下：

```
Price =

  99.9784

AccruInterest =

    1.9591
```

知识拓展

中国国际"互联网+"大学生创新创业大赛在重庆举行

2023 年 4 月 9 日，第八届中国国际"互联网+"大学生创新创业大赛冠军争夺赛及第四届教学大师奖、杰出教学奖、创新创业英才奖颁奖典礼在重庆大学举行。重庆市委书记袁家军，教育部党组书记、部长怀进鹏出席典礼并致辞。重庆市委主要领导，教育部党组成员、副部长吴岩，"教学三大奖"评选专家委员会主任、中国工程院院士谢和平，重庆大学党委书记舒立春、校长王树新等出席有关活动。

袁家军代表重庆市委、市政府欢迎出席活动的各位嘉宾和师生，向晋级决赛的师生表示祝贺。袁家军表示，创造是青春的标志，创新是青年的灵魂。祝愿青年朋友在创新创业的路上尽展才华、梦想成真，书写不负时代、不负韶华的青春华章。真诚欢迎世界各地的青年学子走进重庆、深耕重庆，"闯"出广阔天地，"创"造美好未来！

怀进鹏向获得第四届教学大师奖、杰出教学奖、创新创业英才奖的老师和同学，国内外参加第八届中国国际"互联网+"大学生创新创业大赛冠军争夺赛的各位同学表示祝贺。怀进鹏表示，要认真学习贯彻党的二十大精神和习近平总书记的重要指示精神，加强大学生创新创业教育实践，引导广大青年既怀抱梦想又脚踏实地，既敢想敢为又善作善成，立志做有理想、敢担当、能吃苦、肯奋斗的新时代好青年。要坚持创新发展，培养创新创业时代新人；坚持融会融合，凝聚创新创业强大合力；坚持开放互鉴，搭建创新创业国际舞台。他强调，教书育人是高校的中心工作，是教师的天职和主责，是学生成长成才的关键环节。要以更高的使命感认识教学工作意义，以更强的胜任力提升教学工作质量，以更广阔的创新创业实践体现教学工作成果，积极营造教师投身教学、潜心育人，学生创新成才、创业报国的良好教育生态，锻造出更多的“中国金师”，培养出更多担当民族复兴大任的时代新人。

（资料来源：中华人民共和国教育部官网，2023 年 4 月 9 日，经整理而成）

本章小结

1. 资金的时间价值涉及现值、终值、年金等问题的计算，因此，必须掌握相关计算函数。注意函数调用时的输入和输出参数。

2. 投资项目决策是公司理财中经常遇到的问题。公司的财务经理需要对各种投资项目分析，考察潜在的投资机会，才能完成为股东创造价值的目的。投资项目决策分析的方法有净现值法（NPV）、内部收益率法（IRR）和回收期法等一系列方法。本章主要介绍了净现值法和内部收益率法。掌握并熟练运用。

3. 美国短期债券进行定价计算涉及若干个定价函数，具体形式需要掌握。

复习思考题

1. 有一付息债券，息票率为 8%，每月付息 300 元，5 年后到期，请计算该债券的理论价值。本例中，计算付息债券的理论价值，可以使用固定现金流现值计算函数计算。

2. 某公司要投资一个项目，项目周期为 6 年，初始投资额为 200 万元，在之后的 6 年中，公司会每年分别收回投资 40 万元、30 万元、50 万元、60 万元、40 万元、40 万元，公司要求的必要收益率为 7%，请用净现值法和内部收益率法决定是否应该投资该项目？

净现值法决策投资项目的标准：净现值 NPV > 0 则该项目可投资；净现值 NPV < 0 则该项目不可投资；净现值 NPV = 0 则该项目可以投资也可以不投资。计算净现值可以使用净现值 NPV 的计算函数。

第四章

债券收益与风险度量实验

【知识目标】

◇掌握债券风险评估的基本实验原理

◇理解 MATLAB 金融工具箱评估债券风险的基本功能

【素养目标】

◇熟练应用工具箱的基本功能

◇理解“双创”教育在债券风险评估中的价值

【技能目标】

◇了解各类债券的利息和收益率的计算方法

◇国库券的收益计算

◇可转让定期存单（CD）定价计算

◇可转让定期存单收益率计算

◇可转换债券定价计算

◇了解刻画债券的两个特征：久期和凸性

◇固定收益久期与凸度的计算

第一节　债券收益与风险度量基础知识

利用 MATLAB 除了可以对各种债券进行价值评估外，还可以利用它来计算债券的应计利息和各种收益率。债券是最重要的有价证券之一，通常有相对固定的现金流，利率风险是它的主要风险。久期和凸性是刻画债券的两个重要特征，是债券利率风险度量和管理需要考虑的主要因素。本章介绍债券久期和凸性的概念和计算，并研究债券的免疫策略。

一、债券价值相关知识

设 V 为债券的内在价值（或理论价格），n 为债券的剩余期限数，M 为债券的票面价值，C_t 为第 t 期的现金流（t=1，2，…，n），k 为市场收益率（即折现率，一般以年收益率计算），则其一般定价模型为：

$$V = \sum_{t=1}^{n} \frac{C_t}{(1+k)^t}$$

以上模型中假定债券的期限是整数期限，但实际中可能的情况经常是债券的期限是非整数期限，这时需要借助于其他的债券定价函数求解。由于有带有零头的息票期限，故计算起来要复杂一些。

在利用 MATLAB 函数来对债券进行各种计算时，涉及一些共同的输入约定，现说明如下：

1. 交收日

交收日（settle）指债券在二级市场上第一次进行买卖交易的日期。它并不需要与债券的发行日期一致，债券的发行日期是指债券第一次被出售的日期。以连续的日期数字或日期串的形式输入，它必须早于或等于到期日（maturity）。

2. 到期日

一种债券的到期日（maturity date）是指这样一个日期，在该日，债券的发行者将债券从持有者那里以最终的票面价值收回。

3. 发行日

发行日（issue date）是指债券第一次被出售的日期。以连续的日期数字或日期串的形式输入。

4. 息票率

息票率（coupom rate）是债券票面上规定的每年的百分比收益率，用来确定债券的利息支付数额。以小数形式输入。

5. 面值

面值（face）是债券的赎回价格（redemption value），债券的持有者最终以票面价值赎回。

6. 息票支付周期

每年息票支付的次数（可以选择），是一个整数，允许的取值可以是0，1，2，3，4，6 和12，默认值=2。具体说明如表4-1所示。

表4-1　债券的息票支付周期（periods）及其含义

时期	利息支付时间表
0	没有息票（零息票债券）
1	每年支付一次
2	每年支付二次
3	每年支付三次

续表

时期	利息支付时间表
4	每年支付四次
6	每年支付六次
12	每月支付一次

7. 债券的日计数基准类型

债券的时间计算规则（basis）取决于对债券的每月和每年天数的规定（该参数是任选项），表示为：每月的天数/该年的天数（见表4-2）。例如，实际/实际表示每月按实际的天数计算/每年按实际的天数计算（一年是365天还是366天取决于所在的年份是否为闰年）。

表4-2 债券的利息时间计算规则（basis）及其含义

规定的值	意义
0（默认值）	实际/实际
1	30/360
2	实际/360
3	实际/365

8. 月末付息规则

月末付息规则（end-of-month-rule）会影响一个债券的息票偿付结构。当实施这个规则时，息票在每月最后一天支付。这意味着，例如，在一个非闰年的2月28日付息的半年付息债券，一般年份将在8月31日支付利息，而闰年则在2月29日支付利息。

9. 第一个息票日

第一个息票日（first coupon rate）是指第一次息票支付的日期。一般来说债券息票的支付为每年一次或半年一次，第一次息票日可能会与标准的息票日期不同。它以连续的日期数字或日期串的形式输入。

10. 最后一个息票日

最后一个息票日（last coupon rate）是指最后一次息票支付的日期。尽管一般来说债券息票的支付为每年一次或半年一次，但最后一次息票日可能会与标准的息票日期不同。它也以连续的日期数字或日期串的形式输入。

11. 到期收益率

一个债券的到期收益率（yield-to-maturity）又称为名义收益率，

也就是当债券的所有将来发生的现金流（包括本金和每期的利息）的现值之和与债券目前的市场价格相等时的折现率。

12. 应计利息（accrued interest）

固定收益证券的买卖并不一定要在利息支付日进行。在这种情况下，债券的购买者不能完全享有那个时期的利息。当债券的购买发生于利息支付周期内，购买者必须支付给出售者从上一次利息支付到发生购买这段时间内其所应得的利息，这个利息称为应计利息（accrued interest）。所以，购买发生时的购买价格，也就是购买者为购买该债权所实际支付的金额，应该由该债权的市场报价（purchase price）和应计利息两部分构成。

在以上共同的输入约定中只有 settle 和 maturity 是必需的，而所有其他的都是可以选择的。如果你不需要明确地规定它们的话，它们将会被调整到默认值。

二、计算债券的利息和收益率

固定收益证券的买卖并不一定要在利息支付日进行。债券的购买者除了要向债券的出售者支付债券的购买价格外，还要额外支付给出售者应该享有的一部分利息，即应计利息。我国目前交易所交易的债券，报价给出全部的价格，不仅包括平价（flat price or clean price），而且还包括累积利息，这个累积利息又称为应计利息。也就是说，如果买方在利息支付日期之前购买债券，则他除了要支付按金融行情表上列出的债券价格外，还得向卖方支付应计利息，即未来半年期利息的应摊份额。例如，如果半年期为 182 天，买方在最近的一次付息日已过去 40 天时购买债券，则卖方就有权要求买方支付给他应得的一个半年期的 40/182 的应计利息。因此，成交价也就是发票上的价格，等于标价加上应计利息。更具体地说，假设债券的息票率为 8%，面值为 1000 美元，半年付息一次，则半年期的利息为 40 美元。由于购买债券时距离最近一次付息已过去了 40 天，于是，这张债券的应计利息应为 $40\times(40/182)=8.79$（美元）。如果债券报价为 990 美元，则成交价便是 $990+8.79=998.79$（美元）。

在 MATLAB 中，有几个专门用来计算债券的应计利息的函数，如 cdai、acrubond、acrudisc 等，另外还有一些计算债券的各种收益率的函数，如 cdyield、beybill 等。

三、债券的风险度量基础知识

债券是最重要的有价证券之一，通常有相对固定的现金流，利率风险是它的主要风险。久期和凸性是刻画债券的两个重要特征，是债券利率风险度量和管理需要考虑的主要因素。本章介绍久期和凸性的概念和计算，并研究债券的免疫策略。

第二节　债券的收益计算

一、计算债券的应计利息

（一）存款证的应计利息

存款单证也称存单（certificate of deposit，CD），即银行的定期存款。定期存款不能在存款者需要时随时提取，银行只在存单的固定期限到期时向储户支付本金和利息。金额超过 10 万美元的存单是可以转让的。也就是说，如果存单的所有者需要现金的话，他可以在到期日之前将存单出售给其他投资者。短期存单具有高度的流动性，尤其是期限为 6 个月或者稍长一点的存单。可以利用 cdai 函数来计算存单应计利息，其函数命令格式为：

AccInt = cdai(CounponRate,Settle,Maturity,IssueDate,Basis)

【实验内容与步骤】 计算存款证的应计利息。

【例 4-1】 已知某存款证的相关信息资料如下，试计算该存款证的应计利息。

输入命令：

```
>> CouponRate = 0.05;
>> Settle = '02-Jan-02';
>> Maturity = '31-Mar-02';
>> IssueDate = '1-Oct-01';
>> AccrInt = cdai(CouponRate,Settle,Maturity,IssueDate)
```

【实验编程与结果】

```
AccrInt =

    1.2917
```

（二）付息债券的应计利息

由前面的讨论可知，付息债券按期支付利息，一般可以进行转让或在二级市场上进行交易。可利用 acrubond 函数来计算付息债券的应计利息，其函数命令格式为：

AccruInterest = acrubond(IssueDate, Settle, FirstCounponDate, Face,..
CouponRate, Period, Basis)

【实验内容与步骤】 付息债券应计利息。

【例 4 - 2】 已知某债券具有如下特性，试计算其应计利息。

输入如下指令：

```
>> Settle ='1 - Mar - 1993';
>> IssueDate ='31 - jan - 1983';
>> FirstCouponDate ='31 - jul - 1983';
>> Face =100;
>> CouponRate =0.1;
>> Period =2;
>> Basis =0;
>> AccruInterest = acrubond('1 - jan - 1983','1 - mar - 1993','31 -
jul - 1983',...
100,0.1,2,0)
```

【实验编程与结果】

```
AccruInterest =
    0.8011
```

（三）到期日付息债券的应计利息

到期一次性还本付息的债券只有一次现金流动，即到期日的本息之和。当债券中途进行转让需要计算其应付利息时，可使用 acrudisc 函数来完成，其函数命令格式为：

AccruInterest = acrudisc(Settle, Maturity, Face, Discount, Period, Basis)

【实验内容与步骤】 到期日付息债券应计利息。

【例 4 - 3】 已知某到期一次性还本付息债券具有如下特性，试计算其应计利息。

输入如下指令：

```
>> Settle ='05/01/1992';
>> Maturity ='07/15/1992';
>> Face =100;
>> CouponRate =0.1;
>> Period =2;
>> Basis =0;
>> AccruInterest = acrudisc('05/01/1992','07/15/1992',100,0.1,
2,0)
```

【实验编程与结果】

```
AccruInterest =

    2.0604
```

二、计算债券的各种收益率

（一）存款证的收益率

使用 cdyield 函数命令：

Yield = cdyield(Price, CouponRate, Settle, Maturity, IssueDate, Basis)

【实验内容与步骤】 存款证的收益率。

【例 4-4】 已知某存款证的相关信息资料如下，试计算该存款证的收益率。

输入如下指令：

```
>> Price = 101.125;
>> CouponRate = 0.1;
>> Settle = '02-Jan-02';
>> Maturity = '31-Mar-02';
>> IssueDate = '1-Oct-01';
>> Yield = cdyield(Price, CouponRate, Settle, Maturity, IssueDate)
```

【实验编程与结果】

```
Yield =

    0.0520
```

（二）国库券的等价收益率

使用 beybill 函数命令：

Yield = beybill(Settle, Maturity, Discount)

【实验内容与步骤】 国库券等价收益率。

【例 4-5】 已知某国库券的交收日是 2000 年 2 月 11 日，到期日是 2000 年 8 月 7 日，折现率是 5.77%，试求该债券的等价收益率。

输入如下指令：

```
Yield = beybill('2/11/2000','8/7/2000',0.0577)
```

【实验编程与结果】

```
Yield =

    0.0602
```

（三）固定收益证券的到期收益率

在实际中，投资者购买债券的决策依据并不是债券承诺的收益率。投资者要根据债券的市场价格、到期日、利息支付额等特征计算债券所能够提供的收益率。这种收益率就是到期收益率（yield to maturity，YTM），它是使得债券支付额的现值等于债券市场价格的折现率。如果现在购买债券并持有至到期日，则该债券所能够提供的平均收益率就是到期收益率。计算债券的到期收益率，就是在债券市场价格已知的情况下，计算债券定价公式中的贴现率。例如，假设某投资者购买了某面值为1000元、息票利率为8%、期限为30年、半年付息一次、价格为1276.76元的债券，并持有至到期，则其所能够获得的平均收益率即到期收益率由以下公式决定：

$$1276.76 = \sum_{i=1}^{60} \frac{40}{(1+r)^i} + \frac{1000}{(1+r)^{60}}$$

要计算到期收益率，可使用bndyield函数来完成，命令格式为：

Yield = bndyield(Price, CouponRate, Settle, Maturity, Period, Basis, EndMonthRule,...

IssueDate, FirstCouponDate, LastCouponDate, StartDate, Face)

【实验内容与步骤】 固定收益证券的到期收益率。

【例4-6】 计算某国库债券在三个不同价格时的到期收益率。

输入如下指令：

```
>> Price = [95;100;105];
>> CouponRate = 0.05;
>> Settle = '20 - Jan - 1997';
>> Maturity = '15 - Jun - 2002';
>> Period = 2;
>> Basis = 0;
>> Yield = bndyield(Price,CouponRate,Settle,Maturity,Period,Basis)
```

【实验编程与结果】

```
Yield =

    0.0610
    0.0500
    0.0396
```

注意：以上计算出的是半年计息一次的债券到期收益率，而行情公报中所报出的到期收益率则常常是以年为基础的。利用简单的利息计算技术，可以将债券的半年期到期收益率换算成以年为单位的到期收益率，即年百分比收益率（annual percentage rate，APR）。通常是将半年期收益率加倍得到年收益率。这种运用简单的方法所算出的年收益率又称为债券的等价收益率。

（四）国库券的收益率

使用的 yldtbbill 函数命令：

Yield = yldtbill(Settle, Maturity, Face, Price)

【实验内容与步骤】 国库券收益率。

【例 4-7】 已知某国库券的交收日是 2000 年 2 月 10 日，到期日是 2000 年 8 月 6 日，面值为 1000 美元，市场价格为 981.36 美元，试计算其收益率。

输入如下指令：

```
>> Settle = '02/07/2000';
>> Maturity = '04/13/2000';
>> Issue = '10/11/1999';
>> Face = 100;
>> Price = 99.98;
>> CouponRate = 0.0608;
>> Basis = 1;
>> Yield = yldmat(Settle, Maturity, Issue, Face, Price, CouponRate, Basis)
```

【实验编程与结果】

```
Yield =

    0.0607
```

第三节　债券的风险度量与管理

一、债券的久期

一项现金流的现值要受到多种因素的影响，如现金流的时间长短、每期现金流再投资所获得的收益率的高低、现金流的分布情况等。因此，现金流的风险不能单纯以时间长短来衡量。为了合理地衡量现金流的风险，也就是现金流对利率变化的敏感性，1938 年，佛雷德里克·麦考利（Frederick Macaulay）首先提出了久期（duration，简记为 D，又称“麦考利久期”）的概念。它是指现金流支付时间的加权平均，权重是每期支付的现金流的现值在所有现金流的现值总和中所占的比例，即以每期支付的现金流的现值除以所有现金流的现值总和。

设有一种期限为 n 的债券，每期流入的现金流为 $CF_t(t=1, 2, \cdots, n)$，通常 $CF_t(t=1, 2, \cdots, n-1)$ 是指第 1 期到第 n－1 期各期利息的流入，CF_n 为最后一期利息和本金的总和。若期限结构曲线水平，即每期现金流的贴现率都为 r，则该现金流的现值为：

$$PV = \sum_{t=1}^{n} \frac{CF_t}{(1+r)^t}$$

而久期（此处“久期”为麦考利久期）的公式为：

$$D = \frac{1}{PV}\sum_{t=1}^{n} \frac{tCF_t}{(1+r)^t}$$

期限相同的不同现金流，现金流的支付方式不尽相同，久期也不同。久期综合考虑了现金流到期之前的全部现金流量特征，它比到期期限更适合测算现金流的时间特性。久期作为度量现金流对市场利率的敏感程度的指标，被广泛应用于现金流的风险度量。通常认为久期越长，现金流对利率变动所产生的变动幅度越大，从而风险越大。

二、久期的计算

（一）等时间间隔债券的久期计算

MATLAB 中，在没有给定交收日和到期日的情况下，计算等时间间隔的周期性的现金流的久期和修正的久期的计算函数为 cfdur。函数命令为：

[Duration, ModDuration] = cfdur(CashFlow, Yield)

【实验内容与步骤】等时间间隔债券的久期计算示例。

【例 4－8】假设有两个债券 1 和债券 2，其面值均为 1000 元。债券 1 刚刚发行，市场利率（贴现率）为 8%，票面利率也为 8%，期限为 10 年；债券 2 为 5 年前发行，票面利率为 12%，期限为 15 年，还有 10 年到期。假设两债券的利息支付周期均为每年一次，试计算债券 1 和债券 2 的久期和修正的久期。

输入指令如下：

第一步，计算债券 1 的久期和修正久期：

```
>> CashFlow = [ones(1,9) * 80 1080];
>> [Duration,ModDuration] = cfdur(CashFlow,0.08)    % 债券 1 的久期和修正久期
```

第二步，计算债券 2 的久期和修正久期：

```
CashFlow = [ones(1,9) * 120 1120];
```

[Duration,ModDuration] = cfdur(CashFlow,0.08) %债券2的久期和修正久期

【实验编程与结果】

债券1的久期和修正久期为:

```
Duration =

    7.2469

ModDuration =

    6.7101
```

债券2的久期和修正久期为:

```
Duration =

    6.7442

ModDuration =

    6.2446
```

从上面的结果中可以看出,虽然两个债券的到期期限都是10年,但债券1的久期大于债券2的久期。

(二)非等时间间隔债券的久期计算

MATLAB中,当交收日不等于利息支付日时,债券提供的现金流就不是等时间间隔的,因此就不能使用前面的cfdur函数来计算久期。给定交收日和到期日,非等时间间隔的债券的久期和修正的久期可用bnddurp和bnddury两个函数来计算,其中,bnddurp用来计算给定价格的债券的久期,bnddury用来计算给定收益率的债券的久期。

bnddurp函数命令为:

[ModDuration,YearDuration,PerDuration] = bnddurp(Price,CouponRate,Settle,Maturity,...

Period, Basis, EndmonthRule, IssueDate, FirstCouponDate, LastCouponDate,StartDate,Face)

bnddury函数命令为:

[ModDuration,YearDuration,PerDuration] = bnddury(Yield,CouponRate,Settle,Maturity,...

Period, Basis, EndmonthRule, IssueDate, FirstCouponDate, LastCouponDate,StartDate,Face)

其中:

Price:债券的出清价格(不包括应计利息);

StartDate:债券实际开始的将来的某个日期(此时,债券的现金流才开始被考虑),如果债券的这个实际开始的将来的日期没有被指

定，则交收日就是这个有效的日期；

ModDuration：每年计息一次的修正的久期；

YearDuration：每年计息一次的麦考利久期；

PerDuration：半年计息一次的麦考利久期。

以上所有变量中，除了 Price，CouponRate，Year，Settle 和 Maturity 外，其余变量都是任选的。

【实验内容与步骤】 非等时间间隔给定价格的债券的久期计算示例。

【例 4-9】 已知某三个债券的价格及相应的信息资料如下，试计算 3 个债券在 3 种不同收益下的各种久期。

输入如下指令：

```
>> Price = [106;100;98];
>> CouponRate = 0.055;
>> Settle = '02 - Aug - 1999';
>> Maturity = '15 - Jun - 2004';
>> Period = 2;
>> Basis = 0;
>> [ModDuration,YearDuration,PerDuration] = bnddurp(Price,CouponRate,Settle,Maturity,...
Period,Basis)
```

【实验编程与结果】

```
ModDuration =

    4.2400
    4.1925
    4.1759

YearDuration =

    4.3275
    4.3077
    4.3007

PerDuration =

    8.6549
    8.6154
    8.6014
```

注意：

（1）从计算结果中可以看出，半年计息一次的麦考利久期近似等于每年计息一次的麦考利久期的两期。

（2）此例中债券的面值默认为100美元。

【实验内容与步骤】 非等时间间隔给定收益率的债券的久期计算示例。

【例4－10】 已知某债券的3种不同的收益率及相应的信息资料如下，试计算该证券在3种不同收益率下的各种久期。

输入以下指令：

```
Yield = [0.04;0.055;0.06];
CouponRate = 0.055;
Settle = '02 - Aug - 1999';
Maturity = '15 - Jun - 2004';
Period = 2;
Basis = 0;
[ModDuration, YearDuration, PerDuration] = bnddury(Yield, Coupon-
Rate, Settle, Maturity,...
Period, Basis)
```

【实验编程与结果】

```
ModDuration =

    4.2444
    4.1924
    4.1751

YearDuration =

    4.3292
    4.3077
    4.3004

PerDuration =

    8.6585
    8.6154
    8.6007
```

三、债券的凸性

本节主要介绍债券凸性的概念、计算方法和性质。

（一）凸性的含义

久期作为现金流对利率敏感性的度量手段，仅是利率变化对现金流现值影响效果的一阶近似刻画，存在一定的缺陷。原因是：久期只考虑了现金流的现值变化和收益率变化之间的线性关系，而实际上二者具有非对称的、凸性的关系；久期作为估计现金流现值的手段，只适用于收益率变化幅度很小的情况，由于用$\frac{\Delta P}{P} = -D^* \times \Delta r$来代替$\frac{dP}{P} = -D^* \times dr$，只考虑了现金流现值对利率变化的一阶逼近，因此，只有当市场到期收益率波动幅度很小时才比较准确，如果市场到期收益率波动幅度很大时，现值与收益率之间的关系误差就相对较大。

为了修正单独由久期导出的近似值的误差，所以引入凸性的概念。久期可看作是现值对利率小幅度波动敏感性的一阶估计，凸性则是对现金流利率敏感性的二阶估计，或是对现金流久期的利率敏感性的度量。按照前面的假设（为了表达方便，现值由 PV 改为用 P 来表示），将$P = \sum_{t=1}^{n} \frac{CF_t}{(1+r)^t}$按泰勒展开式展开，得到：

$$\Delta P = -\frac{1}{1+r} DP\Delta r + \frac{1}{2}\sum_{t=1}^{n} t(t+1)\frac{CF_t}{(1+r)^{t+2}}(\Delta r)^2 + \cdots$$

显然，忽略上式中的第二项及以后各项（只取第一项），就可以得到现金流对利率变化敏感性的一阶近似——久期，即$\frac{\Delta P}{P} \approx -\frac{1}{1+r} D\Delta r = -D^* \Delta r \left(\frac{dP}{P} = -\frac{1}{1+r} Ddr = -D^* dr\right)$；而保留第二项，忽略第三项及以后的各项，则得到：

$$\frac{\Delta P}{P} \approx -\frac{1}{1+r} D\Delta r + \frac{1}{2P}\sum_{t=1}^{n} t(t+1)\frac{CF_t}{(1+r)^{t+2}}(\Delta r)^2$$

定义凸性为：

$$\text{凸性} = cv = \frac{1}{P} \times \frac{d^2P}{dr^2} = \frac{1}{P(1+r)^2}\sum_{t=1}^{n} t(t+1)\frac{CF_t}{(1+r)^t}$$

于是，

$$\frac{\Delta P}{P} \approx -D^* \Delta r + \frac{1}{2} cv(\Delta r)^2$$

或

$$\Delta P \approx -D^* \times P \times \Delta r + \frac{1}{2} cv(\Delta r)^2 \times P$$

即：

$$\text{债券价格变化} = -\text{修正的久期} \times \text{价格} \times \text{收益率变化} + \text{凸性} \times \text{价格} \times \frac{(\text{收益率变化})^2}{2}$$

凸性总是正值，凸性的单位是时间单位的平方，例如，如果时间以年作单位，则凸性的单位就是年的平方。由上式可以看出，由于凸性考虑了价格随收益率的二阶变化，因此，当收益率变化幅度较大时，用凸性计算价格随收益率的变化具有更好的近似效果，能更精确地反映收益率变化对债券价格的影响。

凸性是对债券价格曲线弯曲程度的一种度量，凸性越大，债券价格曲线弯曲程度越大。

（二）凸性的计算

1. 等时间间隔债券的凸性计算

MATLAB 中，在没有给定交收日和到期日的情况下，计算等时间间隔的周期性的现金流的凸性的函数为 cfconv。函数命令为：

Convexity = cfconv(CashFlow, Yield)

【实验内容与步骤】等时间间隔债券的凸性计算示例。

【例 4 - 11】假设有两个债券 1 和债券 2，其面值均为 1000 元。债券 1 刚刚发行，市场利率（贴现率）为 8%，票面利率也为 8%，期限为 10 年；债券 2 为 5 年前发行，票面利率为 12%，期限为 15 年，还有 10 年到期。假设两债券的利息支付周期均为每年一次，试计算债券 1 与债券 2 的凸性。

输入如下指令：

第一步，计算债券 1 的凸性：

```
>> CashFlow = [ones(1,9) * 80 1080];
>> Convexity = cfconv(CashFlow,0.08)
```

第二步，计算债券 2 的凸性：

```
>> CashFlow = [ones(1,9) * 120 1120];
>> Convexity = cfconv(CashFlow,0.08)
```

【实验编程与结果】

债券 1 的凸性为：

```
Convexity =

    60.5313
```

债券 2 的凸性为：

```
Convexity =

    54.3642
```

从上面的结果中可以看出，虽然两个债券的到期期限都是 10 年，但债券 1 的凸性却大于债券 2 的凸性。

2. 非等时间间隔债券的凸性计算

MATLAB 中，当交收日不等于利息支付日时，债券提供的现金流就不是等时间间隔的，因此，也就不能使用上面的 cfconv 函数来计算凸性。给定交收日和到期日，非等时间间隔的债券的凸性可用 bndconvp 和 bndconvy 两个函数来计算，其中，bndconvp 用来计算给定价格的债券的凸性，bndconvy 用来计算给定收益率的债券的凸性。

bndconvp 函数命令为：

```
[YearConvexity,PerConvexity] = bndconvp(Price,CouponRate,Settle,Maturity,...
Period,Basis,EndMonthRule,IssueDate,FirstCouponDate,LastCouponDate,...,StartDate,Face)
```

bndconvy 函数命令为：

```
[YearConvexity,PerConvexity] = bndconvy(Yield,CouponRate,Settle,Maturity,...
Period,Basis,EndMonthRule,IssueDate,FirstCouponDate,LastCouponDate,...,StartDate,Face)
```

其中，YearConvexity：每年计息一次债券的凸性；PerConvexity：半年计息一次债券的凸性。

【实验内容与步骤】等时间间隔债券的凸性计算示例。

【例 4-12】已知某 3 个债券的价格及相应的信息资料如下，试计算 3 个债券在各种利息支付周期下的凸性。

输入如下指令：

```
>> Price = [106;100;98];
>> CouponRate = 0.055;
>> Settle = '02-Aug-1999';
>> Maturity = '15-Jun-2004';
>> Period = 2;
>> Basis = 0;
>> [YearConvexity,PerConvexity] = bndconvp(Price,CouponRate,Settle,Maturity,...
Period,Basis)
```

【实验编程与结果】

计算结果如下：

```
YearConvexity =

   21.4447
   21.0363
   20.8951

PerConvexity =

   85.7788
   84.1454
   83.5803
```

知识拓展

以“双创”教育为创新发展蓄势聚能

党的二十大报告强调，“深入实施科教兴国战略、人才强国战略、创新驱动发展战略”，“培育创新文化，弘扬科学家精神，涵养优良学风，营造创新氛围”。纵深推进大众创业、万众创新是深入实施创新驱动发展战略的重要支撑。青年学生富有想象力和创造力，是创新创业的生力军，开展好面向青年学生的“双创”教育、助力其全面融入创新创业实践具有重要意义。

党的二十大报告指出：“教育、科技、人才是全面建设社会主义现代化国家的基础性、战略性支撑”，创新创业教育必须坚持科技是第一生产力、人才是第一资源、创新是第一动力，不断塑造发展新动能、新优势。加强高校创新创业教育是建设创新型国家的需要，是推动经济社会发展的需要，是帮助青年学子实现人生梦想的需要。开展创新创业教育具有重要意义，将创新创业教育充分融入人才培养体系、贯穿人才培养全过程，推动其实现从单纯注重知识传授向注重创新精神、创业意识和创新创业能力全面培养转变，由单纯面向有创新创业意愿的学生向全体学生的转变，这在高校人才培养中具有举足轻重的意义。

（资料来源：吉林日报·大吉网，2023 年 5 月 2 日，经整理而成）

本章小结

1. 债券的收益计算包括债券的应计利息和各种收益率的计算。债券的应计利息和各种收益率的计算都要通过调用相关函数来进行。熟练掌握相关函数。

2. 久期和凸性是刻画债券的两个重要特征，是债券利率风险和管理需要考虑的主要因素。掌握久期和凸性的计算方法及相关函数的调用。

复习思考题

1. 有一债券，面值为 100 美元，息票利率为 6%，交收日为 1999 年 1 月 20 日，到期日为 2004 年 6 月 15 日，半年付息一次，计息时间按实际/实际的规则计算，试计算该债券在以下三种情况下的到期收益率：

（1）价格为 94 美元；（2）价格为 100 美元；（3）价格为 106 美元。

2. 有两个债券：第一个债券刚刚发行，面值为 100 美元，票面利率为 10%，期限为 4 年；第二个债券为 7 年前发行，面值为 1000 美元，票面利率为 8%，还有 3 年到期。假设两债券的利息支付周期均为每年一次，市场利率为 10%，试计算两债券的久期和修正的久期。

第五章
金融数据预处理实验

【知识目标】

◇理解掌握金融问题数据处理的过程与方法

◇掌握各种金融数据的获取来源与途径

【素养目标】

◇培养面向问题的职业素养与道德

◇提高对数据版权的保护意识

【技能目标】

◇建立自己的金融数据资料库

◇各种数据格式的转入与导出

◇金融时间序列的创建

金融数据导出为数据文件、数据文件的读取是数据处理的基本功，本章讨论了不同格式数据文件的读取，读者应掌握文本数据、Excel 格式数据的读写，掌握时间序列格式数据之间的转换。

第一节　建立自己的金融数据资料库

通达信软件是多功能的证券信息平台，与其他行情软件相比，有简洁的界面和行情更新速度较快等优点，增强网上交易安全性。因此，本章选用通达信软件作为金融数据导出的软件。

【实验内容与步骤】从通达信软件中导出若干只股票的价格数据以及数据转换与设计实现。

（1）利用通达信股票交易软件进行数据导出。首先打开通达信行情分析软件，打开后界面如图 5－1 所示。

接着点击“独立行情”，进入下列界面，如图 5－2 所示。

接着，选中已知股票，双击鼠标左键，可以打开 K 线图界面，如图 5－3 所示。

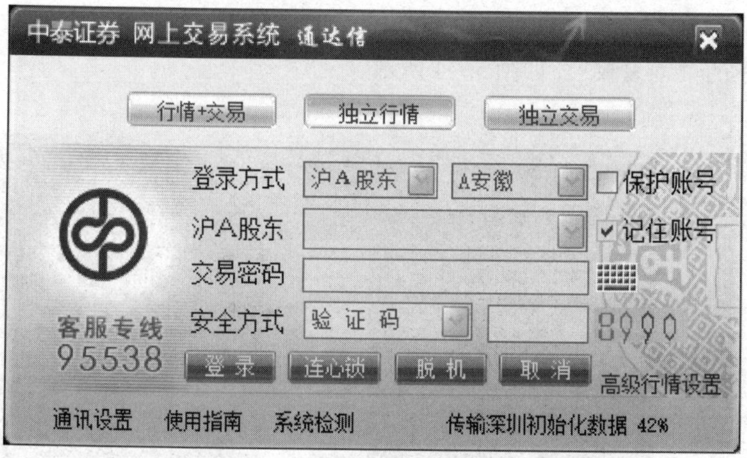

图5－1　“通达信行情分析软件”界面

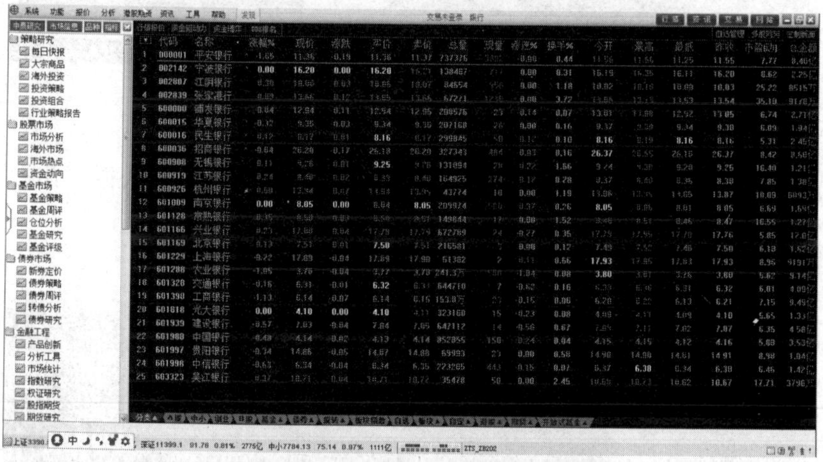

图5－2　“独立行情”界面

图5－3　“K线图”界面

接着，选中 K 线图，单击鼠标右键，选择“复权处理”下拉菜单下的“前复权”，如图 5－4 所示。

图 5－4 “前复权”界面

接着，点击屏幕左上方的“系统”下拉菜单下的“数据导出”，界面如图 5－5 所示。

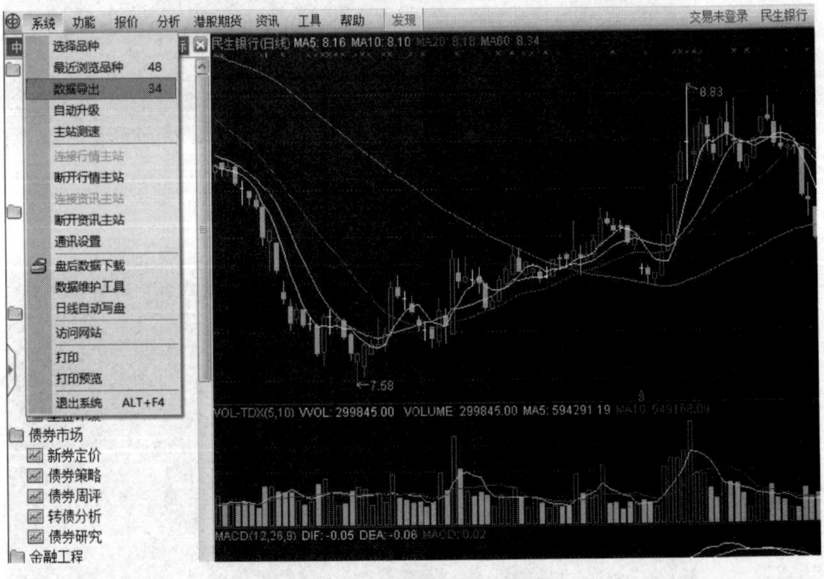

图 5－5 “数据导出”菜单

接着，会弹出一个下列对话框，我们选择“Excel 文件”，如图 5－6 所示。

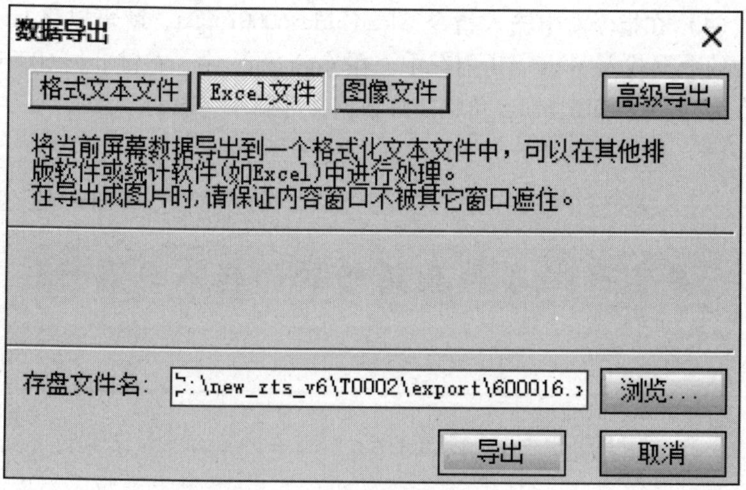

图 5-6　“数据导出”界面

点击“导出”后会在相应计算机路径下导出一个 Excel 文件“600016. xls”，打开此 Excel 文件，如图 5-7 所示。

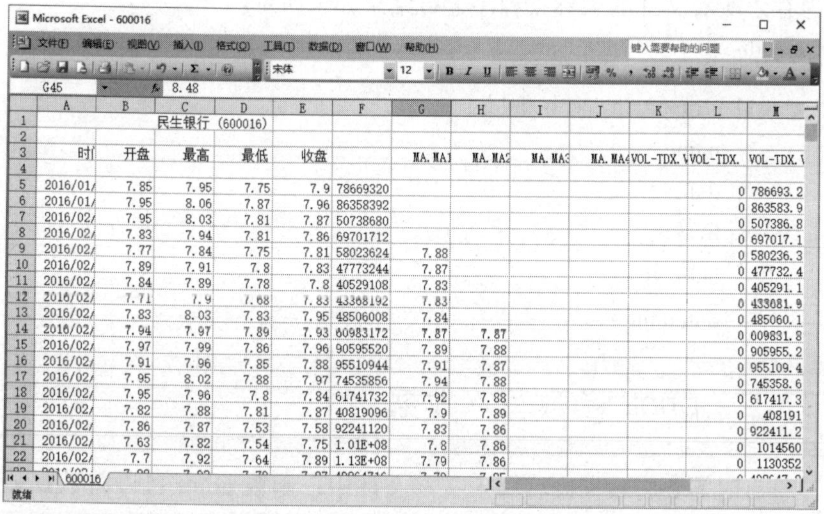

图 5-7　“打开 Excel 文件”界面

我们只保存每只股票的收盘价。重复此步骤，对要收集的每只股票的相同交易日的收盘价数据都做此处理，然后放到一个 Excel 文件内。这样，就可以得到若干只股票的收盘价数据。

接着，删除 Excel 文件中前两行的汉字（股票名称和开盘价），只保留每只股票的价格数据。

（2）另存为文件 price600016. txt，选择制表符分隔的方式保存。

（3）把 price600016. txt 放到自己设定的缺省工作目录备用。

（4）在指令窗中输入指令：load price600016. txt，就可以将 txt 文件中的数据载入 MATLAB 内存中。在 workspace 中，右键 price600016，另存为 price600016. mat，价格矩阵数据文件制作完毕。

（5）使用时调用方式：load price600016. mat。

第二节 各种数据格式的转入与导出

一、读取目录内容

MATLAB 的 dir 函数负责读入文件夹中的文件，如读入根目录下扩展名为 . txt 文件可以执行下面命令。

```
>> file = dir('C:\*.txt')
```

目录扩展名为 . txt 文件的特征保存在结构变量 file 中，file. name 保存了所有文件的名称。程序运行结果如下所示：

```
file =

0x1 struct array with fields:

    name
    date
    bytes
    isdir
    datenum
```

二、printf 函数写入数据

有时需要将数据内容写入文本文件中，函数 printf 可以将数据显示在显示屏上或者文件中。

调用方式：

Count = printf(fid, format, A, . . .)

输入参数：

fid 是一个整数型变量，它可以是 fopen 命令成功返回的文件标识符，也可以是 MATLAB 保留的具有特殊意义的数值。1 表示标准输入，也就是屏幕输出；2 表示标准错误输出，同样是屏幕输出。

format 输出格式控制，变量 format 是一个字符串，用法类似 C 语言格式，主要控制符号、排序、重要数字及字符宽度等，例如，% -12. 52，其中，%表示开始读入数据，-表示标记，12 表示输入的宽度，5 表示小数位数，e 表示标记，输出格式如表 5-1 所示，format 以%开始，包含下面内容：

标志符 flags（可选项），具体如表 5-1 所示。

宽度和精度（可选项），具体如表 5-2 所示。

图表类型定义（可选项）。

转换字符（可选项），具体如表 5-3 所示。

表 5-1　flags 内容

字符	内容	例子	字符	内容	例子
-	左对齐	% -5.2d	空格	在数字前加空格	%5.2d
+	显示符号	% +5.2d	0	使用 0 补齐	%05.2d

表 5-2　宽度和精度内容

记号	内容	例子
Field 宽度	一个数字字符串，定义被打印的数字最小数目	%6f
Precision 精度	一个数字字符串，包含一个句点（.），定义最小点右边位数	%6.2d

表 5-3　转换符内容

记号	内容	记号	内容
%c	单个字符	%g	文件中的%c，或者%f 更简洁形式，不重要的 0 不打印
%d	小数记号		
%e	指数形式，如 3.1415e+00	%G	同上，只是 e 换成 E
%E	指数形式，如 3.1415E+00	%i	十进位
%f	固定点符号	%g	八进位
%s	写入字符串	%x	十六进位（小写）
%u	十进位（不带符号）	%X	十六进位（大写）

表 5-4 是换行符、换页符的内容。

表 5-4　换行符、换页符

字符	内容	字符	内容
\b	后退键	\t	水平制表符
\f	进纸	\\	表示反斜杠
\n	换行符	\'or'	单引号
\r	回车键	%	一个百分号

例如，要在屏幕上显示“It's Friday.”只需输入：

```
>> fprintf(1,'It''s Friday.\n')
```

输出结果为：

It's Friday.

三、从文本文件中读入格式化数据

（一）textread 函数读取文本文件

MATLAB 从文本文件中读取格式化的数据函数是 textread。

调用方式：

```
[A,B,C,…] = textread('filename','format')
[A,B,C,…] = textread('filename','format',N)
[…] = textread(...,'param','value',...)
```

输入参数：

'filename'：需要读取的数据文件；

'format'：每行各个数据格式；

N：读取数据时使用 N 次。

当调用 textread 函数时会按照指定的格式从'filename'中读取数据，并将数据分别保存在变量 A、B、C 中，直到文件内容被读完为止。

下面是读取 C：\ 中的 test3.txt 文件操作。

【实验内容与步骤】 读取 C：\ 中的 test3.txt 文件。

输入如下指令：

```
>> ! type c:\text3.txt
>> [a1 a2 a3] = textread('c:\text3.txt','%s %f %f')
```

【实验结果】

```
a1 =

    'Q1'
    'Q2'

a2 =

    1
    3

a3 =

    2
    4
```

这样，text3.txt 中的每行分别读入变量 a1、a2、a3。

（二）textscan 函数读取文本数据

对于具有多行文字说明文本数据文件，最好的办法则是用 textscan 函数读取，或者是用 fscanf 函数读取。

调用方式：

C = textscan(fid,'format')

C = textscan(fid,'format',N)

C = textscan(fid,'format',param,value,...)

C = textscan(fid,'format',N,param,value,...)

输入参数：

fid：为 fopen 命令返回的文件标识符；

format：是一个字符串变量，表示读取文件数据及数据转换的规则。format 中包含了多种方式，其内容如表 5-5 所示。

表 5-5　　　　format 方式

数据转换规则	说明
%n	读取一个数字并转换为 double
%d	读取一个数字并转换为 int32
%d8	读取一个数字并转换为 int8
%d16	读取一个数字并转换为 int16
%d32	读取一个数字并转换为 int32
%d64	读取一个数字并转换为 int64
%u	读取一个数字并转换为 unit32
%u8	读取一个数字并转换为 unit8
%u16	读取一个数字并转换为 unit16
%u32	读取一个数字并转换为 unit32
%u64	读取一个数字并转换为 unit64
%f4	读取一个数字并转换为 double
%f32	读取一个数字并转换为 float
%f64	读取一个数字并转换为 double
%s	读取一个字符串
%q	读取一个可以是双引号括着的字符串
%c	读取一个字符，包括空格
%[…]	读取和括号中字符串相匹配的字符，读取操作在首次遇到不匹配的字符和空格时停止，例如%[mus] 把 summer 读成 summ
%['…]	读取和括号中字符串不匹配的字符，读取操作在首次遇到不匹配的字符和空格时停止，例如%['mus] 把 summer 读成 er

textscan 所支持的数字单元宽度声明有两种，具体如表 5 –6 所示。

表 5 –6　　　textscan 支持的数据读入格式

名称	说明
N	读取包括小数点在内的 N 个数字或者遇到的分隔符，例如%5f32 会把 473.238 读为 473.2
N.D	读取包括小数点在内的 N 个数字或者遇到的分隔符，返回的数字在小数点后有 D 位数，例如%7.2f 会把 473.238 读为 473.23

下面建立新文件 text1.txt，文件前两行是字符串，后两行是数组，首先查看其内容。

输入如下指令：

>> ! type d:\text1.txt

输出结果为：

a1

a2

1

2

注意：在 Command 窗口下输入“!”后就可以直接执行 DOC 命令。

（三）带有间隔符的文本数据读写

1. 读入带有间隔符的数据文件

有时数据与数据之间带有间隔符，需要跳过这些间隔符，才能读入下一个数据，MATLAB 的 dlmread 函数可以执行此项功能。注意，该函数只能读入数据文件，不能读入非数据文件。

调用方式：

M = dlmread('filename')

M = dlmread('filename',delimiter)

M = dlmread('filename',delimiter,R,C)

M = dlmread('filename',delimiter,range)

输入参数：

'filename'：等待读入的数据文件；

delimiter：数据文件中有间隔符，默认的间隔符是逗号；

R，C：读入数据的起始位置；

range：读入数据的位置，前面两个表示起始的行与列，后面表示区域数据的终止行与列。

注意：如果数据文件没有间隔符，delimiter 用''代替。

【实验内容与步骤】 将矩阵读入 MATLAB。

输入如下指令：

```
>> ! type d:\myfile.txt
>> M = dlmread('d:\myfile.txt','')
```

【运行结果】

输出结果为：

```
8  1  6
3  5  7
4  9  2
M =

    8  1  6
    3  5  7
    4  9  2
```

如果仅仅读入第三行，则指令如下：

```
>> ! type d:\myfile.txt
>> M = dlmread('d:\myfile.txt','',2,0)
```

【运行结果】

输出结果如下：

```
M =
    4  9  2
```

注意：数据起始于第 0 行第 0 列。

2. 写入带有间隔符的数据文件

调用方式：

```
M = dlmwrite('filename',M)
M = dlmwrite('filename',M,'D')
M = dlmwrite('filename',M,'D',R,C)
M = dlmwrite('filename',M,attribute1,value1,attribute2,value2,...)
M = dlmwrite('filename',M,'-append')
M = dlmwrite('filename',M,'-append',attribute-value list)
```

输入参数：

'filename'：写入数据的文件名；

M：MATLAB 中变量；

'D'：间隔符；

R：数据起始的行；

C：数据起始的列，R = 0，C = 0 表示从第 1 行第 1 列开始写入数据；

'-append'：添加数据操作，否则将删除旧数据；

attribute1：属性 1；

value1：属性 1 的值。其内容如表 5-7 所示。

表 5-7　　　　**dlmwrite 函数属性的内容**

属性	内容	属性	内容
delimiter	间隔符	coffset	新老数据间隔列数
roffset	新老数据间隔行数	presion	数据精度，如%10.5f

【实验内容与步骤】将一个三阶魔方矩阵写入文件 myfile.txt 中。

输入如下指令：

```
>> M = magic(3);
>> dlmwrite('myfile.txt',M,'delimiter','\t','precision',6)
>> ! type myfile.txt
```

【运行结果】

输出结果如下：

```
8 1 6
3 5 7
4 9 2
```

（四）Excel 数据文件读写

1. 读出 Excel 文件数据

调用方式：

num = xlsread['filename']

如果 filename 中有非双精度数据则会忽略该数据，会导致数据减少。

num = xlsread['filename', -1]

num = xlsread['filename',sheet]

num = xlsread['filename','range']

num – xlsread['filename',sheet,'range']

[num,txt] = xlsread['filename',sheet,'range']

输入参数：

'filename'：Excel 格式的数据文件名称；

sheet：Excel 文件中的表的名称；

'range'：表中单元格的区域。

输出参数：

num：读入 Excel 文件数据；

txt：保存文本内容。

例如，Excel 中 testdata1. xls 文件内容如图 5 – 8 所示。

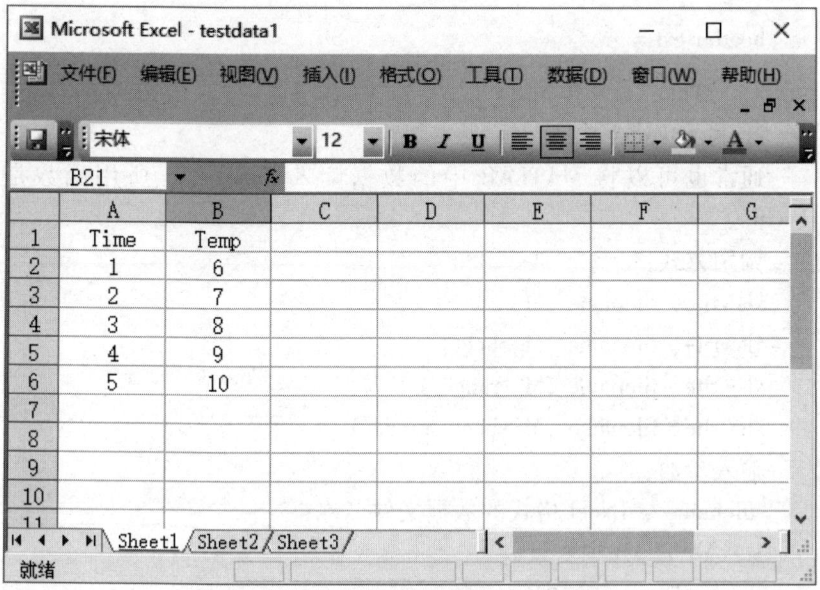

图 5 – 8　Excel 中 testdata1. xls 文件

将该文件读入 MATLAB 中，数据保存在变量 A 中。

输入如下指令：

```
>> A = xlsread('testdata1. xls')
```

输出结果：

```
A =

    1    6
    2    7
    3    8
    4    9
    5   10
```

如果 Excel 文件中有文件头，则需要增加一个输出变量保存数据头。

输入如下指令：

```
>> [A,headertext] = xlsread('testdata1. xls')
```

输出结果为：

```
A =

    1    6
    2    7
```

```
    3    8
    4    9
    5    10

headertext =

   'Time'    'Temp'
```

2. 写入 Excel 数据文件

通常也可以将 MATLAB 中的数据读入 Excel 中，所用函数是 xlswrite。

调用方式：

```
xlswrite('filename',M)
xlswrite('filename',M,sheet)
xlswrite('filename',M,'range')
xlswrite('filename',M,sheet,'range')
```

输入参数：

'filename'：Excel 格式的数据文件名称；

M：MATLAB 中变量；

sheet：Excel 文件中工作簿；

'range'：Excel 文件中工作簿的数据区域。

例如，在 MATLAB 中创建一个魔方矩阵，然后将其写入 Excel 中。

【实验内容与步骤】

输入如下指令：

```
>> M = magic(3)
>> xlswrite('abc',M,'Sheet1','A2:C4')    %将数据写入
```

【运行结果】

输出结果为：

```
M =

    8    1    6
    3    5    7
    4    9    2
```

第三节　金融时间序列的创建

由于金融数据大部分表现为时间序列，为了便于运算和绘图，MATLAB 有专门的时间序列格式保存时间序列数据。时间序列数据变量的扩展名为 .fints，该变量把时间数据保存在第一列，其他列为观

察值，时间序列变量运算时变量的内容发生变化，但时间不变。

【实验内容与步骤】

（1）利用通达信股票交易软件进行数据导出。选择某一只股票，设定交易日期、开盘价、收盘价、最高价、最低价、成交量六个数据列，第一行为数据列的汉字名称，第二行为数据列的英语名称（date，open，close，high，low，volume），第三行开始为历史交易数据，即日 K 线数据。存入文件名 ftsdata. xls，如图 5 – 9 所示。

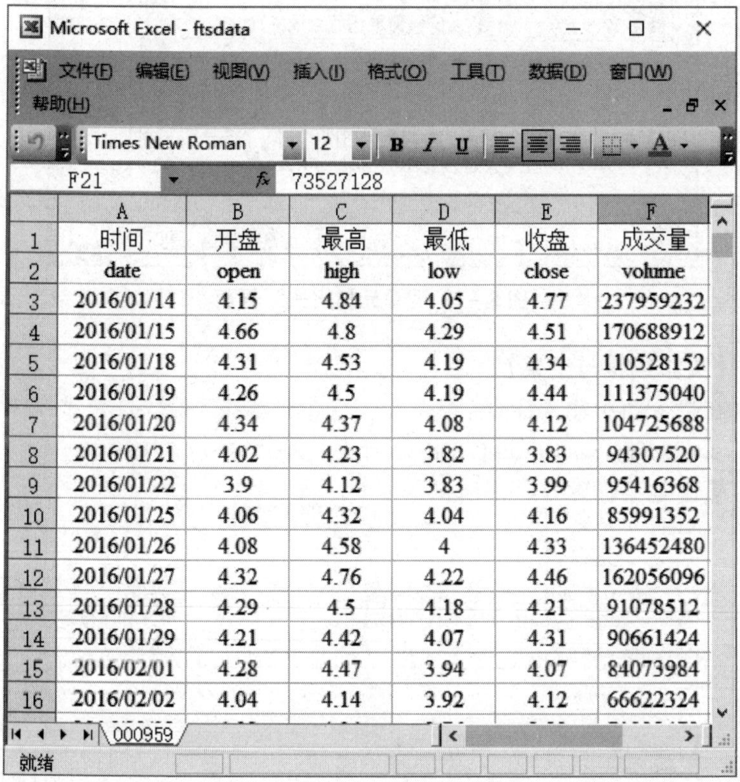

	A	B	C	D	E	F
1	时间	开盘	最高	最低	收盘	成交量
2	date	open	high	low	close	volume
3	2016/01/14	4.15	4.84	4.05	4.77	237959232
4	2016/01/15	4.66	4.8	4.29	4.51	170688912
5	2016/01/18	4.31	4.53	4.19	4.34	110528152
6	2016/01/19	4.26	4.5	4.19	4.44	111375040
7	2016/01/20	4.34	4.37	4.08	4.12	104725688
8	2016/01/21	4.02	4.23	3.82	3.83	94307520
9	2016/01/22	3.9	4.12	3.83	3.99	95416368
10	2016/01/25	4.06	4.32	4.04	4.16	85991352
11	2016/01/26	4.08	4.58	4	4.33	136452480
12	2016/01/27	4.32	4.76	4.22	4.46	162056096
13	2016/01/28	4.29	4.5	4.18	4.21	91078512
14	2016/01/29	4.21	4.42	4.07	4.31	90661424
15	2016/02/01	4.28	4.47	3.94	4.07	84073984
16	2016/02/02	4.04	4.14	3.92	4.12	66622324

图 5 – 9　Excel 中 ftsdata. xls

（2）按日期列升序排序，去掉日期前面的空格。

（3）本列右键属性改为 11 – Nov – 04 格式，如图 5 – 10 所示。

（4）另存为文件 ftsdatas. txt，选择制表符分割的方式保存。

（5）把 ftsdata. txt 放到自己设定的缺省工作目录备用。

（6）ftsdatas = ascii2fts（"ftsdata. txt"，2，2）。

（7）在 workspace 中，右键 ftsdata，另存为 ftsdata. mat，金融时间序列数据文件制作完毕。

（8）使用时调用方式：load ftsdata. mat。

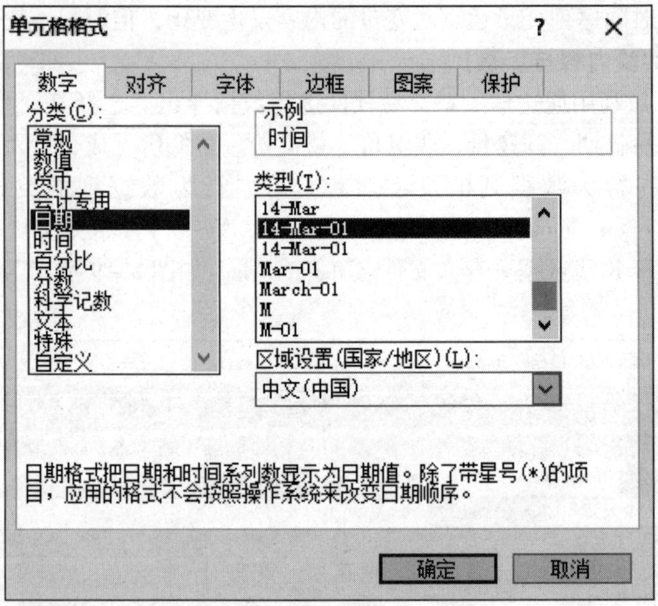

图 5-10 “单元格格式”界面

【实验编程与结果】

在指令窗中输入命令：

```
>> ftsdatas = ascii2fts('ftsdata.txt',2,2)
```

输出结果如图 5-11 所示。

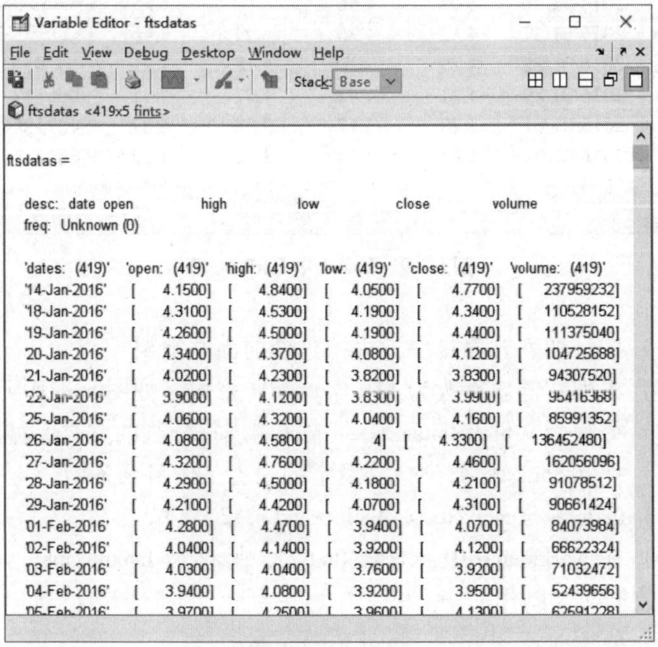

图 5-11 输出结果

知识拓展

货币政策工具箱打开 金融“法宝”各显神通

2023年第二季度以来，我国经济运行保持恢复态势，不过，多个数据也表明，经济恢复基础不牢，市场需求仍显不足，内生动力有待增强。从金融数据看，4月和5月的新增人民币贷款和新增社会融资规模都呈现放缓势头。在这样的背景下，6月16日召开的国务院常务会议研究推动经济持续回升向好的一批政策措施。

为推动经济持续回升向好，近段时间以来，货币政策“窗口期”已打开，一系列政策操作接踵而来。

2023年6月30日，中国人民银行决定增加支农支小再贷款、再贴现额度2000亿元，进一步加大对“三农”、小微和民营企业金融支持力度。

实际上，支农再贷款和支小再贷款均是长期性的结构性货币政策工具，向地方法人金融机构发放，对符合要求的贷款，按贷款本金的100%予以资金支持。截至2023年第一季度末，全国支农支小再贷款、再贴现余额2.6万亿元，创历史新高。在实践中，也有不少金融机构将支农支小再贷款与自身业务特色相结合，实现了金融活水的精准滴灌。

招联金融首席研究员董希淼表示，人民银行增加支农支小再贷款、再贴现额度，一方面将为金融机构提供更多资金支持，另一方面将降低金融机构资金成本，从而激励金融机构更好地服务“三农”和小微企业。在LPR下降、银行息差缩窄的情况下，为银行提供低成本资金，有助于银行保持息差基本稳定，进而继续推动融资成本稳中有降。

更大力度推动经济企稳回升，结构性货币政策“精准导向”的同时，总量政策也不缺席。2023年6月中旬以来，包括七天期逆回购利率以及常备借贷便利（SLF）利率、中期借贷便利（MLF）中标利率在内的央行多个政策性利率接连下调，6月20日公布的1年期LPR和5年期以上LPR均较上月下调10个基点，为年内首次下调。业内人士认为，LPR下行，有利于促进实体经济信贷成本、经营主体融资成本和个人消费信贷成本稳中有降，进而稳投资、促消费、扩内需，加固经济基本盘。

展望未来，靶向“稳增长”，更多货币政策操作可期。日前召开的中国人民银行货币政策委员会2023年第二季度例会指出，“要克服困难、乘势而上”“精准有力实施稳健的货币政策”。多位业内人士认为，这释放了今后货币政策将继续加大宏观调控力度的积极信号。

东方金诚首席宏观分析师王青表示，在下半年物价水平有望持续处于温和状态的背景下，若需要进一步加大逆周期调控力度，未来政策性降息还有空间。

除此之外，结构性货币政策工具的重要性将上升。与第一季度例会相比，第二季度例会删除了“结构性货币政策工具要坚持‘聚焦重点、合理适度、有进有退’”的表述。“我们判断，在本次增加支农支小再贷款、再贴现额度的基础上，后期各类结构性货币政策工具将充分发力，不排除增加现有政策工具额度以及创设新政策工具的可能。”王青说。

植信投资研究院高级研究员王运金也认为，下半年仍有可能创设新的结构性工具，已到期的工具也有可能再度启用，继续加大对重点领域与薄弱环节的金融支持。

在仲量联行大中华区首席经济学家及研究部总监庞溟看来，考虑到目前宏观经济修复的形态、节奏与力度，经济内生动力、社会有效需求还需要包括货币政策在内的宏观政策继续呵护与刺激。“货币数量和社会融资总量的增长还有适度宽松的空间，再贷款、再贴现等结构性货币政策工具、政策性开发性金融工具等还有加力服务重点领域高质量发展的空间，货币政策的针对性、有效性以及与其他宏观政策的协同性也都有进一步加强的空间。”他说。

（资料来源：经济参考报，2023 年 7 月 5 日，经整理而成）

本章小结

1. 在对数据处理前必须先读取数据，对数据的读取需正确操作。

2. 借助现有的行情交易软件系统，可以方便地获得即时证券交易数据。但是由于数据的版权与格式等方面的局限，获得的数据需要根据要求进行格式的转换。

复习思考题

1. 将一汽轿车（000800）2013 年 1 月 3 日至 2015 年 12 月 1 日的价格数据保存在 yiqi. txt 中，并且保存为一个 mat 文件。

2. 选择浦发银行（600000），生成金融时间序列数据。

第六章

金融数据的模拟实验

【知识目标】

◇理解掌握常见数据分布的实验原理

◇理解数据分布对应的统计特征

【素养目标】

理解数据分布的具体特征与实际形象

【技能目标】

◇掌握多种随机分布的模拟

◇实现预定分布的证券价格模拟

第一节 实验准备知识

一、概率分布

设随机变量 X，对任意的 x，定义 $F(x)=P(X\leqslant x)$ 为随机变量 X 的分布函数。

当 X 为离散型随机变量时，X 的期望（也称均值）为：

$$E(X)=\sum_{i} x_{i}P(X=x_{i})$$

方差为：

$$var(X)=E\{[X-E(X)]^{2}\}$$

当 X 为连续型随机变量时，X 的分布函数也可以表示为一个非负函数 f(x) 的积分，即：

$$F(x)=\int_{-\infty}^{x} f(x)\,dx$$

则称 f(x) 为 X 的概率密度函数。随机变量 X 的均值为：

$$E(X)=\int_{-\infty}^{+\infty} f(x)\,dx$$

方差为：

$$var(X)=E\{[X-E(X)]^2\}$$

二、离散均匀分布

若随机变量 X 的概率函数为：

$$P(X=x_i)=\frac{1}{n}\quad i=1, 2, \cdots, n$$

则称 X 服从离散的均匀分布。

三、连续均匀分布

若随机变量 X 的概率密度函数为：

$$f(x)=\begin{cases}\frac{1}{b-a} & a\leqslant x\leqslant b\\ 0 & 其他\end{cases}$$

则称 X 服从区间 [a，b] 上的连续均匀分布，记为 $X\sim U(a, b)$。随机变量 X 的期望为：

$$E(X)=\frac{a+b}{2}$$

方差为：

$$var(x)=\frac{(b-a)^2}{12}$$

四、二项分布

若随机变量 X 的概率函数为：

$$P(X=k)=C_n^k p^k(1-p)^{n-k}\quad k=0, 1, \cdots, n, 0<p<1,$$

则称 X 服从二项分布，记为 $X\sim B(n, p)$。它的期望为：

$$E(X)=np$$

方差为：

$$var(x)=np(1-p)$$

五、指数分布

若随机变量 X 的概率密度函数为：

$$f(x)=\begin{cases}\frac{1}{\lambda}e^{-\frac{x}{\lambda}} & x>0\\ 0 & x\leqslant 0\end{cases}$$

其中，参数 $\lambda>0$，则称 X 服从指数分布，记为 $X\sim Exp(\lambda)$。它

的期望为：

$$E(X)=\lambda$$

方差为：

$$var(X)=\lambda^2$$

六、泊松分布

若随机变量 X 的概率分布函数为：

$$P(X=k)=\frac{\lambda^k e^{-\lambda}}{k!}\quad k=0,\ 1,\ 2,\ \cdots,\ \lambda>0$$

则称 X 服从参数为 λ 的泊松分布，记为 $X \sim P(\lambda)$。其期望为：

$$E(X)=\lambda$$

方差为：

$$var(X)=\lambda$$

七、正态分布

若随机变量 X 的概率分布函数为：

$$f(x)=\frac{1}{\sqrt{2\pi}\sigma}e^{-\frac{(x-\mu)^2}{2\sigma^2}}\quad -\infty<x<+\infty$$

其中，$\sigma>0$，则称 X 服从正态分布，记为 $X \sim N(\mu,\ \sigma^2)$。它的期望为：

$$E(X)=\mu$$

方差为：

$$var(X)=\sigma^2$$

当 $\mu=0$，$\sigma=1$ 时，称 X 服从标准正态分布，记为 $X \sim N(0,\ 1)$。

正态分布是非常重要的一种分布，很多重要模型的前提假设都是正态分布。正态分布具有以下几个重要性质：

密度函数关于 $x=\mu$ 对称，呈现中间高、两边低的现象，在 $x=\mu$ 处取得最大值。

当 μ 的取值发生变动时，密度函数图像沿 x 轴平移；当 σ 的取值变大或变小时，密度函数图像变得平缓或陡峭。

若 $X \sim N(\mu,\ \sigma^2)$，则 $\frac{x-\mu}{\sigma} \sim N(0,\ 1)$。

八、χ^2（卡方）分布

设随机变量 X_1，X_2，…，X_n 相互独立，且均服从标准正态分布，则称随机变量 $\chi^2 = \sum_{i=1}^{n} X_i^2$ 所服从的分布就自由度为 n 的 χ^2 分布，记为 $\chi^2 \sim \chi^2(n)$。

九、t 分布

设随机变量 X 与 Y 相互独立，$X \sim N(0, 1)$，$Y \sim \chi^2(n)$，则称随机变量 $t = \frac{X}{\sqrt{Y/n}}$ 所服从的分布是自由度为 n 的 t 分布，记作 $t \sim t(n)$。

十、F 分布

设随机变量 X 与 Y 相互独立，$X \sim \chi^2(n_1)$，$Y \sim \chi^2(n_2)$，则称随机变量 $F = \frac{X/n_1}{Y/n_2}$ 所服从的分布是自由度为（n_1，n_2）的 F 分布，记作 $F \sim F(n_1, n_2)$。其中 n_1 称为第一自由度，n_2 称为第二自由度。

第二节　金融数据的模拟实验

生成特定分布的随机数可以使用相应的随机数生成函数。

一、正态分布随机数生成函数

语法：

R = normrnd(mu,sigma)

R = normrnd(mu,sigma,v)

R = normrnd(mu,sigma,m,n)

输入参数：

mu：均值；

sigma：标准差；

v：方阵行数；

m：行数；

n：列数。

输出参数：

R：随机数矩阵。

【例6－1】 请生成两个6×5的随机数矩阵。第一个矩阵的每个元素都遵循均值为6、标准差为2.4的正态分布；第二个矩阵的每个元素都遵循自由度为5的t分布。

利用随机数生成函数生成矩阵，编程如下：

```
>> mu = 6;
>> sigma = 2.4;
>> m = 6;
>> n = 5;
>> R = normrnd(mu,sigma,m,n)
```

执行结果如下：

```
R =
    4.9618    8.8540    4.5880    5.7704    4.3397
    2.0026    5.9097   11.2396    4.0024    8.0592
    6.3008    6.7855    5.6726    6.7066    9.0096
    6.6904    6.4191    6.2734    2.7932    2.1750
    3.2485    5.5519    8.5602    7.7144    2.5417
    8.8582    7.7419    6.1423    9.8965    7.3708
```

二、t分布随机数生成函数

语法：

R = trnd(V)

R = trnd(v,m)

R = trnd(V,m,n)

输入参数：

v：自由度；

m：行数，如果只有行数，则是方阵的行数；

n：列数。

输出参数：

R：随机数矩阵。

利用随机数生成函数生成矩阵，编程如下：

```
>> v = 5;
>> m = 6;
>> n = 6;
>> R = trnd(v,m,n)
```

执行结果如下：

R =

-0.3414	1.4626	-0.7425	-2.1733	0.5594	0.0000
0.6163	-1.4333	1.7212	-0.0588	-0.6712	-0.2847
0.8643	-0.0391	-0.7094	-1.6011	0.5158	1.6018
0.6174	-0.1827	0.4426	0.8698	-1.3283	-2.2093
1.1556	-1.6560	0.1763	0.3926	-0.0182	0.7359
0.7854	0.2493	-1.4505	1.9023	-0.0745	2.7108

三、特定分布的随机数生成函数

语法：

R = random(obj,[p…],m,n)

输入参数：

obj：分布名称；

[p…]：相应分布的对应参数值；

m：行数；

n：列数。

输出参数：

R：随机数矩阵。

因此，本例也可以利用特定分布的随机数生成函数生成矩阵，编程如下：

```
>> mu = 6;
>> sigma = 2.4;
>> v = 5;
>> m = 6;
>> n = 5;
>> R1 = random('norm',mu,sigma,m,n)   %生成第一个矩阵;
>> R2 = random('t',v,m,n)  %生成第二个矩阵。
```

执行结果如下：

R1 =

8.3672	3.7268	3.0784	6.3087	2.8334
4.7553	5.1014	5.9011	7.5755	8.2349
6.7857	3.1539	3.2920	3.1972	6.0270
6.5617	3.4658	2.7617	4.8945	4.4517
6.0515	9.5340	5.3734	5.3701	7.9337
3.5905	6.1338	8.2883	3.0884	6.5559

R2 =

-1.0503	-1.3275	-0.8722	-0.1521	-0.0621
1.8109	-0.0494	-1.4873	-0.0621	1.8942
0.2619	-0.2601	-0.2406	0.4146	-1.1436
1.3310	-1.7612	0.8303	-0.3559	-1.3050
1.3122	0.5493	-0.9004	-0.2789	0.3208
-1.8791	2.0561	-1.4703	-0.6933	-0.7766

下面我们将列举常用的随机分布随机数生成函数，如表 6-1 所示。

表 6-1　　常用随机分布随机数生成函数

分布名称	随机数生成函数	
二项分布	R = binornd(n, p, m, n)	R = random('bino', n, p, m, n)
卡方分布	R = chi2rnd(v, m, n)	R = random('chi2', v, m, n)
指数分布	R = exprnd(mu, m, n)	R = random('exp', mu, m, n)
Beta 分布	R = betarnd(a, b, m, n)	R = random('beta', a, b, m, n)
正态分布	R = normrnd(mu, sigma, m, n)	R = random('norm', mu, sigma, m, n)
泊松分布	R = poissrnd(lambda, m, n)	R = random('poiss', lambda, m, n)
t 分布	R = trnd(v, m, n)	R = random('t', v, m, n)
F 分布	R = frnd(v_1, v_2, m, n)	R = random('f', v_1, v_2, m, n)

四、预定分布的证券价格模拟

【例 6-2】 某人持有 A 公司的股票，该公司现在的股价为 10 元，根据该公司历史股票交易数据，已知该公司的股价年平均收益率为 10%，遵循标准差为 0.4 的正态分布。请利用已知条件模拟以后两年内（每年有 250 个交易日）的股价走势。

本例中，模拟以后两年内的股价走势，需要估计该公司股票每天的股价收益率。已知该公司股价收益率的分布，因此，我们可以调用随机数生成函数产生符合该分布的随机数，进而模拟该公司的股价走势，使用绘图函数将其形象地表现出来。

绘图函数语法：

plot(x,y)

说明： plot(x, y) 以 x 矩阵中元素为横坐标值，y 矩阵中元素为纵坐标值绘制曲线。在（x, y）坐标下绘制二维图像，支持多个 x-y 二元结构。

注意：绘图函数除了可以绘制二维图像，还可以绘制三维图像、等高线图形等多种图形，且可以对其线条样式、颜色等进行设置。

具体编程如下：

```
>> % 股价走势模拟
>> Price = 0.1;   % 设定股价初始价格
>> mu = 1.1^(1/250) - 1;   % 计算日平均收益率
>> sigma = 0.4/sqrt(250);   % 计算日收益率的标准差
>> N = 250 * 2;   % 两年的交易天数
>> dist1 = 'norm';   % 股价收益率走势
>> Rate = random(dist1,mu,sigma,N,1);   % 使用随机数生成模拟股票日收益率
>> Price = Price * cumprod(Rate + 1);   % 计算两年的股票价格
>> plot(Price(:,1))   % 绘制两年的股价走势
>> xlabel('time')   % 改变 x 轴名称
>> ylabel('price')   % 改变 y 轴名称
```

执行结果如图 6－1 所示。

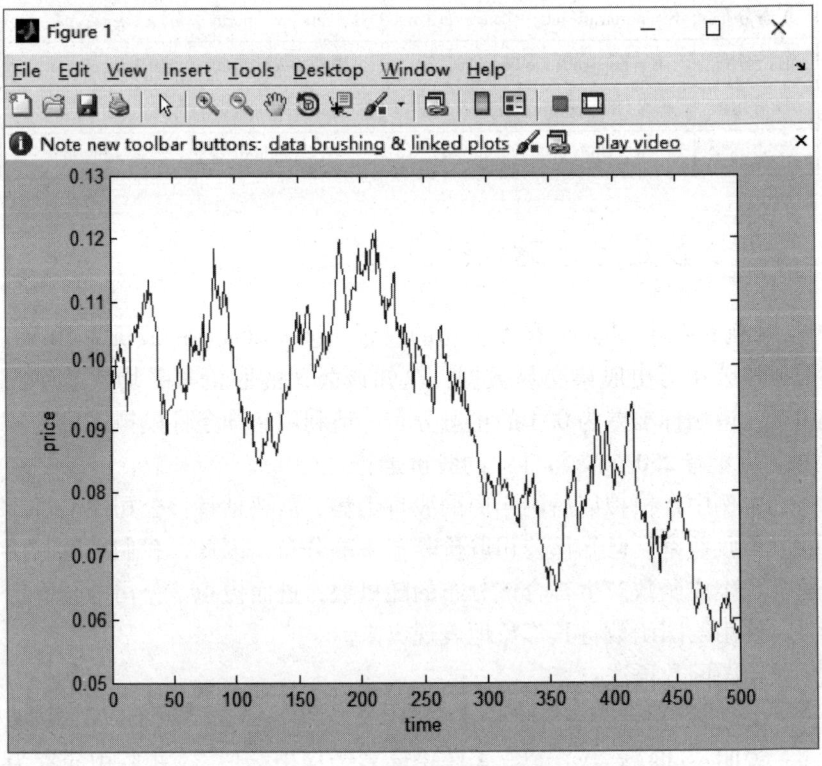

图 6－1　绘图函数执行结果

由于股票日收益率是通过随机数生成函数模拟的，因此每次执行的结果都会有不同。

某人持有某金融产品，一份该金融产品包含 A 公司股票和 B 公司股票各 1 股。根据该公司历史股票交易数据，A 公司股价的年平均收益率为 10%，遵循标准差为 0.4 的正态分布；B 公司股价遵循的年平均收益率为 12%，遵循标准差为 0.6 的正态分布。已知 A 公司股价现为 10 元，B 公司股价现为 8 元。请利用已知条件模拟以后 1 年内（每年有 250 个交易日）该金融产品的价格走势。

本例中，模拟该金融产品的价格需要分别模拟 A 公司股价和 B 公司股价。模拟单只股票价格的过程可以重复【例 6－2】。但是，市场中的金融产品共同取决于众多股票价格，因此我们可以利用定义、调用子函数，分别对众多股价进行模拟。

子函数语法：

```
function [out1,out2,...] = funname(in1,in2,...)
```

说明：

[out1，out2，...]：要求输出的变量；

funname：定义的函数名；

(in1，in2，...)：要求输入的变量。

定义子函数，具体编程如下：

```
function Price = RandnPrice(dist,Price0,mu,sigma,N)
Rate = random(dist,mu,sigma,N,1)    %生成随机数
Price = Price0 * cumprod(Rate + 1)
```

注意：子函数不能单独运行，必须在其他程序中被调用。

主程序具体编程如下：

```
>> Price0 = 18;    %定于初始价格及相关参数
>> Price1 = 10;
>> Price2 = 8;
>> mu1 = 1.1^(1/250) - 1;
>> sigma1 = 0.4/sqrt(250);
>> mu2 = 1.12^(1/250) - 1;
>> sigma2 = 0.6/sqrt(250);
>> N = 250 * 2;
>> dist = 'norm';
>> Pricelt = RandnPrice(dist,Price1,mu1,sigma1,N);    %调用子函数,确定成分股的股价变化
>> Price2t = RandnPrice(dist,Price2,mu2,sigma2,N);
>> Price = Pricelt + Pricc2t;    %确定金融产品价格变化
>> plot(Price(:,1))    %绘制金融产品价格变化走势
```

```
>> xlabel('time')    %改变 x 轴名称
>> ylabel('price')    %改变 y 轴名称
```

执行结果如图 6-2 所示。

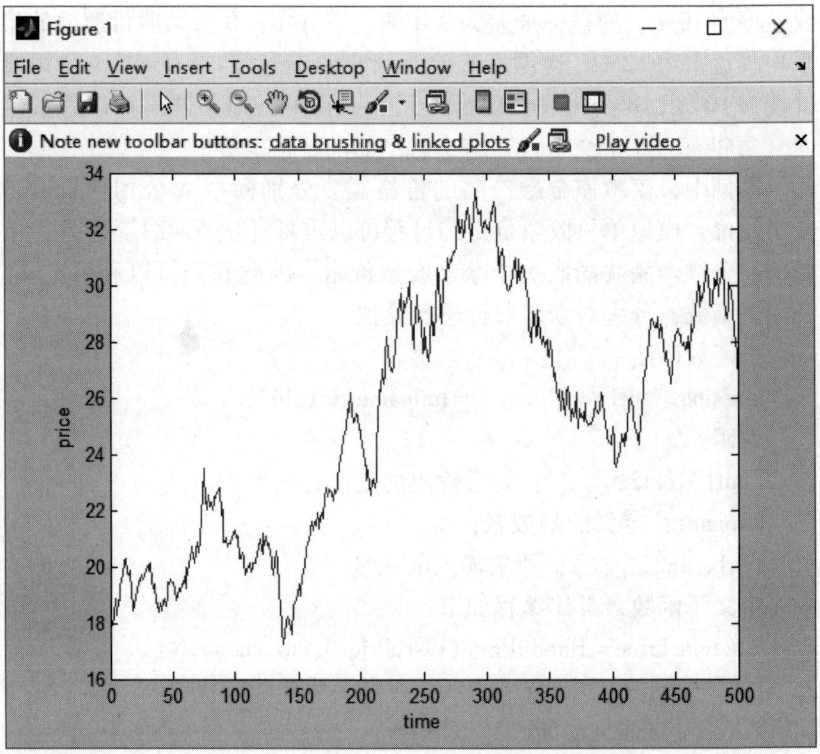

图 6-2　子函数执行结果

知识拓展

宏观杠杆率总体保持稳定

近日，国家金融与发展实验室发布的宏观杠杆率季报（以下简称“报告”）显示，2023 年第一季度宏观杠杆率从 2022 年末的 273.2% 上升至 281.8%，共上升了 8.6 个百分点，升幅明显。其中，非金融企业杠杆率创新高，居民部门杠杆率重拾上升趋势，政府杠杆率升幅较小。

如何看待第一季度宏观杠杆率的结构变化？宏观杠杆率还会走高吗？在信贷快速增长的过程中，我国宏观杠杆率是否能保持稳定？

宏观杠杆率是一国总债务与国内生产总值（GDP）之比，是衡量一国债务水平的重要指标，为防范化解金融风险、维护金融稳定提供了重要决策依据。相关数据显示，2017 年以来，我国宏观杠杆率增幅总体稳定，杠杆率年均增长约 4.8 个百分点，比 2012～2016 年年均增幅低 8.6 个百分点。2017～2019 年我国宏观杠杆率总体稳定在 253%左右，初步实现稳杠杆目标。2020 年新冠疫情暴发后，杠杆率阶段性上升至 280.2%，2021 年下降至 272.5%，总体增幅可控。

2022 年以来，宏观杠杆率有所抬升。对此，专家认为原因是多方面的，包括经济增长速度下降拉高了宏观杠杆率水平。同时，政府部门加强财政资源统筹，保持必要支出强度，为统筹疫情防控和经济社会发展提供必要的财力支撑。

“政府部门债务同比增速最高、宏观杠杆率上升幅度较缓，充分反映了中央财政赤字适当扩大，地方政府专项债早发行、早使用、早见效。”仲量联行大中华区首席经济学家兼研究部总监庞溟认为，接下来，要重点做好提质、扩容、增效工作，明确重点支持领域和优化专项债资金投向，提高专项债资金使用效率，保持稳经济所需的财政支出强度和财政资金乘数效应，同时有效平抑政府债务波动、缓解地方财政偿债压力、防范化解潜在的债务风险。

自 2020 年第三季度开始，居民部门杠杆率始终在 62% 的水平上下波动，直到 2023 年第一季度，居民杠杆率再次出现一定的涨幅。“居民杠杆率的上升主要是消费性贷款和个人经营性贷款所带动的，在信用环境较为宽松的情况下，居民加杠杆的意愿也有所上升，未来居民部门杠杆率仍将继续上升。”报告分析认为。

非金融企业的债务增长恢复到 10.3% 的水平，体现了信贷整体放松的环境，旨在帮助企业克服资金约束，通过加大投资带动经济增长。“与前两年相比，杠杆率出现明显上涨，尤其是企业部门杠杆率上涨较快，是因为总体来看，我国融资方式以间接融资为主，第一季度银行新增贷款总量再创新高，推动了杠杆率明显上涨。企业部门主要是中长期贷款增长，居民部门是短期贷款和中长期经营贷增长。”中国邮政储蓄银行研究员娄飞鹏说。

近年来，我国杠杆结构持续改善。企业部门融资不断规范，杠杆率基本保持稳定，同时企业部门债务结构不断优化：一是贷款、债券持续增长，有效支持实体经济融资需求；二是表外债务持续下降，有序释放潜在风险，为新增债务创造了空间。政府部门杠杆率先降后增，有力应对疫情影响。居民部门杠杆率增幅稳定，债务结构不断优化。

相关测算显示，我国居民部门杠杆率由 2012 年的 33.8% 上升至 2021 年的 72.2%，这 9 年的年均增幅为 4.3 个百分点，且历年增幅波动不大。居民部门债务结构不断优化：一是政策支持的个人普惠小微经营贷款增长较快；二是住房类贷款增速总体放缓。

由于宏观杠杆率是总债务跟国内生产总值的比值，近年来，随着经济增长波动的加大，宏观杠杆率也相应出现了快升和快降的现象。

比如，2020 年上半年新冠疫情冲击导致我国 GDP 出现负增长，受此影响，宏观杠杆率也出现阶段性快速上升；再比如，2021 年我国经济恢复较快，上半年 GDP 增速将近 13%，宏观杠杆率也相应回落。

当前宏观杠杆率回升，有一定的季节性原因。据中国人民银行调查统计司司长阮健弘介绍，从历史数据来看，宏观杠杆率的变化有非常明显的季节性特征，往往第一季度比上一年回升较多，增速是全年各季的首位，这一季节特征与信贷投放和经济增长的季节特征是密切相关的。

“近年来，在非金融部门的新增债务中，新增贷款占比基本上保持在 70% 以上，因此贷款的投放节奏对宏观杠杆率的变化影响是比较明显的。”阮健弘进一步解释，第一季度是信贷投放的高峰，2021 ~ 2022 年第一季度的新增贷款占全年贷款的比重是 40% 左右，同期受春节因素影响，第一季度 GDP 的规模往往居全年各季度的低位。也就是说，信贷投放的季度高位和 GDP 增长的季度低位这两个季节性的特征相互叠加，导致第一季度的宏观杠杆率会出现上升比较多的情况。另外，2023 年第一季度，经济仍处于恢复的过程当中，金融体系加大对实体经济的支持力度，政府债券发行前置等因素也强化了宏观杠杆率的季节特征。

经济增速，尤其是名义经济增速，是决定当前宏观杠杆率走势的关键因素。娄飞鹏表示，从全球各国杠杆率变化看，总体呈现易上难下的特点，经济发展水平和杠杆率正相关特点明显。从我国杠杆率变化的历史看，其也呈现一定的季节性特点，第一季度银行按照早投放早收益的思路加大贷款投放服务实体经济，导致每年第一季度杠杆率上升相对更明显。据此来看，后续杠杆率有可能会提高，但上涨幅度会有所下降。

全社会债务增长基本保持稳定，名义经济增速较低是宏观杠杆率增长的主要原因。庞溟认为，2023 年以来，政策的稳增长效果和宏观经济向上向好的态势均较为明显，各方面的积极信号都在持续积累和显现。但由于名义经济增速仍低于全社会债务增速，宏观杠杆率稳中有升。下一阶段，应继续保持宏观政策的稳定性、连续性、灵活性、精准性，继续提振经营主体信心和预期，继续加快推动经济运行持续整体好转。

（资料来源：经济日报，2023 年 6 月 6 日，经整理而成）

本章小结

1. 金融数据模拟实验涉及众多随机数生成函数，对每个函数都需要了解其原理，以便于根据不同的需要调用不同的随机数生成函数。

2. 对众多股价进行模拟时，利用定义、调用子函数。要注意function函数如何在主函数中调用。

复习思考题

1. 某人持有某公司的股票，该公司现在的股价为15元，根据该公司历史股票交易数据，已知该公司的股价年平均收益率为15%，遵循标准差为0.4的正态分布。请利用已知条件模拟以后两年内（每年有250个交易日）的股价走势。

2. 使用t分布随机数生成函数生成自由度为5，7行8列的矩阵。

第七章

证券技术分析指标设计实验

【知识目标】

◇理解技术指标设计的原理与方法

◇理解常用指标的编制规则

◇理解掌握技术指标图形设计的原理与方法

【素养目标】

◇掌握常规技术指标的含义与价值

◇尝试理解专用指标的提炼与编制

【技能目标】

◇了解主要技术指标的设计方法

◇掌握 MACD 指标的计算方法

◇掌握 WMS 指标的计算方法

◇掌握 RSI 指标的计算方法

◇掌握 OBV 指标的计算方法

◇掌握多种技术指标的同屏设计与实现

第一节 证券技术分析指标基础知识

一、金融分析方法概述

对于金融市场波动逻辑和规律的认知，是一个极具挑战性的世界级难题。迄今为止，尚没有任何一种理论和方法能够令人信服并且经得起时间检验。2013 年，瑞典皇家科学院在授予罗伯特·席勒等该年度诺贝尔经济学奖时指出：几乎没什么方法能准确预测未来几天或几周股市债市的走向，但也许可以通过研究对 3 年以上的价格进行预测。

当前，从研究范式的特征和视角来划分，投资分析方法主要有如下三种：基本分析、技术分析、演化分析，在实际应用中它们既相互联系，又有重要区别。具体内容包括：

（1）基本分析（fundamental analysis）：以企业内在价值作为主要研究对象，通过对决定企业内在价值和影响股票价格的宏观经济形势、行业发展前景、企业经营状况等进行详尽分析（一般经济学范式），以大概测算上市公司的长期投资价值和安全边际，并与当前的股票价格进行比较，形成相应的投资建议。基本分析认为股价波动轨迹不可能被准确预测，而只能在有足够安全边际的情况下“买入并长期持有”，在安全边际消失后卖出。

（2）技术分析（technical analysis）：以股票价格涨跌的外在和直观表现作为主要研究对象，以预测股价波动形态和趋势为主要目的，从股价变化的K线图表及技术指标入手（物理学或牛顿范式），对股市波动规律进行分析的方法总和。技术分析有三个颇具争议的前提假设，即市场行为包容消化一切；价格以趋势方式波动；历史会重演。国内比较流行的技术分析方法包括道氏理论、波浪理论、江恩理论等。

（3）演化分析（evolutionary analysis）：以股市波动的生命运动内在属性作为主要研究对象，从股市的代谢性、趋利性、适应性、可塑性、应激性、变异性、节律性等方面入手，对市场波动方向与空间进行动态跟踪研究，为股票交易决策提供机会和风险评估的方法总和。演化分析从股市波动的本质属性出发，认为股市波动的各种复杂因果关系或者现象，都可以从生命运动的基本原理中，找到它们之间的逻辑关系及合理解释，并为构建科学合理的博弈决策框架，提供令人信服的依据。

本章主要介绍技术指标的设计与实现。目前，证券市场上的各种技术指标数不胜数。例如，相对强弱指标（RSI）、随机指标（KD）、趋向指标（DMI）、平滑异同平均线（MACD）、能量潮（OBV）、心理线、乖离率等。这些都是很著名的技术指标，在股市应用中长盛不衰。而且，随着时间的推移，新的技术指标还在不断涌现。包括：DMA EXPMA（指数平均数）、TRIX（三重指数平滑移动平均）、BRARCR VR（成交量变异率）、ASI（振动升降指标）、EMV（简易波动指标）、WVAD（威廉变异离散量）、SAR（停损点）、CCI（顺势指标）、ROC（变动率指标）、BOLL（布林线）、WMS（威廉指标）、KDJ（随机指标）、RSI（相对强弱指标）、MIKE（麦克指标）。在技术分析的诸多指标中，MACD、RSI、KDJ是三个比较常用的指标。

二、技术指标根据计算方法的分类

有五个价格可以用来做计算，开盘价、收盘价、最高价、最低价，还有不在K线上表明的中间价。有无数种数学方法可以用，除了加减乘除四则运算，还可以加权、平均、乘方开方、求对数，等等。最基本的指标是平均线，可以采用前五天的价格做平均，也可以采用之前十天的价格做平均，在K线上画出一条弯曲而美丽的曲线。根据计算方法，有三种平均线，即简单移动平均线、加权移动平均线、指数平滑移动平均线。第一类趋势指标就可以产生了，只要把不同周期的指数平滑移动平均线结合在一起，就会在图标上画出一条条线，这些线在市场单边运行的时候构成像鳄鱼张大了嘴巴一样的图形。这就是鳄鱼线。

BOLL带也是根据移动平均线得来的，它还加入了K线斜率的参数，在平均线加减一个价格，形成了三条布林带。价格持续移动的时候，K线斜率增高，在喇叭口放大的时候，在价格对三条轨道进行触碰的时候，有一定程度的调整。

CCI虽然计算方法应当属于趋势指标，但因为它把负值直接应用于计算，所以也反映了一定程度的震荡。

因为价格的震荡有强弱，所以根据K线长短、影线高低的波动统计，聪明的交易员发明了震荡量指标。今天的价格可以和昨天的价格做比较，也可以和以前任何一天的价格做比较，都可以得出相对的结论。比如RSI、KDJ等。

RSI即相对强弱指标。即用今天的收盘价格，与之前某天的价格做比较，绘出一条波动线，再将心率图一样的波动线，做一个系数的平均值，就得到了一条相对平滑的曲线。这条曲线在0～100个系数内波动。根据观察，很轻松就可以得出30和70可以作为交易的入手点。而在RSI的曲线上画切线，对照K线，可以得出市场的背离，或者叫市场的分歧。比如当股价创新高，而RSI值没有超越前边高点，就有可能出现背离，即市场即将反转。这时候，交易者就可以在RSI下穿70的时候进行做空交易。

MACD，事实上是趋势指标和震荡量指标结合的产品。根据市场的成交量也可以统计出一类指标，比如描述大单小单的差值的BBD、DDE等国产专利技术。然而在24小时交易的国际市场里，成交量在不同交易所之间用不同货币进行，是无法形成统计的。

第二节 常用技术指标及其设计

一、MACD 指数

MACD（平滑异同平均线）指标主要是利用长短期两条平滑平均线来计算两者之间的差离值。该指标可以去除移动平均线经常出现的假信号，同时保留了移动平均线的优点。但由于该指标对价格变动的灵敏度不高，属于中长线指标，所以在盘整行情中不适用。图中柱线由绿翻红是买入信号，由红翻绿是卖出信号。MACD 曲线由高档二次向下交叉时，则股价下跌幅度会较深；MACD 曲线由低档二次向上交叉时，则股价上涨幅度会较大。股价高点比前一次高点高，而 MACD 指标的高点却比前一次高点低时，为牛背离，暗示股价会反转下跌。参数：SHORT（短期）、LONG（长期）、M 天数，一般为 12、26、9。应用法则：当 DIF 与 DEA 均为正值，即都在零轴线以上时，大势属多头市场，DIF 向上突破 DEA，可作买；如果 DIF 向下跌破 DEA，只可作为平仓信号；当 DIF 与 DEA 均为负值，即都在零轴线以下时，大势属空头市场，DIF 向下跌破 DEA，可作卖。当 DEA 线与 K 线趋势发生背离时为反转信号。当 DEA 在盘局时，失误率较高，但如果配合 RSI 及 KD，可以适当弥补缺憾。分析 MACD 柱形图，当其由正变负时往往指示该卖，反之往往为买入信号。

（一）实验内容与步骤

MACD 分析指标的数据转换与设计实现：

（1）利用通达信股票交易软件进行数据导出。选择某一只股票，设定交易日期、开盘价、收盘价、最高价、最低价、成交量六个数据列，第一行为数据列的汉字名称，第二行为数据列的英语名称（date，open，close，high. low，volume），第三行开始为历史交易数据、日 K 线数据。存入文件名 ftsdata. xls。

（2）按日期列升序排序，去掉日期前面的空格。

（3）本列右键属性改为 11 - Nov - 04 格式。

（4）另存为文件 ftsdatas. txt，选择制表符分割的方式保存。

（5）把 ftsdatas. txt 放到自己设定的缺省工作目录备用。

（6）ftsdatas = ascii2fts（" ftsdatas. txt "，2，2）。

（7）在 workspace 中，右键 ftsdatas，另存为 ftsdatas. mat，金融时

间序列数据文件制作完毕。

（8）使用时调用方式：load ftsdatas. mat。

（二）实验编程与结果

1. MACD 技术指标的程序设计

```
load ftsdatas. mat
subplot(2,1,1)
plot( macd( ftsdatas) )
subplot(2,1,2)
highlow( ftsdatas)

macdc = macd( ftsdatas)
macdo = macd( ftsdatas,' OPEN ')
plot( macdc)
plot( macdo)
```

2. 运行结果

程序运行后，计算机屏幕中会推出一个图形窗口 Figure1，窗口中显示 MACD 指标的图示，表示本段日期内的证券交易的均线系统（见图 7 – 1）。

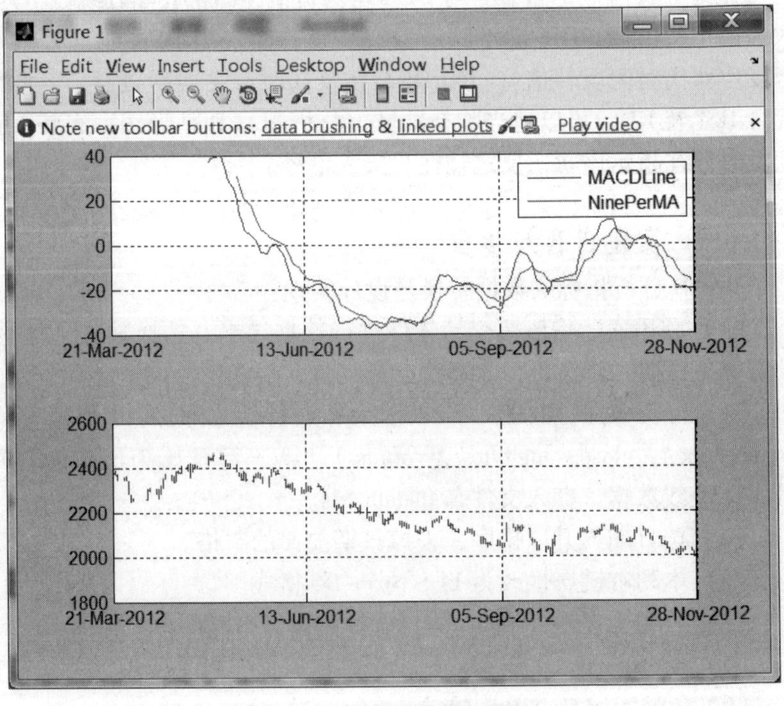

图 7 – 1　MACD 技术指标

二、WMS 指数

威廉指数（WMS）又称威廉超买超卖指数，它由拉瑞·威廉（Larry Williams）在 1973 年其所著的《我如何赚取百万美元》一书中首先发表，因而以他的名字命名。威廉指数主要用于研究股价的波动，通过分析股价波动变化中的峰与谷决定买卖时机。它利用震荡点来反映市场的超买超卖现象，可以预测某个阶段的高点与低点，从而显示出有效的买卖信号。改进的 WMS 指标趋势研判技巧为：34 日 WMS 指标线可用于中期趋势的判断，当 34 日的 WMS 指标向上运行时，表示中期趋势向好；反之向下运行时，表示中期趋势向淡。当仅仅是 34 日 WMS 指标提示后市向好时，可适量参与短线操作。当 34 日 WMS 指标和 8 日、9 日 WMS 指标均同时提示后市向好时，可以大胆积极地参与短线。8 日、9 日 WMS 指标的趋势作为短线操盘的依据可以迅速提高短线交易的成功率，在 WMS 公式设计上和随机指标的设计原理比较相似，两者都是从研究股价波幅出发，通过分析一段时间内股票走势的最高价、最低价和收盘价这三者的关系，来反映市场买卖气氛的强弱，借以考察阶段性市场气氛、判断价格与理性投资价值标准相背离的程度。

应用法则：当威廉指数线高于 85，表示市场处于超卖状态，行情即将见底；当威廉指数线低于 15，表示市场处于超买状态，行情即将见顶。与相对强弱指数配合使用，可得出对大市走向较为准确的判断。这个指标与 RSI、MTM 指标配合使用，效果更好。参数为统计天数，一般取 14 天。

（一）实验内容与步骤

威廉指数的数据转换与设计实现：

（1）利用通达信股票交易软件进行数据导出。选择某一只股票，设定交易日期、开盘价、收盘价、最高价、最低价、成交量六个数据列，第一行为数据列的汉字名称，第二行为数据列的英语名称（date，open，close，high，low，volume），第三行开始为历史交易数据、日 K 线数据。存入文件名 ftsdata. xls。

（2）按日期列升序排序，去掉日期前面的空格。

（3）本列右键属性改为 11 – Nov – 04 格式。

（4）另存为文件 ftsdatas. txt，选择制表符分割的方式保存。

（5）把 ftsdatas. txt 放到自己设定的缺省工作目录备用。

（6）ftsdatas = ascii2fts（'ftsdatas. txt'，2，2）。

（7）在 workspace 中，右键 ftsdatas，另存为 ftsdatas. mat，金融时

间序列数据文件制作完毕。

（8）使用时调用方式：load ftsdatas. mat。

（二）实验编程与结果

1. WMS 技术指标的程序设计

```
load ftsdatas. mat
wms = willpctr( ftsdatas)
subplot(2,1,1)
plot( wms)
hold on
plot( wms. dates, -80 * ones(1,length( wms)),' color',[0.5 0 0],'linewidth',2)
plot( wms. dates, -20 * ones(1,length( wms)),' color',[0 0.5 0],'linewidth',2)
subplot(2,1,2)
highlow( ftsdatas)
```

2. 运行结果

程序运行后，计算机屏幕中会弹出一个图形窗口 Figure1，窗口中显示 WMS 指标的图示（见图 7－2）。

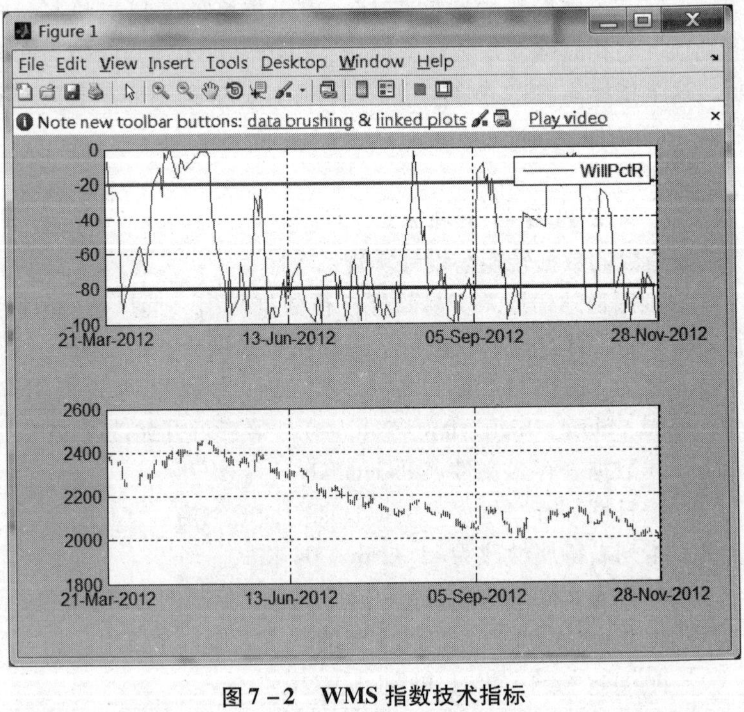

图 7－2　WMS 指数技术指标

三、RSI 指数

投资的一般原理认为，投资者的买卖行为是各种因素综合结果的反映，行情的变化最终取决于供求关系，而 RSI 指标（相对强弱指数）正是根据供求平衡的原理，通过测量某一个期间内股价上涨总幅度占股价变化总幅度平均值的百分比，来评估多空力量的强弱程度，进而提示具体操作的。RSI 的应用法则表面上比较复杂，包括交叉、数值、形态和背离等多方面的判断原则。相对强弱指数 RSI 是根据一定时期内上涨和下跌幅度之和的比率制作出的一种技术曲线，能够反映出市场在一定时期内的景气程度。指数公式的目的是克服动能指标的构建过程中存在的两个问题：不规则变动和为了比较的需要而设立固定的交易区域。不规则变动是由股价剧烈的运动引起的，但在计算中逐渐消失，很多情况下股价在短时间内剧烈的下跌或上升可能造成动能曲线的突然改变，RSI 试图消除这种扭曲现象。RSI 公式不仅能够提供这种平滑特征，而且可以产生一个能够在 0～100 固定区域变动的指标。怀尔德推荐的默认时间跨度是 14 天，他论证了应用月周期 28 日的一半是有效的。关于 RSI 的使用，首先是观察两条或多条不同参数曲线的位置关系。RSI 不同参数曲线的使用方法完全与移动平均线的法则相同，参数较小的短期 RSI 曲线如果位于参数较大的长期 RSI 曲线之上，则目前行情属多头市场；反之，则为空头市场。由于参数较大的 RSI 计算的时间范围较大，因而结论会更可靠，但同均线系统一样无法回避反应较慢的缺点，这是在使用过程中要加以注意的。

RSI 值将 0～100 分成了从“极弱”“弱”“强”到“极强”四个区域。“强”和“弱”以 50 作为分界线，但“极弱”和“弱”之间以及“强”和“极强”之间的界限则要随着 RSI 参数的变化而变化。不同的参数，其区域的划分就不同。一般而言，参数越大，分界线离中心线 50 就越近，离 100 和 0 就越远。不过一般都应落在 15、30～70、85 的区间内。RSI 值如果超过 50，表明市场进入强市，可以考虑买入，但是如果继续进入“极强”区，就要考虑物极必反，准备卖出了。同理，RSI 值在 50 以下也是如此，如果进入了“极弱”区，则表示超卖，应该伺机买入。当 RSI 曲线在高位区或低位区形成了头肩形或多重顶（底）的形态时，可以考虑进行买卖操作。这些形态出现的位置离 50 中轴线越远，信号的可信度就越高，出错的可能性也就越小。对于 K 线的所有常规的形态分析方法，在对 RSI 曲线进行分析时都是适用的。最后，就是从 RSI 与股价的背离方面来判断行情。在 RSI 的各种研判方法中，用RSI与股价的背离来判断行情最为可靠。在股价不断走高的过程中，如果RSI处于高位，但并未跟随股价形成一个比一个高的高点，这预示股价涨升可能已经进入了最后阶段，此时顶背离出现，是一个比较明确的卖出信号。与这种情况相反的是底背离。RSI的低位缓慢出现盘升，虽然股价还在不断下降，但RSI已经不再创出新低，这时表示跌势进入尾声，可以考虑适当时机进行建仓。

短期RSI是指参数相对小的RSI，长期RSI是指参数相对较长的RSI。比如，6日RSI和12日RSI中，6日RSI即为短期RSI，12日RSI即为长期RSI。长短期RSI线的交叉情况可以作为我们研判行情的方法。

（1）当短期RSI > 长期RSI时，市场则属于多头市场；

（2）当短期RSI < 长期RSI时，市场则属于空头市场；

（3）当短期RSI线在低位向上突破长期RSI线，则是市场的买入信号；

（4）当短期RSI线在高位向下突破长期RSI线，则是市场的卖出信号。

（一）实验内容与步骤

RSI相对强弱指数的数据转换与设计实现：

（1）利用通达信股票交易软件进行数据导出。选择某一只股票，设定交易日期、开盘价、收盘价、最高价、最低价、成交量六个数据列，第一行为数据列的汉字名称，第二行为数据列的英语名称（date，open，close，high. low，volume），第三行开始为历史交易数据、日K线数据。存入文件名ftsdata. xls。

（2）按日期列升序排序，去掉日期前面的空格。

（3）本列右键属性改为11－Nov－04格式。

（4）另存为文件ftsdatas. txt，选择制表符分割的方式保存。

（5）把ftsdatas. txt放到自己设定的缺省工作目录备用。

（6）ftsdatas = ascii2fts（'ftsdatas. txt'，2，2）。

（7）在workspace中，右键ftsdatas，另存为ftsdatas. mat，金融时间序列数据文件制作完毕。

（8）使用时调用方式：load ftsdatas. mat。

（二）实验编程与结果

1. RSI技术分析指标的程序设计

```
load ftsdatas. mat
rsi = rsindex( ftsdatas)
```

```
subplot(2,1,1)
plot(rsi)
hold on
plot(rsi.dates,30 * ones(1,length(rsi)),'color',[0.5 0 0],'line-
width',2)
plot(rsi.dates,70 * ones(1,length(rsi)),'color',[0 0.5 0],'line-
width',2)
subplot(2,1,2)
highlow(ftsdatas)
```

2. 运行结果

程序运行后，计算机屏幕中会弹出一个图形窗口 Figure1，窗口中显示 RSI 指标的图示（见图 7－3）。

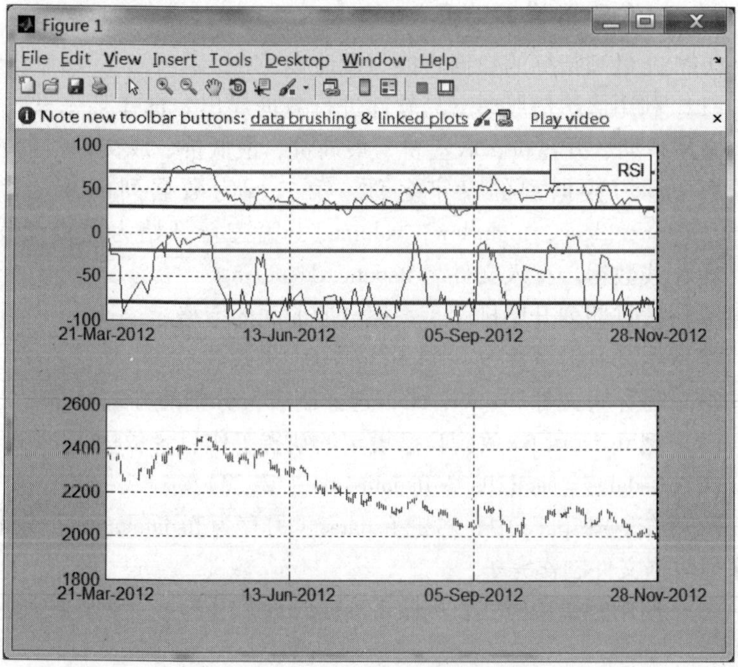

图 7－3　RSI 相对强弱指数技术指标

四、OBV 指数

OBV（能量潮）指数是将成交量数量化，制成趋势线，配合股价趋势线，从价格的变动及成交量的增减关系，推测市场气氛。其主要理论基础是市场价格的变化必须有成交量的配合，股价的波动与成交量的扩大或萎缩有密切的关联。通常股价上升所需的成交量总是较大；下跌时，则成交量可能放大，也可能较小。价格升降而成交量不相应升降，则市场价格的变动难以为继。

能量潮理论成立的依据主要包括：一是投资者对股价的评论越不一致，成交量越大；反之，成交量就小。因此，可用成交量来判断市场的人气和多空双方的力量。二是重力原理，上升的物体迟早会下跌，而物体上升所需的能量比下跌时多。涉及股市则可解释为：一方面股价迟早会下跌；另一方面股价上升时所需的能量大，因此股价的上升特别是上升初期必须有较大的成交量相配合，股价下跌时则不必耗费很大的能量，因此成交量不一定放大，甚至有萎缩趋势。三是惯性原则——动则恒动、静则恒静，只有那些被投资者或主力相中的热门股会在很长一段时间内成交量和股价的波动都比较大，而无人问津的冷门股，则会在一段时间内，成交量和股价波幅都比较小。

（一）实验内容与步骤

OBV 能量潮指标的数据转换与设计实现：

（1）利用通达信股票交易软件进行数据导出。选择某一只股票，设定交易日期、开盘价、收盘价、最高价、最低价、成交量六个数据列，第一行为数据列的汉字名称，第二行为数据列的英语名称（date，open，close，high. low，volume），第三行开始为历史交易数据、日 K 线数据。存入文件名 ftsdata. xls。

（2）按日期列升序排序，去掉日期前面的空格。

（3）本列右键属性改为 11 - Nov - 04 格式。

（4）另存为文件 ftsdatas. txt，选择制表符分割的方式保存。

（5）把 ftsdatas. txt 放到自己设定的缺省工作目录备用。

（6）ftsdatas = ascii2fts（'ftsdatas. txt'，2，2）。

（7）在 workspace 中，右键 ftsdatas，另存为 ftsdatas. mat，金融时间序列数据文件制作完毕。

（8）使用时调用方式：load ftsdatas. mat。

（二）实验编程与结果

1. OBV 技术指标的程序设计

```
load ftsdatas. mat
obv = onbalvol(ftsdatas)
plot(obv)
```

2. 运行结果

程序运行后，计算机屏幕中会弹出一个图形窗口 Figure1，窗口中显示 RSI 指标的图示（见图 7 -4）。

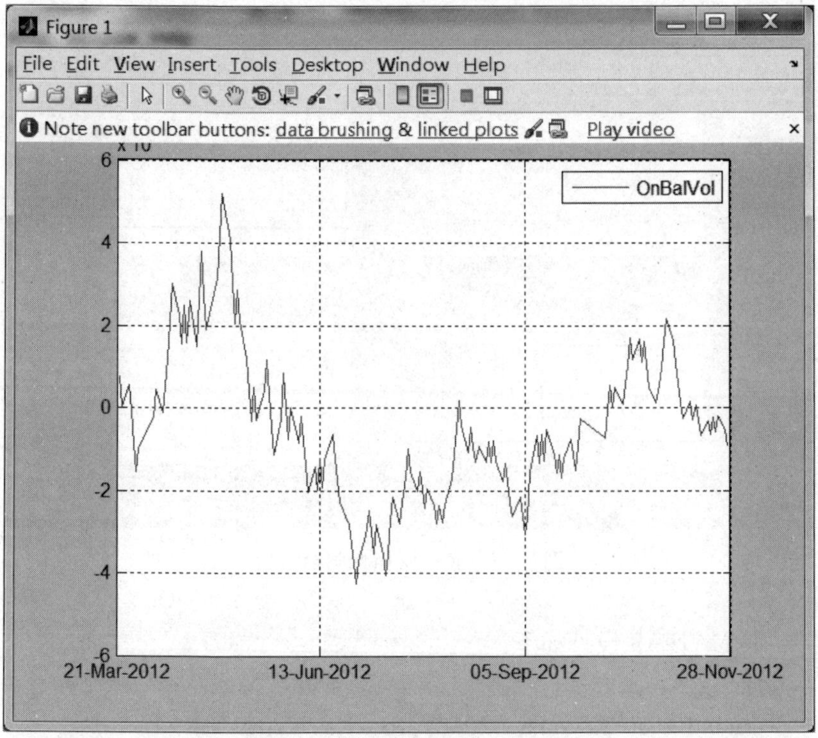

图 7－4　OBV 能量潮技术指标

第三节　多种技术指标的同屏设计与实现

在投资分析与决策过程中，投资者往往要参考多个技术指标的变化趋势，才能做出选择，这就提出了同步观察多个指标的需求。另外，在所有证券行情分析系统中，都存在同屏显示多只股票的同一个指标图形或多个指标图形的需求。

在 MATLAB 软件系统中，函数 subplot 就可以方便地实现上面提到这些功能。

函数 subplot(m，n，p）的使用方法：subplot(m，n，p）或者 subplot(m n p)。

subplot 是将多个图画到一个平面上的工具。其中，m 表示是图排成 m 行，n 表示图排成 n 列，也就是整个 figure 中有 n 个图是排成一行的，一共 m 行，如果 m = 2 就是表示 2 行图。p 表示图所在的位置，p = 1 表示从左到右从上到下的第一个位置。

图 7－5 就是一个窗口中同时显示四种技术指标的情形。

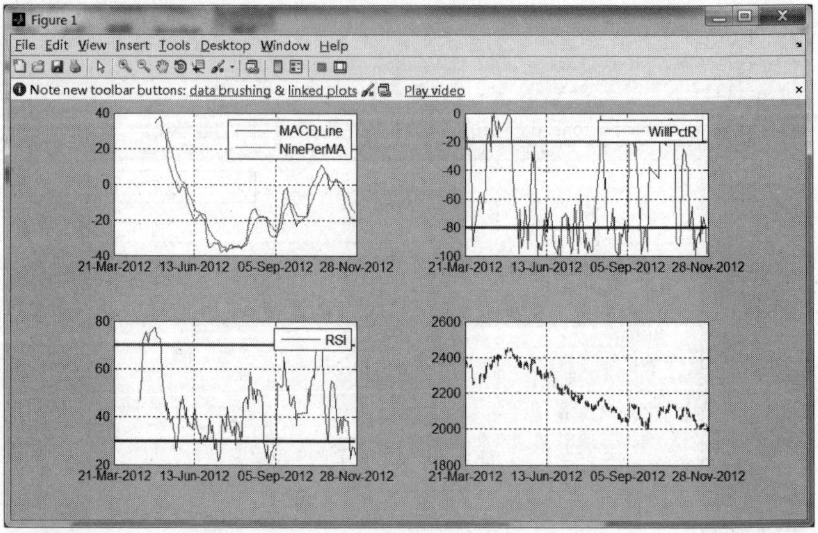

图 7-5　多技术指标同窗分析

其 MATLAB 设计如下：

```
load gp4. mat
candle( gp4('20 - Mar - 2017::16 - Nov - 2017'))
candle( gp4)
subplot(2,2,4)
candle( gp4('20 - Mar - 2017::16 - Nov - 2017'))
candle( gp4)
% WMS
load gp3. mat
wms = willpctr( gp3)
subplot(2,2,3)
plot( wms)
hold on
plot( wms. dates, -80 * ones(1, length( wms)),' color ',[0.5 0 0],'
linewidth ',2)
plot( wms. dates, -20 * ones(1, length( wms)),' color ',[0 0.5 0],'
linewidth ',2)
% macd
load gp1. mat
macdc = macd( gp1)
macdo = macd( gp1,' OPEN ')
plot( macdc)
plot( macdo)
```

```
subplot(2,2,1)
plot(macd(gp1))
%OBV
load gp2.mat
obv = onbalvol(gp2)
subplot(2,2,2)
plot(obv)
plot(obv)
```

知识拓展

技术分析三大假设的基本内容

技术分析是以量价时空为分析要素研究市场行为，进而判断市场未来趋势的分析方法。既然是以市场行为为研究对象，那么技术分析的假设就必须围绕着市场行为展开，即市场行为包含一切信息、价格沿趋势移动并保持趋势、历史会重演。这三大假设共同反映了证券技术分析的内涵。如果投资者要运用技术分析，就必须承认这三大假设的存在。

一是市场行为包含一切信息是技术分析的基础和前提。市场行为包含一切信息是指影响价格的所有因素，如政治的、经济的、心理的等，都可以通过买卖行为反映在价格中，所以投资者不必关心是何种原因造成了价格的涨跌，而只需关注并研究价格即可。而价格是由供求关系决定的，正是供求的变化决定着价格的上涨或下跌。从投资者无法决定供求变化的角度看，投资者也不必过多关注供求。具体来说，在价格的变动中，无论其呈现出怎样的变动，投资者只需关注信息对价格造成的影响，而不必关注导致价格变动的消息内容。

二是价格沿趋势移动是技术分析的核心。技术分析认为，价格的变动是有趋势的，而且趋势一旦形成，如果没有外力的影响，将会保持惯性运行，这也是牛顿惯性定律的应用。因此，技术分析的本质可以说是顺应并跟随趋势。具体来说，如果一段时间内价格持续上升或下降，那么在没有外力干扰的情况下，在随后一段时间内价格依然会继续上升或下降。

三是历史会重演是行为学和心理学在价格。走势中的体现价格的走势反映着投资者看好或不看好的心理，而这些心理作用于投资者的买卖行为会使价格走势呈现出一定的规律。这些规律在过去有效，在现在和将来同样有效，因为它们都是以投资者的心理为依据的。具体来说，投资者过去的交易行为会使其印象深刻，而一旦现在遇到与过去相同或相似的走势时，投资者往往会用过去的交易行为指导现在的交易。

由此可以看出，既然历史走势中包含着总结的经验规律，那么未来的走势便可以通过历史走势加以判断。而当投资者按照这些经验规律进行操作时，历史往往又出现重演。但虽然历史走势会重演，应该注意的是，历史走势又不会简单重演，因为影响市场的因素太多，导致市场变化无穷，所以在市场中又不可能有完全相同的情况反复出现，差异或多或少地存在着。

（资料来源：中国证券期货，2019 年第 5 期，经整理而成）

本章小结

1. 证券技术分析指标众多，对每一个指标的设计都需要了解该指标的设计原理，只有对指标的计算公式进行清晰的了解，才能进行指标设计的学习。

2. 借助现有的行情交易软件系统，可以方便地获得即时证券交易数据。但是由于数据的版权与格式等方面的局限，获得的数据需要根据要求进行格式的转换。

3. 每个指数指标的设计过程相似，多指标同屏显示可以方便投资者同时观察所需要的信息。

4. 在投资过程中，对现有指标的熟悉与判断固然重要，但这只是一个基本的要求，经过多年的投资经验积累和思考，应该有自己特有的投资心得，并把它转化成自己独有的财富，以更好地、更高效地得出符合自己投资期望的观察点。

复习思考题

1. 选择一个熟悉的技术指标，自己设计实现，并调整不同的参数，观察指标的变化，总结指标的使用原则。

2. 选择几个指标，设计编程在同一个窗口中同步显示。

第八章 投资组合理论计算实验

【知识目标】

◇理解投资组合的金融学原理

◇理解投资组合理论的使用场景与环境限制

【素养目标】

◇了解投资过程中动态调整持有组合的价值

◇掌握投资资产池的选择与调整含义

【技能目标】

◇掌握个人银行业务教学案例中要求完成的所有业务操作

◇掌握投资组合各相关特征的计算方法

◇单个、多个股票的日收益率及其均值

◇单个、多个股票的方差与标准差计算

◇多只股票的协方差矩阵的计算

◇投资组合的期望收益与方差计算

◇有效前沿的计算与绘图

第一节 投资组合理论基础知识

一、狭义的投资组合理论

借鉴前人用资产的收益均值即数学期望衡量投资者的预期收益，用资产收益率的方差衡量资产的风险的观点，诺贝尔经济学奖获得者马柯维茨（Harry M. Markowitz）经过大量观察和分析，认为若在具有相同回报率的两个证券之间进行选择的话，任何投资者都会选择风险小的。这同时也表明投资者若要追求高回报必定要承担高风险。同样，出于回避风险的原因，投资者通常持有多样化投资组合。马柯维茨从对回报和风险的定量出发，系统地研究了投资组合的特性，从数学上解释了投资者的避险行为，并提出了投资组合的优化方法。

一个投资组合是由组成的各证券及其权重所确定的，因此，投资组合的期望回报率是其成分证券期望回报率的加权平均。除了确定期望回报率外，估计出投资组合相应的风险也是很重要的。投资组合的风险是由其回报率的标准方差来定义的。这些统计量是描述回报率围绕其平均值变化的程度，如果变化剧烈则表明回报率有很大的不确定性，即风险较大。

从投资组合方差的数学展开式中可以看到投资组合的方差与各成分证券的方差、权重以及成分证券间的协方差有关，而协方差与任意两证券的相关系数成正比，相关系数越小，其协方差就越小，投资组合的总体风险也就越小。因此，选择不相关的证券应是构建投资组合的目标。另外，由投资组合方差的数学展开式可以得出：增加证券可以降低投资组合的风险。

基于回避风险的假设，马柯维茨建立了一个投资组合的分析模型，其要点为：

（1）投资组合的两个相关特征是期望回报率及其方差。

（2）投资将选择在给定风险水平下期望回报率最大的投资组合，或在给定期望回报率水平下风险最低的投资组合。

（3）对每种证券的期望回报率、方差和与其他证券的协方差进行估计和挑选，并进行数学规划（mathematical programming），以确定各证券在投资者资金中的比重。

投资组合理论的基本假设如下：

（1）证券市场是有效的。即投资者对于证券市场上每一种证券风险和收益的变动及其产生的因素等信息都是知道的，或者是可以得知的。

（2）投资者是风险的规避者。也就是说，他们不喜欢风险，如果他们承受较大的风险，必须得到较高的预期收益以资补偿，在两个其他条件完全相同的证券组合中，他们将选择风险较小的那一个。风险是通过测量收益率的波动程度（用统计上的标准差来表示）来度量的。

（3）投资者对收益是不满足的。就是说，他们对较高收益率的偏好胜过对较低收益率的偏好，在两个其他条件完全相同的证券组合中，投资者选择预期收益率较高的那一个。

（4）所有的投资决策都是依据投资的预期收益率和预期收益的标准差而做出的。这便要求投资收益率及其标准差可以通过计算得知。

（5）每种证券之间的收益都是有关联的，也就是说，通过计算可以得知任意两种证券之间的相关系数，这样才能找到风险最小的证券组合。

(6) 证券投资是无限可分的。也就是说，一个具有风险的证券可以以任何数量加入或退出一个证券组合。

(7) 在每一种证券组合中，投资者总是企图使证券组合收益最大，同时组合风险最小。因此，在给定风险水平下，投资者想得到最大收益；在给定收益水平下，投资者想使投资风险最小。

(8) 投资收益越高，投资风险越大；投资收益越低，投资风险越小。

(9) 投资者的任务是决定满足上述条件的证券组合的有效集合（又称“有效边界”）。有效集合中的每一元素都是在某一风险水平下收益最大的证券组合。

二、投资组合理论的拓展

（一）基于交易费用和流动性的投资组合理论

如果市场是无效的和存在摩擦的，就会导致交易成本的存在，而开放式基金的流动性直接与交易成本相关。关于市场摩擦的投资组合问题，一种研究是利用随机控制方法，得到有市场摩擦的情况下，在一定风险区间内并且在接近区间的边界时作最小交易是合理的；另一种研究是利用黏度理论方法，并利用有限差分法研究具有交易成本的多资产的期终财富最大化。

最近的研究认为证券的流动性是证券价值的决定性因素，相对于流动性证券来说，非流动性证券的定价总是存在一定的折扣。

（二）基于风格投资的投资组合理论

风格投资始于 1992 年夏普（William F. Sharpe）的论文《资产配置：风格管理与业绩评价》。风格投资在国外的研究主要集中在以下几方面：

第一，投资风格的分析。目前普遍接受的风格分析方法主要有基于收益和基于组合的风格分析。前者是由夏普提出的，他认为通过比较基金的收益和所选择的风格指数收益之间的关系可以判定基金管理人在过去一段时间的投资风格；后者主要是根据基金实际持有的股票特征来划分基金的投资风格。某些研究发现，对于小样本基金，基于组合分析来预测风险比基于收益的分析方法具有更高的相关性，对于中小盘和成长型组合，两种分析方法存在显著差异。但对于大盘价值型组合，两种风格分析方法所得结果相似。

第二，风格投资的表现及形成原因研究。风格投资常常表现出小市值效应（投资于小规模公司股票所获得的收益要高于投资于大规模公司股票）和 BV/MV 效应（净资产/市值）。如最小一类公司股票的平均收益率要高出最大一类股票；公司股票的平均收益与其 BV/MV 呈正相关关系等。出现这种现象可以解释为：其一，风格投资的超额收益是对风险的补偿，而这些风险被正统的资本资产定价模型所遗漏；其二，超额收益是由于投资者对某种股票过去表现的过度反应所致；其三，由于具有某种相同属性的公司分享着某些共同特征，因而有可能同时出现一些经营上的问题而导致上述两种效应；其四，计算方法的选择以及数据处理等人为原因造成的。

第三，风格投资的周期性与风格转换策略。从价值型/成长型或大盘股等角度来看，风格投资在不同时期有着不同表现，存在周期性。例如，美国、日本股票市场中，小盘股与大盘股存在间隔表现；美国、加拿大证券市场存在着价值型组合与成长型组合收益率较为明显的周期性。由于风格投资具有周期性，因而投资者可以通过风格转换以获取更好收益。

第四，风格投资对证券市场的影响。风格投资理论解释了为什么在同一证券市场挂牌的基金虽持有完全不同的股票，但却同涨同跌；同样也可以解释在不同交易所上市的同种股票却有着不同表现的原因。

（三）基于连续时间的长期投资组合理论

长久以来，马柯维茨的均值—方差理论在指导人们短期投资中占有重要地位。但事实上，长期投资和短期投资的最优资产组合不尽相同。

对于利率在长期投资中的影响，默顿 · H. 米勒（Merton H. Miller）等提出了套期保值效应，当投资者的风险厌恶系数大于 1 时，对风险资产的需求不仅受到资产风险溢价的影响，还受到预期收益率与预期远期利率调整的协方差的影响。对于跨期理论中的跨期预算约束条件，当消费—财富比率不变或变动不大时，投资者的跨期预算约束条件为近似线性。

对于长期投资的资产组合选择和风险控制方面，在最优投资策略中如果忽略市场择机的选择，可能会导致更大的效用损失，股票收益的可预测性增加了投资者对于股票投资的需要，并且长期通货膨胀债券能够增加稳健投资者的效用。对长期投资的资产配置理论研究，可以选用连续时间数学工具来分析动态资产组合选择问题。

（四）基于在险价值（VaR）的投资组合理论

在险价值方法在 20 世纪 50 年代才得到研究证券投资组合理论的

学者们关注，它最初被人们用于测度一些金融公司交易证券的市场风险。在险价值方法的引入在一定程度上弥补了最初投资组合理论对证券投资组合风险度量的不足。在险价值可以采用历史模拟法或蒙特·卡罗模拟法进行估算。但在险价值仍然存在有很多的缺陷。

一致性风险度量（coherent measures of risk）概念的提出在某种程度上可以弥补在险价值的某些缺陷，因此，基于此提出的条件在险价值（conditional value at risk）作为风险的度量来对 VaR 进行修正。

在界定了条件在险价值风险测度指标后，以其为基础研究资产组合选择的工作相应展开。

（五）基于非效用最大化的投资组合理论

设计在离散时间条件下的非效用最大化的投资组合模型的突出优点是，在构建模型时，不需要知道市场参数及有关统计信息，如利率、价格波动率，甚至不需要详细描述离散时间条件下价格变动的动力学机制，只要通过跟踪不同证券权重的绩效加权变动情况便可达到最优恒定组合。这种泛组合的渐进行为可以较好地解释市场的某些行为。

另外，价值维持原理（value preserving principle）方法、现金流下的指数跟踪误差方法等在市场中也有较好的解释力。

三、投资组合理论应用中的局限性

马柯维茨的投资组合理论不但为分散投资提供了理论依据，而且为如何进行有效的分散投资提供了分析框架。但在实际运用中，马柯维茨模型也存在着一定的局限性和困难。

（1）马柯维茨模型所需要的基本输入包括证券的期望收益率、方差和两两证券之间的协方差。当证券的数量较多时，基本输入所要求的估计量非常大，从而也就使得马柯维茨的运用受到很大限制。因此，马柯维茨模型目前主要被用在资产配置的最优决策上。

（2）数据误差带来的解的不可靠性。马柯维茨模型需要将证券的期望收益率、期望的标准差和证券之间的期望相关系数作为已知数据进行基本输入。如果这些数据没有估计误差，马柯维茨模型就能够保证得到有效的证券组合。但由于期望数据是未知的，需要进行统计估计，因此这些数据就不会没有误差。这种由于统计估计而带来的数据输入方面的不准确性会使一些资产类别的投资比例过高而使另一些资产类别的投资比例过低。

（3）解的不稳定性。马柯维茨模型的另一个应用问题是输入数据的微小改变会导致资产权重的很大变化。解的不稳定性限制了马柯维茨模型在实际制定资产配置政策方面的应用。如果基于季度对输入数据进行重新估计，用马柯维茨模型就会得到新的资产权重的解，新的资产权重与上一季度的权重差异可能很大。这意味着必须对资产组合进行较大的调整，而频繁的调整会使人们对马柯维茨模型产生不信任感。

（4）重新配置的高成本。资产比例的调整会带来很多不利的影响，如交易成本的上升。因此正确的政策可能是维持现状而不是最优化。

第二节 投资组合理论的计算设计

一、预期收益率的计算设计

单个证券的预期收益率的计算，实际上就是计算该证券作为一个随机变量的期望值。单个证券的期望值定义为：

$$E(r) = \sum_{s} Pr(s)r(s)$$

式中，E(r) ——收益率期望值；r(s) ——s 状态下的收益率；Pr(s) ——r(s) 状态的发生概率。

一个证券组合的预期收益率即其所含证券的预期收益率的加权平均，以构成比例为权重。每一证券对组合的预期收益率的贡献依赖于它的预期收益率，以及它在组合初始价值中所占份额，而与其他一切无关。那么，一位仅仅希望预期收益率最大的投资者将持有一种证券，这种证券是他认为预期收益率最大的证券。然而很少有投资者这样做，也很少有投资顾问会提供这样一个极端的建议。因此，投资者应进行分散化投资，即他们的投资组合将包含不止一种证券。这是因为分散化可以减少由标准差所测度的风险。投资组合的预期收益率公式为：

$$E(r_p) = \sum_{i=1}^{N} x_i E(r_i)$$

（一）证券与证券组合的预期收益率计算实验步骤

利用通达信股票交易软件进行数据导出。选择某一组股票，例如，我们在 54 个行业分类中，每个行业选择一种股票。设定某一段时间某个价格（比如收盘价）作为历史价格样本，形成一个多股票的价格矩阵。在命令窗口执行 load gp54. mat，窗口显示如图 8 –1 所示。

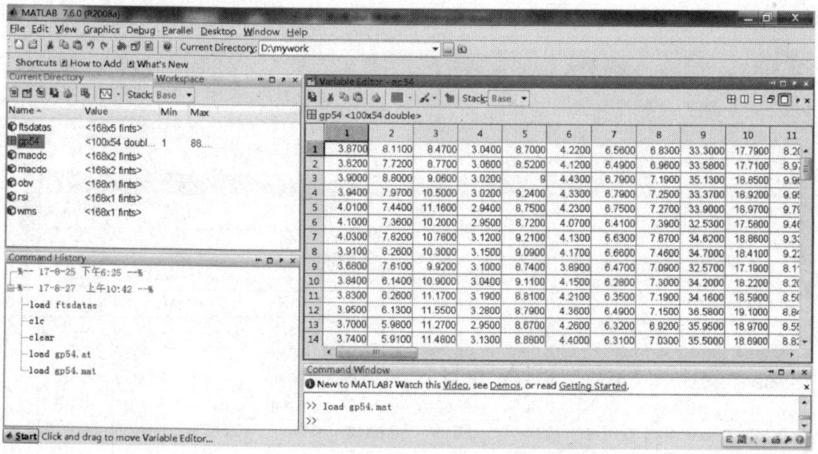

图 8 –1　行业板块股票价格数据结构

该价格矩阵中记录了 54 只股票的历史价格信息，每一列为一个证券的 100 日的历史交易价格。

在命令窗口运行 price54 = mean（gp54），可以得到该 54 种股票按照当前的 100 个样本计算的期望价格，如图 8 –2 所示。

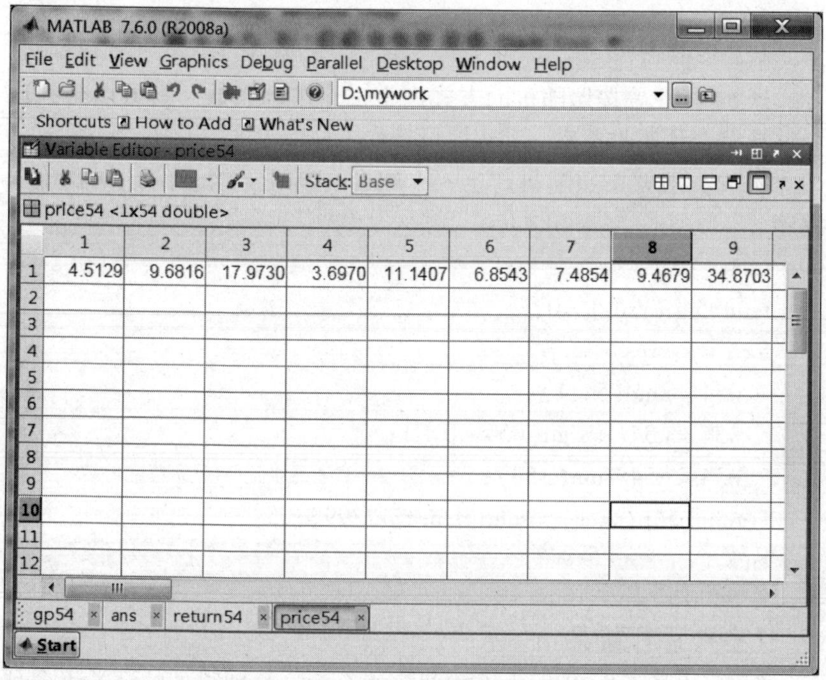

图 8 –2　行业板块股票平均价格

在命令窗口运行 return54 = price2ret （gp54），可以得到该 54 种股票按照当前的 100 个样本计算的预期收益率，如图 8 - 3 所示。

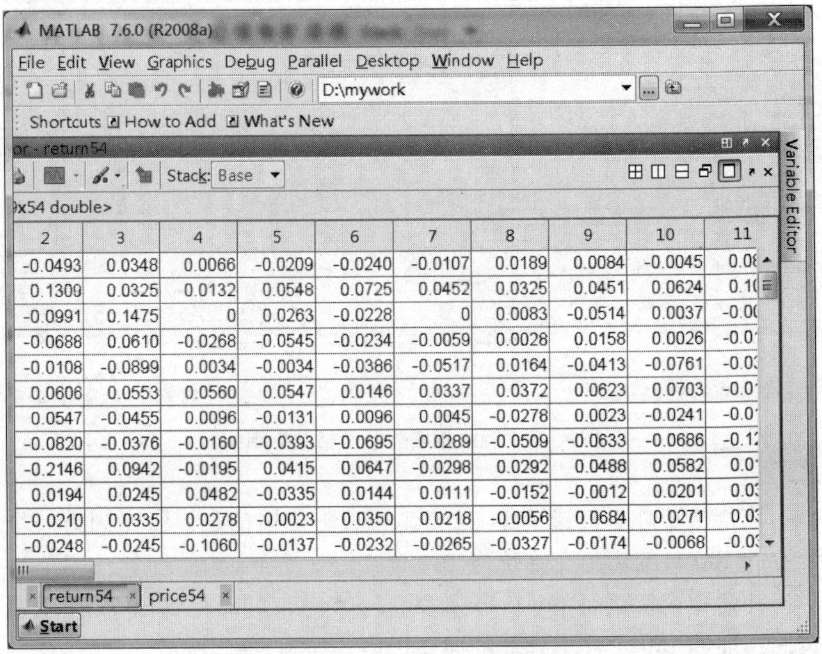

2	3	4	5	6	7	8	9	10	11
-0.0493	0.0348	0.0066	-0.0209	-0.0240	-0.0107	0.0189	0.0084	-0.0045	0.0
0.1309	0.0325	0.0132	0.0548	0.0725	0.0452	0.0325	0.0451	0.0624	0.1
-0.0991	0.1475	0	0.0263	-0.0228	0	0.0083	-0.0514	0.0037	-0.0
-0.0688	0.0610	-0.0268	-0.0545	-0.0234	-0.0059	0.0028	0.0158	0.0026	-0.0
-0.0108	-0.0899	0.0034	-0.0034	-0.0386	-0.0517	0.0164	-0.0413	-0.0761	-0.0
0.0606	0.0553	0.0560	0.0547	0.0146	0.0337	0.0372	0.0623	0.0703	-0.0
0.0547	-0.0455	0.0096	-0.0131	0.0096	0.0045	-0.0278	0.0023	-0.0241	-0.0
-0.0820	-0.0376	-0.0160	-0.0393	-0.0695	-0.0289	-0.0509	-0.0633	-0.0686	-0.1
-0.2146	0.0942	-0.0195	0.0415	0.0647	-0.0298	0.0292	0.0488	0.0582	0.0
0.0194	0.0245	0.0482	-0.0335	0.0144	0.0111	-0.0152	-0.0012	0.0201	0.0
-0.0210	0.0335	0.0278	-0.0023	0.0350	0.0218	-0.0056	0.0684	0.0271	0.0
-0.0248	-0.0245	-0.1060	-0.0137	-0.0232	-0.0265	-0.0327	-0.0174	-0.0068	-0.0

图 8 - 3　行业板块股票预期收益率

（二）程序设计

这 54 种股票按照随机的方式产生一个组合系数，就可以得到这个证券组合预期收益率。其程序设计如下：

%54 只股票按照随机产生一个组合，其证券组合的预期收益率程序

```
yxcs = 10;
return54p(yxcs) = 0;
for i = 1:yxcs
   w54 = rand(54,1);
   w54 = w54. * sign(w54 - 0.5);
   w54 = w54/sum(w54);
   return54p(yxcs) = sum(return54)/99 * w54;
end
```

（三）运行结果

图 8 - 4 是随机产生了 10 组投资组合后，分别得到的证券组合预期收益率。

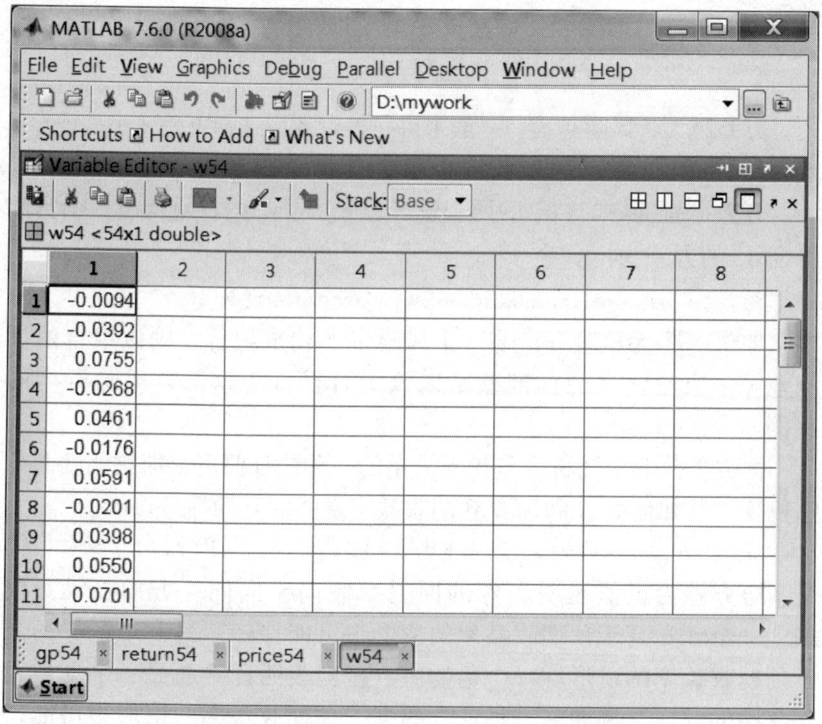

图 8-4 对行业板块股票随机产生的投资组合数据

二、协方差矩阵的计算设计

（一）方差与协方差的计算方法

1. 单个证券预期收益的方差

一个证券的预期收益率描述了以概率为权数的平均收益率。但这是不够的，我们还需要一个有用的风险测度，其应该以某种方式考虑各种可能的“坏”结果的概率以及“坏”结果的量值。风险测度将以某种方式估计实际结果与期望结果之间可能的偏离程度，方差就是这样一个测度，因为它估计的是实际回报率与预期回报率之间的可能偏离。

在证券投资中，如果假定投资收益的分布是对称的，那么实际收益低于预期收益的可能性与实际收益高于预期收益的可能性是一样大的。实际发生的收益率与预期收益率的偏差越大，投资于该证券的风险也就越大，因此对单个证券的风险，通常用统计学中的方差或标准差来表示。

沿用上面的表示方法，一个证券在该时期的方差是未来收益可能值对期望收益率的偏离（通常称为离差）的平方的加权平均，权数是相应的可能值的概率。记方差为σ_2，即有：

$$\sigma^2 = \sum_s \Pr(s)[r(s) - E(r)]^2$$

方差越大，风险越大。一般来讲，投资者应选择方差较小的证券。

2. 两个证券组合预期收益的方差

方差分别为σ_1与σ_2的两个资产以w_A与w_B的权重构成一个资产组合σ_p^2的方差为：

$$\sigma_P^2 = w_A^2\sigma_A^2 + w_B^2\sigma_B^2 + 2w_Aw_B\sigma_A\sigma_B Corr(R_AR_B)$$

如果一个无风险资产与一个风险资产构成组合，则该组合的标准差等于风险资产的标准差乘以该组合投资于这部分风险资产的比例。

协方差是两个随机变量相互关系的一种统计测度，即它测度两个随机变量，如证券 A 和证券 B 的收益率之间的互动性。

$$\sigma_{AB} = cov(r_A,\ r_B) = E(r_A - E(r_A))(r_B - E(r_B))$$

协方差为正值表明证券的回报率倾向于向同一方向变动。例如，一个证券高于预期收益率的情形很可能伴随着另一个证券的高于预期收益率的情形。一个负的协方差则表明证券与另一个证券相背变动的倾向。例如，一种证券的高于预期收益率的情形很可能伴随着另一个证券的低于预期收益率的情形。一个相对小的或者 0 值的协方差则表明两种证券之间只有很小的互动关系或没有任何互动关系。

3. 相关系数

与协方差密切相关的另一个统计测度是相关系数。事实上，两个随机变量间的协方差等于这两个随机变量之间的相关系数乘以它们各自的标准差的积。

证券 A 与证券 B 的相关系数为：

$$\rho_{AB} = \frac{\sigma_{AB}}{\sigma_A\sigma_B}$$

实际上，ρ_{AB}满足$-1.0 \leqslant \rho_{AB} \leqslant +1.0$；当$\rho_{AB} = 1$时，证券 A 与证券 B 完全正相关，当$\rho_{AB} = -1$时，证券 A 与证券 B 完全负相关。完全负相关会使风险降低；完全正相关不会减少风险。当ρ_{AB}在-1.0和$+1.0$之间时，可减少风险，但不是全部。

4. 协方差矩阵

$$Q = \begin{pmatrix} \sigma_{11} & \sigma_{12} & \cdots & \sigma_{1N-1} & \sigma_{1N} \\ \sigma_{21} & \sigma_{22} & \cdots & & \sigma_{2N-1} \\ \vdots & \vdots & \ddots & & \vdots \\ \vdots & \vdots & & & \vdots \\ \sigma_{N1} & \sigma_{N-12} & \cdots & \sigma_{NN-1} & \sigma_{NN} \end{pmatrix}$$

5. N 个资产的组合方差

$$\sigma_p^2 = \sum_{i=1}^{n}\sum_{j=1}^{n} w_i w_j \sigma_{ij} = w'Qw$$

（二）实验内容与步骤

本实验的内容是 N 个证券对于给定的投资组合 w 的协方差矩阵计算。利用通达信股票交易软件进行数据导出。选择某一组股票，比如我们在 54 个行业分类中，每个行业选择一种股票。设定某一段时间某个价格（比如收盘价）作为历史价格样本，形成一个多股票的价格矩阵。在命令窗口执行 load gp54. mat，这 54 只股票的协方差矩阵程序设计如下：

```
%54 只股票的协方差矩阵计算程序
load gp54. mat
return54 = price2ret( gp54 ) ;
aita = cov( return54 ) ;
```

（三）运行结果

这一组股票的协方差矩阵计算结果如图 8 –5 所示。

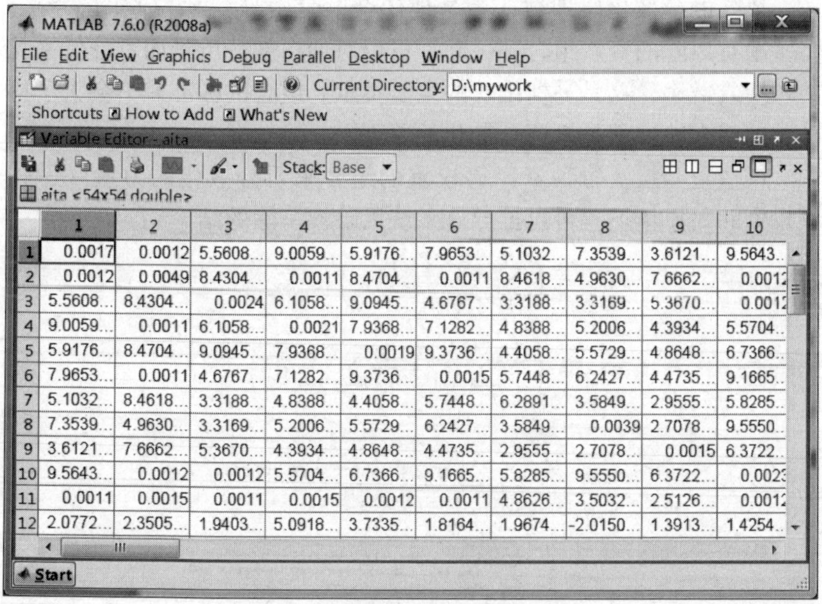

	1	2	3	4	5	6	7	8	9	10
1	0.0017	0.0012	5.5608...	9.0059...	5.9176...	7.9653...	5.1032...	7.3539...	3.6121...	9.5643...
2	0.0012	0.0049	8.4304...	0.0011	8.4704...	0.0011	8.4618...	4.9630...	7.6662...	0.0012
3	5.5608...	8.4304...	0.0024	6.1058...	9.0945...	4.6767...	3.3188...	3.3169...	5.3670...	0.0012
4	9.0059...	0.0011	6.1058...	0.0021	7.9368...	7.1282...	4.8388...	5.2006...	4.3934...	5.5704...
5	5.9176...	8.4704...	9.0945...	7.9368...	0.0019	9.3736...	4.4058...	5.5729...	4.8648...	6.7366...
6	7.9653...	0.0011	4.6767...	7.1282...	9.3736...	0.0015	5.7448...	6.2427...	4.4735...	9.1665...
7	5.1032...	8.4618...	3.3188...	4.8388...	4.4058...	5.7448...	6.2891...	3.5849...	2.9555...	5.8285...
8	7.3539...	4.9630...	3.3169...	5.2006...	5.5729...	6.2427...	3.5849...	0.0039	2.7078...	9.5550...
9	3.6121...	7.6662...	5.3670...	4.3934...	4.8648...	4.4735...	2.9555...	2.7078...	0.0015	6.3722...
10	9.5643...	0.0012	0.0012	5.5704...	6.7366...	9.1665...	5.8285...	9.5550...	6.3722...	0.0023
11	0.0011	0.0015	0.0011	0.0015	0.0012	0.0011	4.8626...	3.5032...	2.5126...	0.0012
12	2.0772...	2.3505...	1.9403...	5.0918...	3.7335...	1.8164...	1.9674...	-2.0150...	1.3913...	1.4254...

图 8 –5　行业板块股票协方差矩阵

三、投资组合的系统风险与非系统风险计算设计

（一）证券组合风险分散的原理

假定市场上有证券 1，2，…，n；投资于证券 i 的比例之和为 1，即 $w_1+w_2+\cdots+w_n=1$。证券组合的预期收益和方差：

$$E(r_p) = \sum_{i=1}^{n} w_i E(r_i)$$

$$\sigma_p^2 = \sum_{i=1}^{n}\sum_{j=1}^{n} w_i w_j \sigma_{ij}$$

其中，$\sigma_{ij}=\sigma_i^2$。

由上可知，证券组合的方差不仅取决于单个证券的方差，还取决于各种证券间的协方差。随着组合中证券数目的增加，在决定组合方差时，协方差的作用越来越大，而方差的作用越来越小。例如，在一个由 30 种证券组成的组合中，有 30 个方差和 870 个协方差。若一个组合进一步扩大到包括所有的证券，则协方差几乎就成了组合标准差的决定性因素。

风险的分散化原理被认为是现代金融学中唯一“白吃的午餐”。将多项有风险的资产组合到一起，可以对冲掉部分风险而不降低平均的预期收益率，这是马柯维茨的主要贡献。组合的标准差不会大于标准差的组合，这就是投资分散化的原理。

构造一个投资每种资产等权重的组合来看分散化的力量（等份额投资的简单情形，可以推导非系统风险被消除的结论）：

$$\sigma_p = \left(\sum_{i=1}^{n}\sum_{j=1}^{n}\frac{1}{n}\frac{1}{n}\sigma_{ij}\right)^{1/2}$$

$$= \left(\frac{1}{n^2}\sum_{i=1}^{n}\sigma_{ii} + \frac{1}{n^2}\sum_{i=1}\sum_{\substack{j=1\\ j\neq i}}\sigma_{ij}\right)^{1/2}$$

$$\frac{1}{n^2}\sum_{i=1}^{n}\sum_{\substack{j=1\\ j\neq i}}^{n}\sigma_{ij} = \frac{n^2-n}{n^2}\bar{\sigma}_{IJ} \to \bar{\sigma}_{ij}$$

$$\frac{1}{n^2}\sum_{i=1}^{n}\sum_{\substack{j=1\\ j\neq i}}^{n}\sigma_{ij} = \frac{n^2-n}{n^2}\bar{\sigma}_{ij} \to \bar{\sigma}_{ij}$$

由此可以得到以下关键结论：

随着组合中资产数目的增加，组合收益的方差将越来越依赖于协方差。

若这个组合中的所有证券不相关，那么随着证券数目的增加，这

个组合的方差将为零（保险原则）。

组合的方差是协方差矩阵各元素与投资比例为权重相乘的加权总值，它除了与各个证券的方差有关外，还取决于证券间的协方差或相关系数的大小。

证券组合的预期收益可以通过对各种单项资产加权平均得到，但风险却不能通过各项资产风险的标准差的加权平均得到（这只是组合中成分证券间的相关系数为1且成分证券方差相等，权重相等时的特例情况）。

在证券方差或标准差给定下，组合的每对证券的相关系数越高，组合的方差越高。只要每两种证券的收益间的相关系数小于1，组合的标准差一定小于组合中各种证券的标准差的加权平均数。如果每对证券的相关系数为完全负相关即为 -1，且成分证券方差和权重相等时，则可得到一个零方差的投资组合。但由于系统性风险不能消除，所以这种情况在实际中是不存在的。

（二）证券组合消除的是非系统性风险，系统性风险不能消除

非系统风险是企业特有的风险，诸如企业陷入法律纠纷、罢工、新产品开发失败，等等，又可称为可分散风险、特有风险、特定资产风险、残留风险，包括业务风险（处于错误行业）和财务风险（股权债务率太高）。

非系统性风险主要通过投资的分散化来减少，因此由许多种资产构成的组合几乎不存在非系统性风险。

系统风险是指整个市场承受到的风险。系统性风险影响所有的资产，不能通过分散化消除。总风险 = 系统性风险 + 非系统性风险。对于一个好的分散化组合，非系统性风险可以忽略，几乎所有的风险都是系统性风险造成的。关于总风险的构成及非系统风险的分数趋势如图8 -6 所示。

分散投资降低或消除风险效应主要通过下列途径发挥作用：

（1）选择两两股票相关系数小于1的股票组合；

（2）组合的证券成分数要足够多；

（3）改变不同风险收益特性股票的投资比例。

（三）实验内容与步骤

本实验是关于 N 个证券对于给定的投资组合 w 的风险计算。利用通达信股票交易软件进行数据导出。选择某一组股票，比如我们在54 个行业分类中，每个行业选择一种股票。设定某一段时间某个价

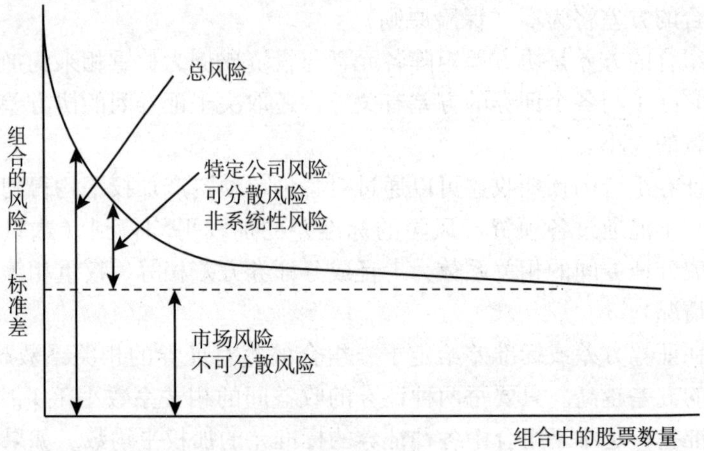

图 8-6　非系统风险分散程度

格（比如收盘价）作为历史价格样本，形成一个多股票的价格矩阵。在命令窗口执行 load gp54. mat，这组股票的系统风险、非系统性风险以及总风险的程序设计如下：

```
load gp54.mat
return54 = price2ret(gp54);
aita = cov(return54);
w = rand(54,1);
w = w.*sign(w-0.5);
w = w/sum(w);
%%计算非系统风险
sumfxt = 0;
for i = 1:54
        sumfxt = sumfxt + aita(i,i)*w(i)*w(i);
end
%计算总风险
sumzfx = w'*aita*w;
%计算系统风险
sumxt = sumzfx - sumfxt;
```

（四）运行结果

某一次运行的结果：

```
sumxt   = 3.7858e-004
sumfxt  = 3.5799e-004
sumzfx  = 7.3657e-004
```

每次运行的结果是不一样的，因为这里面含有随机变量。

四、投资最优方案的选择设计

（一）有效前沿

可行集中有无穷多个组合，但是投资者有必要对所有这些组合进行评价吗？对于一个理性投资者而言，他们都是厌恶风险而偏好收益的。对于同样的风险水平，他们将会选择能提供最大预期收益率的组合；对于同样的预期收益率，他们将会选择风险最小的组合。能同时满足这两个条件的投资组合的集合被称为有效前沿（efficient frontier）。

有效前沿描绘了投资组合的风险与收益的最优配置。因为投资者是不知足且厌恶风险的，即风险一定时追求收益最大，收益一定时追求风险最小，所以，同时满足在各种风险水平下提供最大预期收益和在各种预期收益下能提供最小风险这两个条件就称为有效前沿，即双曲线的上半部。上面各点所代表的投资组合一定是通过充分分散化而消除了非系统性风险的组合。

（二）有效前沿的形状具有的特点

（1）有效前沿是一条向右上方倾斜的曲线，它反映了“高收益、高风险”的原则。

（2）有效前沿是一条向左凸的曲线。有效集上的任意两点所代表的两个组合再组合起来得到的新的点（代表一个新的组合）一定落在原来两个点的连线的左侧，这是因为新的组合能进一步起到分散风险的作用，所以曲线是向左凸的。

（3）有效前沿曲线上不可能有凹陷的地方。

为什么有效前沿是一条曲线而不是一条直线？解释有效前沿的凸状源于这样一个事实：存在一个可以产生较高回报的有限资产集，随着投资者追求的投资回报越来越高，所选择的资产将越来越少，这限制了风险可以分散的程度。从此比例上而言，每增加一单位风险，所获得的回报就会少。同样地，在有效前沿风险较低的那一端，在有效投资组合中，投资者选择风险较低的资产也越来越少。因此，每增加一单位回报，投资者降低的风险水平递减。

（三）有效前沿的得出

对于任意给定的预期收益 E(r)，要使组合的方差越小越好，这是投资组合理论所给定的有效前沿的含义，它可以通过求解下列二次规划得到：

$$\min\sigma^2 = \sum_{i=1}^{n}\sum_{j=1}^{n} w_i w_j \sigma_{ij}$$

$$s.t. \sum_{i=1}^{n} w_i E(r_i) = E(r), \sum_{i=1}^{n} w_i = 1$$

（四）实验内容与步骤

本实验内容是计算54个证券的可行域。利用通达信股票交易软件进行数据导出。选择某一组股票，比如我们在54个行业分类中，每个行业选择一种股票。设定某一段时间某个价格（比如收盘价）作为历史价格样本，形成一个多股票的价格矩阵。

```
%%  gp54 存放 54 股票的 100 天的收盘价
clc
clear
load gp54. mat
gpsl = 54
%1 - 计算收益率矩阵
retu = price2ret(gp54)
%2 - 计算期望收益
expv = mean(retu)
%%3 - 计算协方差矩阵   % aita(X,Y) = sigama(Xi - X)(Yi -
                          Y)Pi
aita = cov(retu)
%[expv,aita] = ewstats(retu)   %收益率矩阵得到期望收益向量
                                与协方差矩阵
eig54 = eig(aita)
%随机产生投资方案,计算并画出其可行域
%rand('state',0);
weights = rand(1000,gpsl)   %产生 1000 行,54 列随机数
total = sum(weights,2)   %按列求和
for gpi - 1:gpsl   %比例标准化,变成了权重矩阵
    weights(:,gpi) = weights(:,gpi)./total;
end
[portrisk,portreturn] = portstats(expv,aita,weights)
%%1 - 期望收益,2 - 协方差矩阵,3 - 多组权重 - 投资方案
%绘图
plot(portrisk,portreturn,'.r')
title('均值 - 方差有效前沿以及各个资产组合的风险与收益')
```

```
xlabel('风险(标准差)')
ylabel('期望收益率')
hold on
%%计算200组有效的投资组合,并绘图
% -协方差矩阵非半正定,进行修正。
aita = aita + eye(gpsl,gpsl) * 0.00001
portopt(expv,aita,200)   %1-期望收益,2-协方差矩阵,3-有
                          效组合的数量
hold on
%计算200组有效的投资组合,并绘图
% -协方差矩阵非半正定,进行修正。
aita = aita + eye(gpsl,gpsl) * 0.00001
portopt(expv,aita,200)   %1-期望收益,2-协方差矩阵,3-有
                          效组合的数量
hold on
%随机产生投资方案,计算并画图其可行域
%rand('state',0);
weights = rand(1000,gpsl)   %产生1000行,54列随机数
total = sum(weights,2)   %按列求和
for gpi = 1:gpsl   %比例标准化,变成了权重矩阵
    weights(:,gpi) = weights(:,gpi)./total;
end
[portrisk,portreturn] = portstats(expv,aita,weights)
%%1-期望收益,2-协方差矩阵,3-多组权重-投资方案
%绘图
plot(portrisk,portreturn,'.r')
title('均值-方差有效前沿以及各个资产组合的风险与收益')
xlabel('风险(标准差)')
ylabel('期望收益率')
hold on
```

（五）运行结果

可行域的计算结果（见图8-7）：

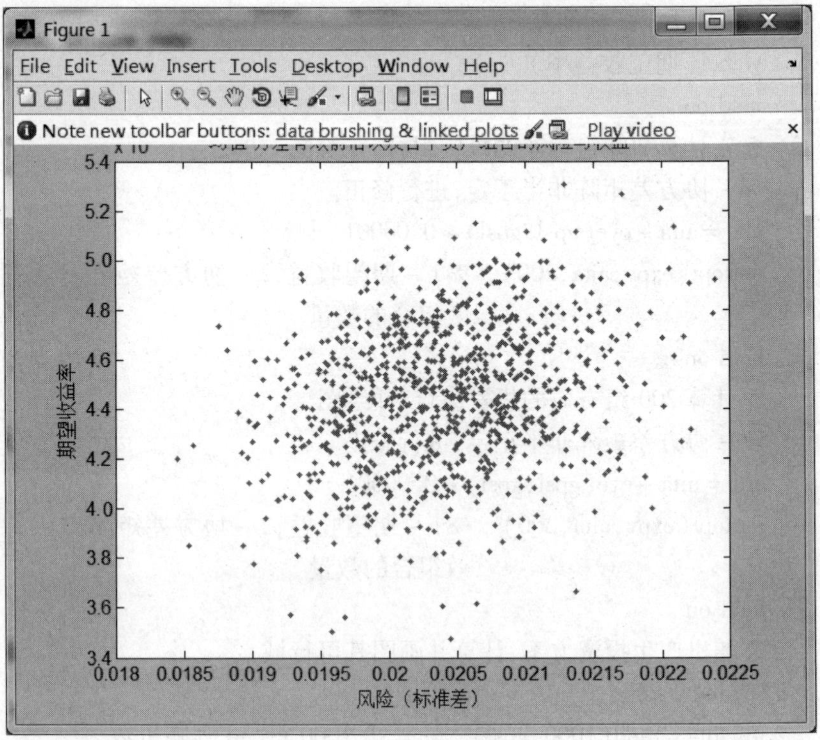

图 8－7　行业板块股票可行集

1. 有效前沿的计算设计

有效前沿的计算编程如下：

```
clc
clear
returns = [0. 1 0. 15 0. 12]
stds = [0. 2 0. 25 0. 18]
correlations = [1 0. 8 0. 4;0. 8 1 0. 3;0. 4 0. 3 1]
covariances = corr2cov(stds,correlations)
portopt(returns,covariances,20)
hold on
rand('state',0)
weights = rand(1000,3)
total = sum(weights,2)
weights(:,1) = weights(:,1)./total
weights(:,2) = weights(:,2)./total
weights(:,3) = weights(:,3)./total
[portrisk,portreturn] = portstats(returns,covariances,weights)
plot(portrisk,portreturn,'. r')
```

```
title('均值－方差有效前沿以及各个资产组合的风险与收益')
xlabel('风险(标准差)')
ylabel('期望收益率')
% portopt(returns,covariances,20)
% hold off
```

2. 有效前沿的运行结果

有效前沿的运行结果如图 8－8 所示。

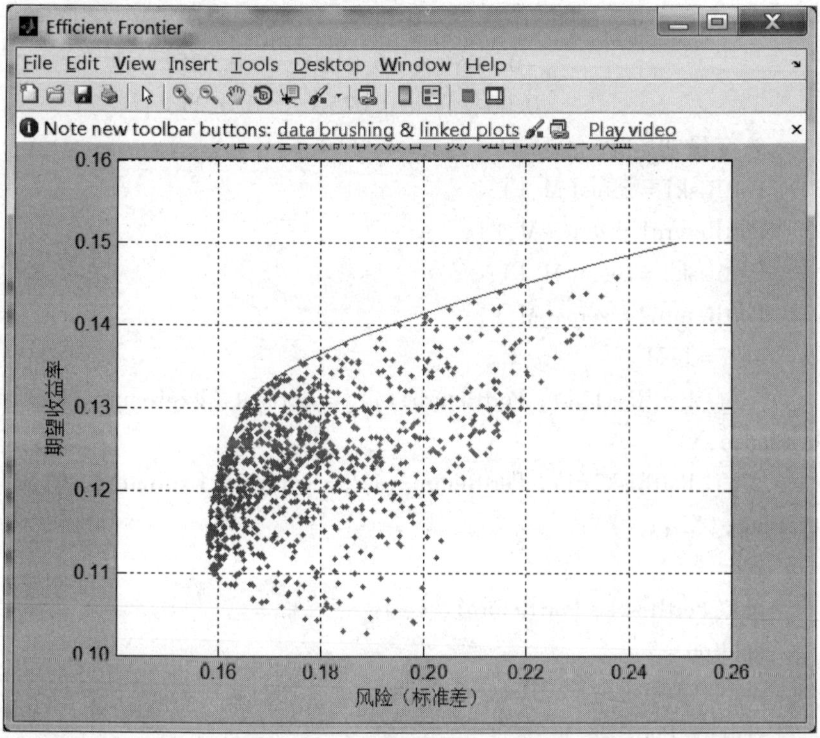

图 8－8　投资组合有效前沿

3. 可行集的模拟设计

通过随机产生两组投资组合权重序列，分别计算每一个组合的相应组合收益与组合风险，然后在风险与收益坐标体系中画出其集合。投资组合的可行集二组模拟实验程序如下：

```
clc
clear
rand('state',0)
figure
% RandSumOneTest
M=100;
```

```
N = 3;
method = 1;
X1 = RandSumOne(M,N,method);
method = 2;
X2 = RandSumOne(M,N,method);
%预期收益率向量
ExpReturn = [0.1 0.2 0.15];
%协方差矩阵
ExpCovariance = [0.0100    -0.0061     0.0042
                 -0.0061     0.0400    -0.0252
                 0.0042    -0.0252     0.0225 ];
%变量初始化
PortRisk1 = zeros(M,1);
PortReturn1 = zeros(M,1);
PortRisk2 = zeros(M,1);
PortReturn2 = zeros(M,1);
for i = 1:M
    [PortRisk1(i), PortReturn1(i)] = portstats(ExpReturn, ExpCovariance,X1(i,:));
    [PortRisk2(i), PortReturn2(i)] = portstats(ExpReturn, ExpCovariance,X2(i,:));
end
plot(PortRisk1, PortReturn1,'r.')
hold on
plot(PortRisk2, PortReturn2,'bo')
xlabel('PortRisk')
ylabel('PortReturn')
legend('X1','X2')
```

4. 可行集的运行结果

可行集的运行结果如图 8-9 所示。

其中，portstats 函数为计算投资组合的风险与收益的常用函数。

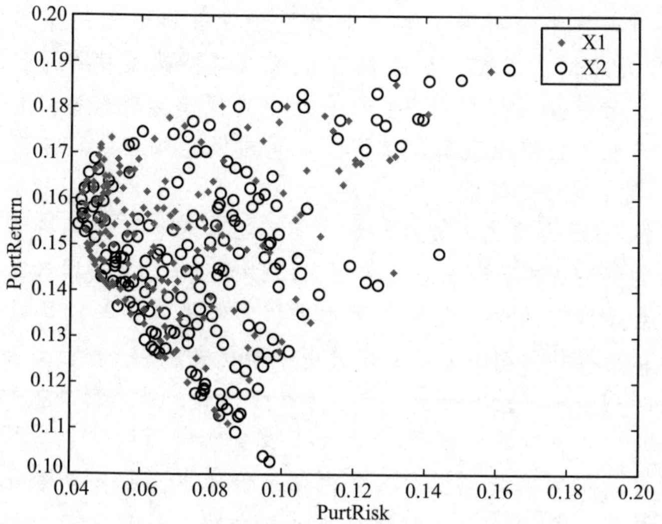

图8-9 二次模拟投资组合可行集与有效前沿比照

知识拓展

金融支持制造业打出组合拳

制造业是立国之本、强国之基，是实体经济的重要组成部分，先进制造业更是推动绿色低碳经济高质量发展的重中之重。金融加大力度支持制造业高质量发展，就是助力巩固经济企稳基础，助力稳住宏观经济大盘。

2023年以来，中国人民银行继续发挥结构性货币政策的精准导向作用，指导支持商业银行通过加大制造业中长期贷款投放力度，以及使用设备更新改造专项再贷款、科技创新再贷款政策等，确保期长、量增、面广、价优的金融活水源源不断地浇灌制造业，尤其是支持高科技制造业和先进制造业高质量发展，发挥了积极的助推作用。

在各方共同努力下，我国制造业中长期贷款保持了较高增长水平。截至2023年3月末，我国制造业中长期贷款余额同比增长41.2%，比上月末和上年末分别高0.6个和4.5个百分点。其中，第一季度新增1.3万亿元，同比多增6237亿元；而且制造业中长期贷款增速比各项贷款高29.4个百分点，比全部产业中长期贷款增速也要高23.6个百分点；尤其是截至3月末，高技术制造业中长期贷款余额同比增长42.5%，比上年末高5.2个百分点。其中，第一季度新增2728亿元，同比多增1339亿元。

中长期贷款送“甘霖”。中国制造向高端、智能、绿色优化升级，离不开真金白银的持续投入。三一集团高级副总裁、财务总监刘华告诉记者，“长沙18号灯塔工厂项目在投入5亿元资金、突破55项关键技术、攻克1030项难题后，才实现圆满达产。这个过程一直伴随着国家推动金融服务制造业高质量发展所给予的实实在在支持”。据介绍，在中国人民银行各项精准支持政策扶持下，2020～2022年，三一集团获取的中长期贷款存量规模实现翻番，有力保障了包括长沙智联重卡项目、重庆三一重机及深圳三一科技产业园等10余个重点项目的建设。

包括2023年在内，连续几年《政府工作报告》均明确提出，要大幅增加制造业中长期贷款。中国人民银行联合国家发展改革委、原银保监会等部门，也一直在全力推进扩大制造业中长期贷款投放工作，包括持续加强制造业信贷政策指导和考核督促，推动金融机构优化信贷结构，完善授信评审、绩效考核等机制，结合制造业企业资金需求特点优化贷款期限管理。“比如，湖南加大对制造业信贷投入的主要措施是单列信贷规模、实施内部定价优惠、完善考核激励等。”中国人民银行长沙中心支行副行长楼航介绍，截至目前，湖南全省78.2%的银行机构对制造业贷款实行了专项计划或配置专项额度，66.8%的银行机构对制造业贷款给予20个至100个BP的FTP价格优惠，91.9%的银行机构对制造业贷款设定了考核办法和尽职免责制度。“截至2023年4月末，湖南省制造业中长期贷款余额同比增长44.1%”楼航说。

货币政策工具精准“滴灌”。近年来，为支持实体经济特别是制造业发展，中国人民银行还创设了科技创新再贷款、碳减排支持工具、煤炭清洁高效利用专项再贷款、设备更新改造专项再贷款等结构性货币政策工具，以优惠利率向金融机构提供资金支持，牵引带动金融机构向制造业企业发放优惠贷款，把“好钢用在刀刃上”。位于广东佛山的广东星联精密机械有限公司深耕包装PET模具细分领域30年，是一家专而美、小而精的国家级专精特新“小巨人”企业。其申请了近500项专利，其中5项为国际专利；另外，拥有授权专利近300项，其中发明专利13项，实用新型专利223项，曾4次获得中国专利奖优秀奖，解决了多项食品饮料包装行业痛点问题和“卡脖子”问题。2022年4月以来，中国人民银行落实国务院常务会议部署要求，设立了4000亿元科技创新再贷款，引导金融机构增加对高新技术企业、“专精特新”企业等的中长期信贷投放。截至2022年，带动21家全国性银行向6.3万家科创企业发放贷款1.3万亿元。“该政策出台一年以来，截至2023年3月，我行运用中国人民银行科技创新再贷款政策累计向300家企业发放了426笔科技创新贷款，贷款金额超31.25亿元。其中，有77.77%是投放给包括星联精密在内的制造业企业，助力佛山打造全国唯一的制造业转型升级综合改革试点。”中国银行佛山分行行长翁作林介绍，“对于符合科技创新再贷款政策支持范围的，中国人民银行对科技贷款本金的60%提供利率为1.75%的科技创新再贷款资金支持。这也大大降低了银行资金成本，为银行进一步让利企业提供了不少政策空间。”为了用好用足结构性货币政策工具，记者调研了解到，有的地方还十分注重创新货币政策工具运用方式，积极推动信贷资源向制造业倾斜。

除了用好用足货币政策工具，我国还在金融政策、产业政策和财政政策等方面加强协同配合，形成“几家抬”的工作合力。据介绍，中国人民银行依托国家发展改革委牵头建立的推进有效投资重要项目协调机制，梳理各地区各部门提供的重点领域项目清单，动态向银行推送，协调解决银行审贷过程中遇到的贷款要件不齐、审贷信息不足等问题，加快银企融资对接。例如，中国人民银行长沙中心支行联合湖南省工信厅已连续5年发布制造业产融合作重点企业名单，覆盖产业链骨干企业、专精特新“小巨人”企业、高新技术企业，引导银行机构精准对接企业融资需求。再如，在佛山企业如果得到了科技创新再贷款政策支持，还可向当地政府申请贷款贴息，进一步降低融资成本，提升市场竞争力；在东莞，中国人民银行东莞中心支行推动地方政府对制造业小微企业应收账款融资给予1%的贴息支持，引导全市金融机构为制造业输送更多“金融活水”。

创新服务助力“建圈强链”。随着我国制造业加快高质量发展步伐，多地也越来越重视发挥龙头骨干企业对于产业集群、产业链的核心带领作用，以点连线再带面，从而在更大范围带动制造业全面转型升级。在这个“建圈强链”的过程中，各地金融机构不断创新产品、升级服务，积极破解痛点难点，助力制造业建强产业链供应链乃至生态圈。据了解，截至目前，建设银行湖南省分行累计为三一集团上游3500多家供应商提供了超过200亿元的供应链融资服务，近期还将推出基于下游经销商和终端客户的“E销通”服务。制造业高质量发展往往具有集群式发展特征，许多地方金融机构紧紧围绕服务当地优势产业集群开展产品创新，破解集群企业融资发展的痛点难点。株洲是湖南的老牌工业重镇，拥有“中国电力机车之都”“中小型航空发动机特色产业基地”“硬质合金研制基地”等一批标志性名牌。“对于硬质合金企业这类轻资产企业来说，缺少不动产，融资时还是存在抵押难等问题。”国家级专精特新“小巨人”企业、株洲精工硬质合金有限公司相关负责人告诉记者，“由农业银行株洲分行量身打造的‘硬质合金贷’等特色产品可采用设备抵押、知识产权质押，有效解决了抵押不足的问题，为我们转型升级提供了强有力支持”。据介绍，截至目前，农业银行株洲分行围绕制造业细分领域特点，创新推出“硬质合金贷”“湘瓷贷2.0”等，有效提升服务准度和质效，已为株洲90家硬质合金企业、150家陶瓷企业提供融资服务。

（资料来源：经济日报，2023年6月26日，经整理而成）

本章小结

1. 进入金融微观领域，随机变量、期望、方差、标准差、协方差等基本的微观概念是入门的基础。只有把这些数理知识与金融领域的相关概念融为一体，才能展开微观金融的畅游。

2. 运筹学中的优化理论与方法，是投资组合理论出现的基础，优化中的可行集、有效前沿、有效解等概念相应地都被移植到了投资组合模型这个二次规划中来。有了优化理论的基础，投资组合理论其实就是一个应用而已。带摩擦的投资组合理论以及其他很多的投资组合理论的拓展都有优化理论相关方面的痕迹。了解了这一点，也许有助于扩展对投资组合理论甚至金融微观理论的视野。

3. 系统风险与非系统风险的概念本来是按照风险因素对整个金融市场或个股影响程度来识别的，是一个比较定性的描述性概念。而本章给出的相应概念是从微观角度提出的，更重要的是对系统性风险与非系统性风险给出了度量思路。并且其度量的思路与手段和效果完全能够与通常意义的概念相吻合，这是一个很重要的发现，其意义不言而喻。

4. 本章在基础知识方面的介绍涉及更深广的领域，有助于整体了解投资组合理论的全貌。在计算设计方面，又归结为基本的计算领域。这种编写思路，其目的是期望能在 MATLAB 的实现能力方面打下良好的基础，而在动手操作方面从最简单开始，保证学习兴趣的同时，又留下更大的想象空间。

复习思考题

1. 选择一组股票进行系统风险与非系统风险的计算，以非系统风险与系统风险比值作为目标进行优化。优化的手段有哪些？目标值有什么变化规律？

2. 选择一组股票，把有效前沿、可行集画在一个图中，图的坐标轴分别是组合预期收益率和组合的风险值，即标准差。设计过程中你发现了什么？

第九章

资本资产定价模型实验

【知识目标】

◇理解资本资产定价理论的金融学原理

◇理解资本资产定价理论的使用场景与环境限制

【素养目标】

◇了解资本资产定价理论的经济价值

◇掌握资本资产定价理论模型的使用与计算编程

【技能目标】

◇Beta 与 Alpha 计算

◇夏普比率计算

◇信息比率计算

◇跟踪误差计算

第一节　资本资产定价模型基础知识

一、资本资产定价模型的假设

资本资产定价模型是在现代组合理论的基础上，结合新古典经济学的一般均衡思想研究资本市场的均衡问题。资本资产定价模型是剥离复杂经济表象后形成的金融理论，因此，资本资产定价模型首先通过一系列的假设对资本市场进行了完美化的假定。资本资产定价模型在投资组合理论的 5 个假设前提下，进一步的基本假设如下：

（1）有投资者在同一单期投资期内计划自己的投资组合，即投资者在时点 0 决策并进行投资，在时点 1 得到收益。

（2）投资者为风险厌恶者，并总是根据均值—方差模型进行投资决策。

（3）市场为无摩擦市场（frictionless market），即不存在交易费用和税收，并且所有证券无限可分。

（4）市场是完全竞争的，不存在操纵（no manipulation），任何投资者的行为都不会影响资产的市场价格，即投资者都是价格接受者（price-taker）。

（5）市场无制度限制（institutional restriction），允许卖空，并且可以自由支配卖空所得。

（6）市场中存在一种无风险证券，所有投资者都可以按照市场无风险利率进行自由借贷。

（7）信息是完全的，所有投资者均能合理预期资本市场所有资产的方差、协方差和期望收益率。

（8）同质预期（homogeneity of expection），即所有投资者有着完全相同的信息结构，所有投资者在运用均值—方差模型进行投资决策后，得到相同的有效组合前沿。

这8个假设的含义：假设1意味着标准的资本资产定价模型与标准的投资组合理论一样，是一个单期静态模型，对假设1的放宽导致跨期资本资产定价模型的产生。假设2可以理解为所有的投资者都是"马柯维茨型投资者"。假设3中的市场无摩擦，是出于降低问题复杂程度简化分析的需要，这有助于我们将关注的焦点集中在感兴趣的问题上；而证券无限可分完全是出于方便数学处理（求微分）的需要。假设4是关于完全竞争市场的假定在证券市场或金融学上的自然延伸，对完全竞争市场的假定主要涉及三个方面：投资者理性、信息完全、充分竞争（即所有个体都是价格接受者）。而假设4强调的正是第三个方面，因为前两个方面已经暗含在其他假定中。假设5允许卖空，如果存在卖空限制，这意味着所有证券的投资权重非负，会影响到有效前沿的完整性，所以卖空是不可缺少的技术手段。没有卖空机制，意味着那些必须利用卖空机制才能解释其投资含义的投资组合将会缺失。假设6存在无风险证券，这里我们首先介绍存在无风险证券的资本资产定价模型，后面我们还要介绍不存在无风险证券的资本资产定价模型。假设7涉及信息在市场上的扩散机制，信息完全意味着任何新信息总是同时为所有的投资者所知，这个假设说明投资者具有相同的信息集。假设8涉及投资者的信息解读能力和解读方式，说明投资者对相同信息解读的结果相同。假设7和假设8在现实中是很不真实的，因此对这两者作出任何不同于上述表述的假定都将影响到相关理论（此处是资本资产定价模型）的结论。

以上假设看上去很复杂，而且与现实市场严重脱节。然而，实际上当我们对现实市场有深入的了解之后就会发现，以上假设是对现实市场的具有较高近似程度的简化处理。满足以上假设条件的资本市场被称为完美市场。虽然现实市场不同于完美市场，但有资料表明，现实市场正在向一些简单的、金融理论所假设的条件靠拢。

二、市场组合

市场组合 x^M 是这样的投资组合，它包含市场上存在的所有风险资产种类，各种风险资产所占的比例等于每种风险资产的总市值占市场所有风险资产总市值的比例。若记 $P=[P_1,\ \cdots,\ P_N]$ 为所有风险资产的价格向量，$Q=[Q_1,\ \cdots,\ Q_N]$ 为所有风险资产的发行总量或总股数，则所有风险资产的总市值为 PQ^T，风险资产 $i(i=1,\ 2,\ \cdots,\ N)$ 在市场组合中的相对市值权重为 $P_iQ_i/(PQ^T)$，因此市场组合表示为：

$$x^M=\begin{bmatrix} P_1Q_1/(PQ^T) \\ \vdots \\ P_NQ_N/(PQ^T) \end{bmatrix}$$

市场组合是一个均值—方差有效组合。根据前述假设 7、假设 8，我们可以仅考虑一个代表性投资者的资产需求，而将市场看成是所有投资者的加总。根据前述有关均值—方差偏好下的最优资产组合理论及分离定理，在存在无风险资产的情况下，所有投资者的最优风险资产组合为切点组合 x^M。在切点组合 x^M，投资者对风险资产的选择完全独立于个人的风险偏好。因此，存在无风险资产的情况下，每一投资者对风险资产的需求都是切点组合的形式，但每一投资者的需求量并非一致。结果是，所有投资者对风险资产的总需求仍为切点组合（因为不同量的相同组合相加仍得到同一组合）；另外，市场上的资产供给为市场上各种风险资产的总和，这是既定的（外生的）。在市场均衡的情况下，市场出清的条件为：（1）风险资产的总供给与总需求相等。（2）无风险资产上的借贷净额为零（即无风险资产的净投资为零）。

存在无风险资产的分离定理告诉我们投资者只要将资金在无风险资产和切点组合之间进行适当配置，就可以实现最优投资组合。这样投资者在确定最优投资组合时，可以分两个步骤进行：（1）确定切点组合，此时不用考虑投资者的无差异曲线。（2）根据投资者的无差异曲线确定无风险资产和切点组合的投资比例。在均值—方差偏好下，当市场达到供求均衡时，切点组合就是市场组合。即当资本市场达到供求均衡时，切点组合实际上就是市场组合，给定市场组合就是切点组合，它是均值—方差有效的。由于市场组合的内部构造是已知的，所以投资者可以方便地投资于有效的风险资产组合。这样，在市场均衡时：（1）所有个体的初始财富总和等于所有风险资产的市场总价值。(2) 风险资产有效组合边界上的切点所代表的资产组合就是风险资产的市场组合。在CAPM的假设下，每一个投资者都面临一种状况，有相同的预期，以相同的利率借入与贷出，将所有投资者的资产组合加总起来，投资无风险资产的净额为零，并且加总的风险资产价值等于整个经济中全部财富的价值，这就是有风险资产的市场组合。每种证券在这个切点组合中都有非零的比例，且与其市值比例相等，这一特性是分离定理的结果。之所以说切点组合 x^M 所代表的资产组合就是风险资产的市场组合，是因为任何市场上存在的资产必须被包含在切点组合 x^M 所代表的资产组合里，否则，理性的投资者都会选择 x^M 点作为自己的投资组合，不被 x^M 所包含的资产（可能由于收益率过低）就会变得无人问津，其价格就会下跌，从而收益率会上升，直到进入到 x^M 所代表的资产组合。

三、资本市场线

根据前面的分析，当资本市场达到均衡时，切点组合就是市场组合。并且有了资本资产定价模型的假设，我们就可以很容易地找出风险资产加无风险资产的有效集。如图9-1所示，纵坐标是期望收益率，横坐标是标准差，我们以 x^M 代表切点组合，用 r_f 代表无风险利率，$E(\tilde{r}_M)$ 和 σ_M 分别表示切点组合 x^M 的预期收益率和标准差。有效组合落在从 r_f 出发穿过切点 x^M 的射线上，这条直线代表一个有效集——允许无风险借贷情况下的线性有效集。我们把从点 $(0, r_f)$ 出发，与均值—方差前沿边界相切于市场组合 x^M 的这条射线称为资本市场线（capital market line，CML）。由图9-1可知，资本市场线的斜率为 $[E(\tilde{r}_M)-r_f]/\sigma_M$，截距为 $(0, r_f)$，故资本市场线的数学表达式为：

$$E(\tilde{r}_P) = r_f + \frac{E(\tilde{r}_M) - r_f}{\sigma_M}\sigma_P$$

资本市场线上的每个点都是市场组合和无风险资产组合而成的有效组合。资本市场线表示资本市场达到均衡时，有效组合的期望收益率与标准差之间的线性关系，当风险增加时，相应资产组合的期望收益率也会增加。所有非有效组合都将位于资本市场线的下方。由于假设所有投资者都遵循马柯维茨的均值—方差模型，所以不存在持有非有效组合的投资者，所有投资者的组合都落在资本市场线上。由此可见，资本市场线及其表达式具有很大的局限性，对非有效组合无能为力。

资本资产定价模型用资本市场线回答了“投资者应该要求多大的回报率”的问题。虽然资本市场线表示的是风险和收益之间的关系，但是这种关系也决定了证券的价格。因为资本市场线是证券有效组合条件下的风险与收益的均衡，如果脱离了这一均衡，则会在资本市场线之外，形成另一种风险与收益的对应关系。这时，要么风险的报酬偏高，这类证券就会成为市场上的抢手货，造成该证券的价格上涨，投资于该证券的报酬最终会降低下来。要么会造成风险的报酬偏低，这类证券在市场上就会成为市场上投资者大量抛售的目标，造成该证券的价格下跌，投资于该证券的报酬最终会提高。经过一段时间后，所有证券的风险和收益最终会落到资本市场线上来，达到均衡状态。

资本市场线的经济含义。（1）在市场均衡条件下，位于均值—方差有效前沿边界上的资产组合的期望收益和风险之间呈线性关系，风险越大，收益越大，并且这时有效组合的总风险就等于系统风险。（2）资本市场线公式对有效组合的期望收益率和风险之间的关系提供了十分完整的阐述。有效组合的期望收益率由两部分构成：一部分是无风险利率，它是由时间创造的，是对放弃即期消费的补偿；另一部分则是 $[E(\tilde{r}_M)-r_f]\sigma_P/\sigma_M$，是对承担风险的补偿，与承担的风险的大小成正比。（3）有效组合的风险补偿与其风险呈正比例变化，其比例因子是 $[E(\tilde{r}_M)-r_f]/\sigma_M$，它是资本市场线的斜率，也称为酬报波动比，即夏普比率（Sharpe ratio），代表了对单位风险的补偿，即风险的价格。

四、资本市场线揭示的分离定理

如果一个投资者决定要构造风险资产加无风险资产的组合，他只需要一个最优的风险资产组合。他有三种选择：（1）将所有的初始资金投资于最优风险资产组合；（2）一部分资金投资最优风险资产组合，一部分贷出；（3）在货币市场上借款，再加上自己的初始资金，全部投资最优风险资产组合。无论怎样选择，都有一个新组合产生（包含无风险资产和风险资产），这个组合的标准差和期望收益之间一定存在着线性关系，这个线性关系是资本资产定价模型的主题。正因为有效集是线性的，有下面的分离定理成立，投资者对风险和收益的偏好状况与该投资者最优风险资产组合的构成是无关的。

投资者在确定最优投资组合时，将首先根据马柯维茨的组合选择方法，分析证券并确定切点的组合。因为投资者对于证券回报率的均值、方差及协方差具有相同的期望值，线性有效集对于所有的投资者来说都是相同的，因为它只包括了意见一致的切点组合与无风险借入或贷出所构成的组合。由于每个投资者风险—收益偏好不同，其无差异曲线不同，因此他们的最优投资组合也不同，但最优风险资产组合的构成却相同（即切点组合）。也就是说，无论投资者对风险的厌恶程度和对收益的偏好程度如何，其所选择的风险资产的构成都一样。具体讲，每一个投资者将他的资金投资于风险资产组合和无风险借入和贷出上，而每一个投资者选择的风险资产组合都是同一个切点组合，加上无风险借入和贷出只是为了满足投资者个人对风险和收益率的不同偏好而已。

如图 9－1 所示，Ⅰ代表风险厌恶程度较重的投资者的无差异曲线，该投资者的最优投资组合位于 A 点，表明他将部分资金投资于无风险资产，将另一部分资金投资于最优风险资产组合。Ⅱ代表厌恶风险程度较轻的投资者的无差异曲线，该投资者的最优投资组合位于 B 点，表明他将借入资金投资于最优风险资产组合上。虽然 A 和 B 位置不同，但它们都是由无风险资产和相同的风险资产组合 x^M 组成，因此他们的风险资产组合中各种风险资产的构成比例是相同的。

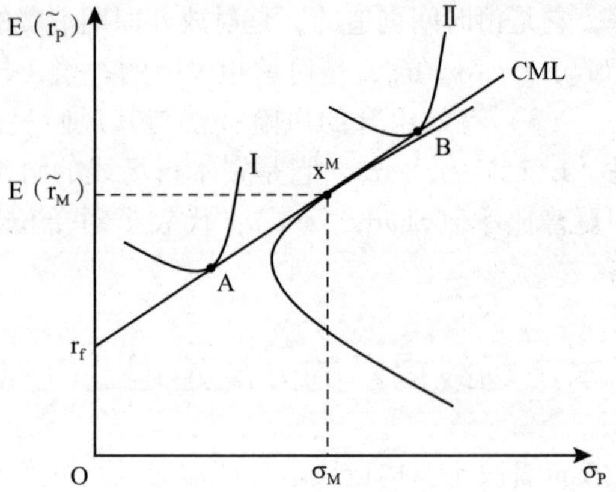

图 9－1　分离定理

分离定理的核心在于揭示以下事实：

（1）在均衡条件下，每一位投资者只要向风险资产投资则必定持有切点组合。

（2）如果切点组合的构造已知，或者有一个切点组合基金，则均衡条件下的投资组合工作大为简化，投资者只需将资金适当分配于无风险资产和切点组合即可实现最佳投资。

（3）一个投资者的最优风险资产组合是与投资者对风险和收益的偏好状况无关的。

分离定理的意义：对于从事投资服务的金融机构来说，不管投资者的收益—风险偏好如何，只需找到切点所代表的风险资产组合，再加上无风险证券，就可以为所有投资者提供最佳的投资方案，投资者的收益—风险偏好，就只需反映在组合中无风险证券所占的比重上。

五、证券市场线

证券市场线（security market line，SML），是资本资产定价模型（CAPM）的图示形式。它主要用来说明市场上所有风险性资产或投资组合报酬率与系统风险程度 β 系数之间的关系。其数学表达式为：

$$E(\tilde{r}_P) = r_f + \beta_{MP}[E(\tilde{r}_M) - r_f],\ \beta_{MP} = \frac{cov(\tilde{r}_M,\ \tilde{r}_P)}{\sigma^2(\tilde{r}_M)}$$

通常简写为：

$$\bar{r}_i = r_f + \beta_i(\bar{r}_M - r_f),\ \beta_i = \frac{\sigma_{iM}}{\sigma_M^2}$$

在 $\beta_i O\bar{r}_i$ 平面上过（0，r_f）和市场组合 x^M 做一条直线，这条直线就被称为证券市场线，如图 9－2 所示。

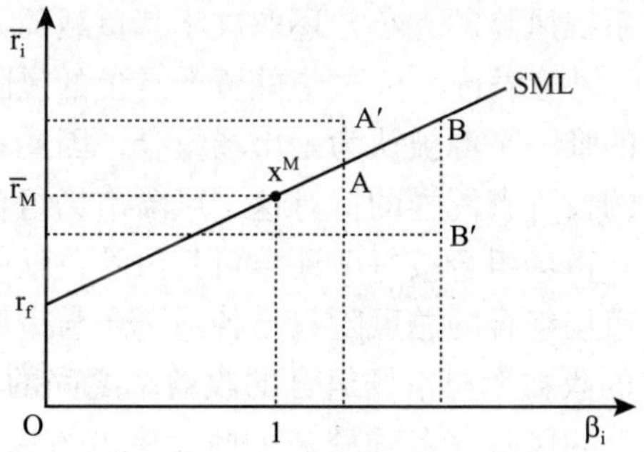

图 9－2 证券市场线

证券市场线描述了单个证券或任意一个投资组合（不论它是否已经有效分散风险）的期望报酬率与其系统风险之间的线性关系，充分体现了高风险高收益的原则。如果某投资组合在 $\beta_i O\bar{r}_i$ 平面上不在证券市场线上，则意味着该投资组合或证券的价格偏离了均衡价格。图 9－2 中的 A′点和 B′点就反映了两个尚没有达到平衡状态的投资组合或证券。其中，A′点反映了定价偏低的情形，即其当前的市场价格低于均衡价格，从而使该投资组合或证券的期望收益比与其风险相匹配的期望收益要高，由于该投资组合或证券的价格偏低，将造成投资者的超额需求，从而推动其价格上升直至均衡价格，表现为期望收益回落至证券市场线上；而 B′点则反映了定价偏高的情形，即其当前的市场价格高于均衡价格，从而使该投资组合或证券的期望收益比与其风险相匹配的期望收益要低，由于该投资组合或证券的价格偏高，将造成市场的超额供给，从而压迫其价格回落至均衡价格，表现为期望收益上升至证券市场线上。CAPM 说明了一种资产的预期回报率决定于：

（1）货币的纯粹时间价值：无风险利率 r_f；

（2）承受系统性风险的回报：市场风险溢价（$\bar{r}_M - r_f$）；

（3）系统性风险大小：β 系数。

$\beta_i(\bar{r}_M - r_f)$ 称为证券或投资组合系统风险的风险溢价。参数 β_i 是证券或投资组合与市场组合收益的协方差占市场组合方差的比重，度量的是证券或投资组合的收益率对市场组合收益率变动的敏感程度，反映了证券或投资组合面临的系统风险。β 值越大，投资者承担的系统风险越大，要求的收益率越高；反之，β 值越小，投资者承担的系统风险越小，要求的收益率越低。既然分散化投资可以消除非系统风险，投资者就不会因为承担非系统风险而获得额外报酬。所以，只有系统风险才有溢价，非系统风险没有溢价。在均值—方差框架下，我们用方差来度量资产的总风险，即系统风险和非系统风险之和。这里 β 值只度量其系统风险的大小，且资产的风险溢价不仅依赖于他所负载的系统风险的大小，还取决于其负载的方向即符号，正 β 值的资产有正的风险溢价，负 β 值的资产有负的风险溢价。

系统性风险的唯一来源被认为是市场组合，因此系统风险也称作市场风险。所有的投资者同样的持有这个风险市场组合，因为它是均值—方差有效的。市场组合按每个证券对其风险贡献的大小按比例分配给单个证券。市场组合的总风险只与各项资产与市场组合的风险相关性（各项资产的收益率与市场组合的收益率之间的协方差）有关，而与各项资产本身的风险（各项资产的收益率的方差）无关。这样，在投资者的心目中，如果 σ_{iM} 越大，则第 i 项资产对市场组合的风险的影响就越大，在市场均衡时，该项资产应该得到的风险补偿也就应该越大。

无论单个证券还是证券组合，其风险都可以用 β 系数测定，假定一个任意的投资组合 x^P 由 n 个证券构成，各证券在组合中的投资比例为 w_i，则有等式：

$$\beta_P = \sum_{i=1}^{n} w_i \beta_i$$

即一个证券组合的 β 系数是它的各成分证券 β 系数的加权平均，权数为各成分证券的投资比例。市场组合的贝塔系数 $\beta_M = 1$，无风险资产的贝塔系数 $\beta = 0$。β 系数是一种评估单项资产或资产组合系统性风险的工具，它告诉我们相对于市场组合而言特定资产的系统风险是多少。它可以用来测定风险的可收益性、作为投资组合选择的一个重要输入参数、反映证券组合的特性，还可以根据市场走势选择不同 β 系数的证券获得额外收益。

证券市场线的经济含义：证券市场线方程对任意证券或组合的期

望收益率和风险之间的关系提供了十分完整的阐述。任意证券或组合的期望收益率由两部分构成：一部分是无风险利率，它是由时间创造的，是对放弃即期消费的补偿；另一部分则是对承担风险的补偿，通常称为“风险溢价”，它与承担的风险的大小成正比。其中的（$\bar{r}_M - r_f$）代表了对单位风险的补偿，通常称之为风险的价格。

六、资本市场线与证券市场线的异同

资本市场线与证券市场线的区别主要有：

（1）资本市场线中的纵轴是“风险组合的期望报酬率”，而证券市场线中的纵轴是“平均股票的要求收益率”，两者含义不同；资本市场线中的横轴是标准差，而证券市场线中的横轴是贝塔系数。

（2）资本市场线表示的是“期望报酬率”，即投资“后”期望获得的报酬率；而证券市场线表示的是“要求收益率”，即投资“前”要求得到的最低收益率。

（3）资本市场线的横轴是标准差（既包括系统风险又包括非系统风险）；而证券市场线的横轴是贝塔系数（只包括系统风险）。

（4）资本市场线揭示的是“持有不同比例的无风险资产和市场组合情况下”风险和报酬的权衡关系；而证券市场线揭示的是“证券本身”风险和报酬之间的对应关系。

（5）资本市场线的作用在于确定投资组合的比例；证券市场线的作用在于根据“必要报酬率”，利用股票估价模型，计算股票的内在价值。

（6）资本市场线和证券市场线的斜率都表示风险价格，但含义不同，前者表示整体风险的风险价格，以标准差来度量；后者表示系统风险的风险价格，以贝塔系数来度量。计算公式也不同：资本市场线斜率 =（风险组合的期望报酬率 - 无风险报酬率）/风险组合的标准差；证券市场线斜率 = 市场组合要求的收益率 - 无风险收益率。

（7）包含的证券组合不同。资本市场线仅描绘了有效投资组合的预期收益率；证券市场线不仅包含了有效投资组合，而且还包含了所有证券和其他非有效投资组合的预期收益率。

上面着重阐述了资本市场线与证券市场线的区别，两者也有相同点，如均包含有效投资组合，在两者的坐标系中，都是用均值—方差方法来衡量投资组合的预期收益和投资风险。

七、不存在无风险资产的CAPM

前面我们讨论的都是在假设 6 存在无风险证券的条件下，推导了资本资产定价模型。但是资本资产模型还有许多扩展形式，即在逐一放宽前面八条假定的条件下的资本资产定价模型。其中，最为重要和常见的便是，在对假设 6 放宽，即不存在无风险证券的条件下，推导出的资本资产定价模型，又叫零 β 值资本资产定价模型。不存在无风险证券的条件下，投资者只会在均值—方差有效前沿边界（不包括最小方差组合）中选择自己的最优组合。

假定已知市场组合 x^M，由于市场组合是一个均值—方差有效组合，必有 $E(\tilde{r}_M) > A/C$，从而该市场组合一定具有一个零协方差组合 x_{zcm}^M，满足 $E(\tilde{r}_{zcm}) < A/C$ 且 $\beta_{M,zcm} = 0$，我们有对任意的投资组合 x^P，有 $E(\tilde{r}_P) = E(\tilde{r}_{zcm}) + \beta_{MP}[E(\tilde{r}_M) - E(\tilde{r}_{zcm})]$ 其中，$E(\tilde{r}_{zcm})$ 是均值—方差前沿组合 x_{zcm}^M（即为市场组合 x^M 的零协方差组合）的期望收益率，而 $\beta_{MP} = \dfrac{cov(\tilde{r}_M,\ \tilde{r}_P)}{\sigma^2(\tilde{r}_M)}$。

不存在无风险资产时 CAPM 中的定价关系，又被称为零 β 值资本资产定价模型。与存在无风险资产的资本资产定价公式相比，式中以投资组合 x_{zcm}^M 代替了无风险资产的作用，即以 $E(\tilde{r}_{zcm})$ 取代了 r_f 的位置。存在无风险资产的情形只是这里更一般情形的特例，两者的比较如图 9－3 所示。

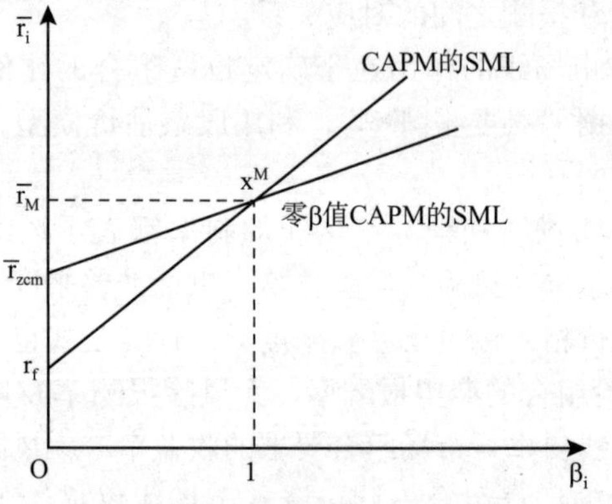

图 9－3　两种证券市场线比较

八、证券特征线

证券特征线用于描述一种证券的实际收益率。具体来说，证券特征线是证券 i 的实际收益率 r_i 与市场组合实际收益率 r_M 间的关系，可用回归方程来表示：

$$r_i = a_i + b_i r_M + \varepsilon_i$$

其中，a_i 是回归系数，而 a_i 和 b_i 分别是证券 i 的 a 系数和 b 系数；r_i 为纵坐标、r_M 为横坐标。回归方程的参数通过下式估计：

$$b_i = P_{iM} \times \frac{\delta_i}{\delta_M} = \frac{cov(r_i, r_M)}{\delta_M^2} = \beta_i$$

$a_i = E(r_i) - \beta_i E(r_M)$。其斜率与 β 系数一致。证券的收益率 r_i 与市场证券组合的收益率 r_M 的关系通过回归方程 $r_i = a_i + b_i r_M + \varepsilon_i$ 来描述，这个回归方程被称为证券的特征方程。而市场收益率所决定的那部分收益率由回归直线 $r_i = a_i + b_i r_M$ 确定，这条回归直线被称为证券的特征线。

第二节　资本资产定价模型主要参数计算设计

一、β与α计算

（一）实验内容与步骤

（1）利用通达信股票交易软件进行数据导出。选择沪深 300 指数与华夏成长、国泰事件、博时创业、申万量化、工银量化策略混合等5 只基金作为分析标的，采用2012 年7 月到2017 年6 月这个时间段的收盘价作为证券的价格信息。存入文件名 data20127to20176. xls。

（2）采用数据引入保存数据 data9. mat，该数据表只保存价格信息，去掉了日期和名称等信息，作为以下计算的基本数据。

（3）使用时调用方式：load data9. mat。

（二）实验编程与结果

1. beta 计算设计

```
clc
clear
load data92
%数据列顺序为沪深300、华夏成长、国泰事件、博时创业、申万量化、工银量化策略混合
%将价格序列转化为收益率序列
retu = price2ret(data92);
%华夏成长
%协方差矩阵计算
matrix_cov = cov(retu(:,1),retu(:,2));
```

```
%组合与市场的协方差/市场的方差
hxbeta = matrix_cov(1,2)/matrix_cov(1,1);
sprintf('华夏成长基金 Beta 系数 = %3.5f',hxbeta)

%国泰事件
%协方差矩阵计算
matrix_cov = cov(retu(:,1),retu(:,3));
%组合与市场的协方差/市场的方差
gtbeta = matrix_cov(1,2)/matrix_cov(1,1);
sprintf('国泰事件基金 Beta 系数 = %3.5f',gtbeta)

%博时创业
%协方差矩阵计算
matrix_cov = cov(retu(:,1),retu(:,4));
%组合与市场的协方差/市场的方差
bsbeta = matrix_cov(1,2)/matrix_cov(1,1);
sprintf('博时创业基金 Beta 系数 = %3.5f',bsbeta)

%申万量化
%协方差矩阵计算
matrix_cov = cov(retu(:,1),retu(:,5));
%组合与市场的协方差/市场的方差
swbeta = matrix_cov(1,2)/matrix_cov(1,1);
sprintf('申万量化基金 Beta 系数 = %3.5f',swbeta)

%工银量化策略混合
%协方差矩阵计算
matrix_cov = cov(retu(:,1),retu(:,6));
%组合与市场的协方差/市场的方差
gybeta = matrix_cov(1,2)/matrix_cov(1,1);
sprintf('工银量化策略混合基金 Beta 系数 = %3.5f',gybeta)
```

β代表了风险。α代表了超额收益，α是个相对概念，是投资收益相对于无风险收益β的差额。α=0，表明收益和无风险收益相同；α>0，表明有超额收益，α<0，表明收益比无风险收益低。追求最大α就是所谓的追求最大超额收益。指数型基金可以算是个非常接近无风险收益的投资，完全被动操作，α值小于0，但是非常接近0。当然不同的跟踪指数本身还与全市场有一定的差别。所谓的α投资就是通过选股、选行业来获取超额收益。目前基金里提出α概念的有上投α、嘉实量化α，等等。而β指的是相关度，即某个投资和全市场（或者选定的参照指标）的比例。β=1，表示某个投资与全

市场完全相关，沪深300指数基金的β就应该非常接近1。所谓的β投资，体现在仓位控制上，如果一只基金的股票上限是60%，那么它相对于全市场指数的β就会很低，因为其他40%的投资与现金或者债券和股市相关度很低。β投资不侧重选股，而侧重仓位控制，所以下跌行情下，跌幅就会小。如果敢于空仓股票，全仓债券，还可能获得正收益。如果通过α、β值选择基金，更关注的是长期的业绩和风险的平衡。α越大收益越好，相同α情况下β值越小，风险越低。

对α系数简单理解：当α>0，表示一只基金或股票的价格可能被低估，建议买入。亦即表示该基金或股票以投资技术获得平均比预期回报大的实际回报。当α<0，表示一只基金或股票的价格可能被高估，建议卖空。亦即表示该基金或股票以投资技术获得平均比预期回报小的实际回报。当α=0，表示一只基金或股票的价格准确反映其内在价值，未被高估也未被低估。亦即表示该基金或股票以投资技术获得平均与预期回报相等的实际回报。

2. α的计算设计

```
clc
clear
%载入数据
load data9
%data9的数据序列数据列顺序为'沪深300、华夏成长、国泰事件、博时创业、申万量化、工银量化策略混合
retu = price2ret(data9);
hs300 = retu(:,1);
hxcz = retu(:,2);
gtsj = retu(:,3);
bscy = retu(:,4);
swlh = retu(:,5);
gylh = retu(:,6);
%每年交易日数量,
%共采集1215个交易日数据,共分5年,2012年到2017年。
daynum = fix(length(retu)/5);
%无风险年化收益率为2%,将其转换成日收益率
cash = (1 +0.02)^(1/daynum) -1;
%日收益率序列,假设每日都一样,可以使用shibor每日利率,债券回购利率,等等。
cash = cash * ones(daynum,1);
%开始计算,采用' capm '模型,' daynum *'将alpha年化
```

```
alphahxcz2016 =
daynum * portalpha(hxcz(3 * daynum + 1:4 * daynum), hs300(3 * daynum + 1:4 * daynum), cash, 'capm')
alphahxcz2017 =
daynum * portalpha(hxcz(4 * daynum + 1:5 * daynum), hs300(4 * daynum + 1:5 * daynum), cash, 'capm')

alphagtsj2016 =
daynum * portalpha(gtsj(3 * daynum + 1:4 * daynum), hs300(3 * daynum + 1:4 * daynum), cash, 'capm')
alphagtsj2017 =
daynum * portalpha(gtsj(4 * daynum + 1:5 * daynum), hs300(4 * daynum + 1:5 * daynum), cash, 'capm')
alphabscy2016 =
daynum * portalpha(bscy(3 * daynum + 1:4 * daynum), hs300(3 * daynum + 1:4 * daynum), cash, 'capm')
alphabscy2017 =
daynum * portalpha(bscy(4 * daynum + 1:5 * daynum), hs300(4 * daynum + 1:5 * daynum), cash, 'capm')

alphaswlh2016 =
daynum * portalpha(swlh(3 * daynum + 1:4 * daynum), hs300(3 * daynum + 1:4 * daynum), cash, 'capm')
alphaswlh2017 =
daynum * portalpha(swlh(4 * daynum + 1:5 * daynum), hs300(4 * daynum + 1:5 * daynum), cash, 'capm')

alphagylh2016 =
daynum * portalpha(gylh(3 * daynum + 1:4 * daynum), hs300(3 * daynum + 1:4 * daynum), cash, 'capm')
alphagylh2017 =
daynum * portalpha(gylh(4 * daynum + 1:5 * daynum), hs300(4 * daynum + 1:5 * daynum), cash, 'capm')
```

运行结果如下：

```
alphahxcz2016 = -0.3475
alphahxcz2017 = 0.0108
alphagtsj2016 = -0.1618
alphagtsj2017 = 0.1773
alphabscy2016 = 0.0416
```

alphabscy2017 = -0.0517
alphaswlh2016 = -0.0045
alphaswlh2017 = 0.0702
alphagylh2016 = -0.1395
alphagylh2017 = 0.0603

二、夏普比率计算

夏普比率（Sharpe ratio），又被称为夏普指数——基金绩效评价标准化指标。现代投资理论的研究表明，夏普比率是一个可以同时对收益与风险加以考虑的综合指标，它能够排除风险因素对绩效评估的不利影响。也是可以同时对收益与风险加以综合考虑的三大经典指标之一。投资中有一个常规的特点，即投资标的预期报酬越高，投资人所能忍受的波动风险越高；反之，预期报酬越低，所能承受的波动风险也越低。因此，理性的投资人选择投资标的与投资组合的主要目的为：在一定或给定所能承受的固定风险下，追求最大的报酬；或在一定或给定的预期报酬下，追求最低的风险。理性的投资者将选择并持有有效的投资组合，即那些在给定的风险水平下使期望回报最大化的投资组合，或那些在给定期望回报率的水平上使风险最小化的投资组合。解释起来非常简单，即投资者在建立有风险的投资组合时，至少应该要求达到无风险投资的回报，或者更多。

夏普比率尽管在计算上非常简单，但在具体运用中仍需要对其适用性加以注意：

（1）用标准差对收益进行风险调整，其隐含的假设就是所考察的组合构成了投资者投资的全部。因此，只有在考虑在众多的基金中选择购买某一只基金时，夏普比率才能够作为一项重要的依据。

（2）使用标准差作为风险指标也被人们认为不是很合适的。

（3）夏普比率的有效性还依赖于可以以相同的无风险利率借贷的假设。

（4）夏普比率没有基准点，因此其大小本身没有意义，只有在与其他组合的比较中才有价值。

（5）夏普比率是线性的，但在有效前沿上，风险与收益之间的变换并不是线性的，因此，夏普指数在对标准差较大的基金的绩效衡量上存在偏误。

（6）夏普比率未考虑组合之间的相关性，因此纯粹依据夏普值的大小构建组合存在很大问题。

（7）夏普比率与其他很多指标一样，衡量的是基金的历史表现，因此并不能简单地依据基金的历史表现判断未来应进行操作。

（8）计算上，夏普指数同样存在一个稳定性问题：夏普指数的计算结果与时间跨度和收益计算的时间间隔的选取有关。

尽管夏普比率存在上述诸多限制和问题，但它仍以其计算上的简便性和不需要过多的假设条件而在实践中获得了广泛的运用。

（一）实验编程与结果

```
clc
clear
%载入数据
load data9
%data9 的数据序列数据列顺序为'沪深 300、华夏成长、国泰事件、博时创业、申万量化、工银量化策略混合
retu = price2ret(data9);
hs300 = retu(:,1);
hxcz = retu(:,2);
gtsj = retu(:,3);
bscy = retu(:,4);
swlh = retu(:,5);
gylh = retu(:,6);
%每年交易日数量,
%共采集 1215 个交易日数据,共分 5 年,2012 年到 2017 年。
daynum = fix(length(retu)/5);
%无风险年化收益率为 2%,将其转换成日收益率
cash = (1 +0.02)^(1/daynum) -1;
%日收益率序列,假设每日都一样,可以使用 shibor 每日利率,债券回购利率,等等。
cash = cash * ones(daynum,1);
%开始计算,采用 sharpe 比率公式。
sharpehxcz2016 = sharpe(hxcz(3 * daynum +1:4 * daynum),cash)
sharpehxcz2017 = sharpe(hxcz(4 * daynum +1:5 * daynum),cash)

sharpegtsj2016 = sharpe(gtsj(3 * daynum +1:4 * daynum),cash)
sharpegtsj2017 = sharpe(gtsj(4 * daynum +1:5 * daynum),cash)

sharpebscy2016 = sharpe(bscy(3 * daynum +1:4 * daynum),cash)
sharpebscy2017 = sharpe(bscy(4 * daynum +1:5 * daynum),cash)

sharpeswlh2016 = sharpe(swlh(3 * daynum +1:4 * daynum),cash)
sharpeswlh2017 = sharpe(swlh(4 * daynum +1:5 * daynum),cash)
```

```
sharpegylh2016 = sharpe(gylh(3 * daynum + 1:4 * daynum),cash)
sharpegylh2017 = sharpe(gylh(4 * daynum + 1:5 * daynum),cash)
```

（二）运行结果

```
sharpehxcz2016 =    -0.0785
sharpehxcz2017 =    0.0068
sharpegtsj2016 =    -0.0203
sharpegtsj2017 =    0.0873

sharpebscy2016 =    0.0034
sharpebscy2017 =    -0.0184

sharpeswlh2016 =    0.00017675
sharpeswlh2017 =    0.0411

sharpegylh2016 =    -0.0200
sharpegylh2017 =    0.0318
```

三、信息比率与跟踪误差计算

信息比率是以马柯维茨的均值方差模型为基础，可以衡量基金的均值方差特性，它表示单位主动风险所带来的超额收益。信息比率是从主动管理的角度描述风险调整后的收益，不同于后面将要介绍的夏普比率从绝对收益和总风险角度来描述。信息比率越大，说明基金经理单位跟踪误差所获得的超额收益越高，因此，信息比率较大的基金的表现要优于信息比率较低的基金。

投资者在选择基金时考虑的一个重要因素就是基金公司能否提供一个明确的业绩预期。因此，信息比率对考察基金经理的绩效具有非常重要的意义，因为其奖励的不是绝对业绩，而是持续稳定的业绩。合理的投资目标应该是在承担适度风险的情况下，尽量追求高信息比率，而不仅仅是单纯追求高信息比率。过低和过高的承担主动性风险都不是基金经理的一种理性选择。

跟踪误差主要用来对指数型投资组合进行绩效分析，跟踪误差越低表示投资组合跟踪指数的能力越强。跟踪误差一般以投资组合的收益率与标的证券的收益率的标准差来衡量。

（一）实验编程与结果

```
clc
clear
%载入数据
```

```
load data9
% data9 的数据序列数据列顺序为'沪深 300、华夏成长、国泰事件、博时创业、申万量化、工银量化策略混合
retu = price2ret(data9);
hs300 = retu(:,1);
hxcz = retu(:,2);
gtsj = retu(:,3);
bscy = retu(:,4);
swlh = retu(:,5);
gylh = retu(:,6);
% 每年交易日数量,
% 共采集 1215 个交易日数据,共分 5 年, 2012 年到 2017 年。
daynum = fix(length(retu)/5);
% 无风险年化收益率为 2%,将其转换成日收益率
cash = (1 + 0.02)^(1/daynum) - 1;
% 日收益率序列,假设每日都一样,可以使用 shibor 每日利率,债券回购利率,等等。
cash = cash * ones(daynum,1);
% 开始计算,采用' capm '模型,' daynum * '将 alpha 年化
[hxcz2016i,hxcz2016r] =
inforatio(hxcz(3 * daynum + 1:4 * daynum),hs300(3 * daynum + 1:4 * daynum))
[hxcz2017i,hxcz2017r] =
inforatio(hxcz(4 * daynum + 1:5 * daynum),hs300(4 * daynum + 1:5 * daynum))

[gtsj2016i,gtsj2016r] =
inforatio(gtsj(3 * daynum + 1:4 * daynum),hs300(3 * daynum + 1:4 * daynum))
[gtsj2017i,gtsj2017r] =
inforatio(gtsj(4 * daynum + 1:5 * daynum),hs300(4 * daynum + 1:5 * daynum))

[bscy2016i,bscy2016r] =
inforatio(bscy(3 * daynum + 1:4 * daynum),hs300(3 * daynum + 1:4 * daynum))
[bscy2017i,bscy2017r] =
inforatio(bscy(4 * daynum + 1:5 * daynum),hs300(4 * daynum + 1:5 * daynum))
```

```
[swlh2016i,swlh2016r] =
inforatio(swlh(3 * daynum + 1:4 * daynum),hs300(3 * daynum + 1:
4 * daynum))
[swlh2017i,swlh2017r] =
inforatio(swlh(4 * daynum + 1:5 * daynum),hs300(4 * daynum + 1:
5 * daynum))

[gylh2016i,gylh2016r] =
inforatio(gylh(3 * daynum + 1:4 * daynum),hs300(3 * daynum + 1:
4 * daynum))
[gylh2017i,gylh2017r] =
inforatio(gylh(4 * daynum + 1:5 * daynum),hs300(4 * daynum + 1:
5 * daynum))
```

（二）运行结果

```
hxcz2016i =    -0.0022   hxcz2016r =    0.0300
hxcz2017i =    -0.0604   hxcz2017r =    0.0091

gtsj2016i =    0.0204    gtsj2016r =    0.0381
gtsj2017i =    0.0153    gtsj2017r =    0.0108

bscy2016i =    0.0362    bscy2016r =    0.0408
bscy2017i =    -0.0641   bscy2017r =    0.0122

swlh2016i =    0.0376    swlh2016r =    0.0363
swlh2017i =    -0.0275   swlh2017r =    0.0100

gylh2016i =    0.0208    gylh2016r =    0.0374
gylh2017i =    -0.0345   gylh2017r =    0.0102
```

知识拓展

主题投资大年，反转交易策略占优

2023年上半年，国际金融市场波诡云谲，“黑天鹅”事件频出。在错综复杂的国际形势下，国内金融市场总体保持稳定。市场随着经济基本面和投资者情绪的变动，经历了先扬后抑的过程。年初，在疫情快速过峰、积压需求集中释放、稳增长政策靠前发力的背景下，乐观情绪持续发酵，市场在基本面和情绪面的双重提振下不断走高；但进入第二季度，积压需求释放结束甚至透支部分需求，需求不足导致经济开始边际走弱。同时，政策保持较强定力，投资者在看到高频数据走弱后所期待的政策刺激并未出台，市场情绪快速回落，与之相对应，市场在第二季度出现“二次探底”。总体而言，上半年市场因需求释放或经济复苏节奏的变化，经历了由“强复苏”到“弱复苏”的过程，市场也是先涨后跌。但正如我们在年初的判断，经济层面，2023年经济复苏的节奏或有变化，但复苏的方向较为确定；交易层面，2023年大概率仍是存量博弈，而在基金赚钱效应回归之前，机构重仓板块可能仍是减量博弈。正是基于这种判断，我们在年初提出，2023年可能是主题投资大年，在策略上反转交易占优。

宏观层面，在经济周期性力量、需求自然恢复和政策不断发力之下，下一阶段可以对经济更加乐观一些。从库存周期来看，当前正在接近周期底部。基于对经济复苏的乐观预期，第一季度企业加快生产节奏，但因需求弱于预期，企业库存持续走高，从第二季度开始，产销、量价齐跌，企业开始主动降价去库存。当前已经处于由主动去库存向被动去库存转换的阶段，库存周期有望在下半年见底。从需求释放来看，内生增长动力正在积累。第二季度需求走弱与需求释放节奏有关。随着年初积压需求的一次性释放和消费的补偿式爆发，造成对正常需求的提前透支。在经济生活正常化之后，疫情和透支效应的影响不断减小，内生动力也将趋于正常化并持续释放。从政策取向来看，政策面将持续加力。2023年稳增长政策靠前发力，对第一季度经济实现良好开局起到重要作用。第二季度数据显示，经济恢复势头仍不稳固，各部委完成基层调查研究之后，政策开始接续发力，而基于调查研究所形成的政策建议和方案，有望在未来陆续出台。

当前主要宽基指数的估值水平均处于合理偏低水平，个别指数处于历史估值底部。估值偏低主要受当前经济周期阶段、地缘政治因素、行业板块发展前景、资本市场微观流动性等多方面因素影响。具体来看，由于第二季度经济经历短周期下行和盈利预期下调导致静态估值走低；地缘政治因素也多有扰动，对资本市场风险偏好形成冲击，某种程度上造成估值承压；部分行业板块前期估值较高，在需求预期波动、竞争格局变化和高基数下盈利增速放缓的背景下，也会导致估值的持续走低；由于外资流入放缓、基金新发遇冷，2023年难以看到有效的增量资金入市，随着全面注册制后IPO节奏加快和融资额的提升，资本市场微观流动性面临一定压力，对市场整体估值水平也有一定影响。但同时也要看到，部分宽基指数（如创业板50等）的估值水平已经回落到5%的历史分位数以下。而从历史来看，当在宽基指数处于历史极端低估水平时买入，持有一年有望获得较好的收益。

中国特色估值体系是一个比较宏大的课题，需要资本市场各方参与者共同研究、深度参与并持续丰富其内涵。正如欧美资本市场中的ESG概念，肇始于20世纪60年代环保事件引发的社会运动，在消费者和投资者共同推动下，资产管理机构持续深度参与，新闻媒体和评级机构形成庞大的舆论环境和评级数据，上市公司积极作为，监管机构不断完善立法和信息披露制度，最终形成较为完善的ESG投资生态系统。中国特色估值体系也需要在上市公司、投资者、资产管理机构、监管机构和社会舆论方面形成合力，通过完善和提升上市公司治理水平、盈利能力、社会责任和信息披露质量，并提升投资者对其认知的全面性和深度。在上市公司有效回馈股东、奉献社会和实现自身发展的过程中，潜移默化形成具有中国特色的估值体系和投资者偏好，最终实现上市公司、投资者和社会多赢的局面。

党的二十大提出“加快构建新发展格局，着力推动高质量发展”，未来一段时间，国内经济和市场的改革发展都将围绕这一主题展开。

构建新发展格局、推动高质量发展，意味着经济发展模式不会也不能走老路，所以需要摒弃传统政策思维模式，而是围绕建设现代化产业体系，以实体经济为着眼点和发力点，推动一系列产业政策出台，促进全要素生产率提升和相关产业的发展完善。在新旧动能转换的过程中，经济不可避免地发生阶段性降速和波折，但我国经济具有强大韧性，政策储备也十分丰富，所以，经济稳步恢复是大趋势。

展望下半年，我们认为在内生动力不断积累、库存周期触底回升、政策持续发力的综合作用之下，微观主体活力有望提升、产业发展动力稳步回升、宏观政策效力不断释放，最终带动经济拾级而上和经济预期的持续好转。具体到资本市场上，我们认为2023年市场可能呈现“N”形走势。第一季度市场随着经济快速复苏而走高，第二季度因需求疲软而走弱，第三季度和下半年有望随着经济和预期的回升而再次向上。我们依然认为2023年是主题投资大年，以TMT为代表的科创成长主题和以高股息为主要特征的“中特估”主题是贯穿全年的两大主线。投资者可以根据自身的风险承担能力和偏好，有选择地围绕主线品种进行交易或配置。

市场风格上，相对看好小市值风格。在经济复苏节奏不稳固、政策偏宽松、科创新兴产业爆发期，边际增量资金持续向小市值迁移，小市值风格也将持续占优。配置一些小市值宽基指数，长期有望取得优于多数个股和基金的收益。交易策略上，看好赔率驱动的反转交易。在整体缺乏增量资金的市场中，难以支撑市场和多数板块的持续上涨，因此从赔率出发、高抛低吸、高低切换的反转交易就成为有效降低波动、获取确定性收益的方式。从这个层面讲，处于估值底部、前期持续调整的创业板50指数或许是一个好的选择。

（资料来源：金融时报，2023年7月7日，经整理而成）

本章小结

1. beta代表了风险。beta投资不侧重选股，而侧重仓位控制，所以下跌行情下，跌幅就会小。如果敢于空仓股票，全仓债券，还可能获得正收益。

2. 对 α 系数简单理解：当 α>0 时，表示一只基金或股票的价格可能被低估，建议买入，亦即表示该基金或股票以投资技术获得平均比预期回报大的实际回报。当 α<0 时，表示一只基金或股票的价格可能被高估，建议卖空，亦即表示该基金或股票以投资技术获得平均比预期回报小的实际回报。当 α=0 时，表示一只基金或股票的价格准确反映其内在价值，未被高估也未被低估，亦即表示该基金或股票以投资技术获得平均与预期回报相等的实际回报。

3. 夏普比率是可以同时对收益与风险加以综合考虑的三大经典指标之一。投资中有一个常规的特点，即投资标的的预期报酬越高，投资人所能忍受的波动风险越高；反之，预期报酬越低，投资人所能忍受的波动风险也越低。因此，理性的投资人选择投资标的与投资组合的主要目的为：在所能承受的给定风险下，追求最大的报酬；或在给定的预期报酬下，追求最低的风险。理性的投资者将选择并持有有效的投资组合，即那些在给定的风险水平下使期望回报最大化的投资组合，或那些在给定期望回报率的水平上使风险最小化的投资组合。

4. 信息比率是以马柯维茨的均值方差模型为基础，可以衡量基金的均值方差特性，它表示单位主动风险所带来的超额收益。信息比率是从主动管理的角度描述风险调整后收益，不同于夏普比率从绝对收益和总风险角度来描述。跟踪误差主要用来对指数型投资组合进行绩效分析，跟踪误差越低表示投资组合跟踪指数的能力越强。跟踪误差一般采用投资组合的收益率与标的证券的收益率的标准差来衡量。

复习思考题

1. 计算一组股票的 Beta 系数，试着画出一条证券生产线。
2. 选择几种股票，试着画出其证券特征线。

第十章

期权定价二叉树模型计算

【知识目标】

◇理解期权定价的理论

◇理解二叉树模型的基本原理与实现方法

【素养目标】

◇了解二叉树定价模型在期权定价中的经济价值

◇掌握二叉树模型的使用与计算编程

【技能目标】

◇了解各种期权定价模型的主要思路和假设条件

◇掌握B-S期权定价公式的计算方法

◇掌握期权定价二叉树模型的计算方法

◇掌握期权定价蒙特·卡罗模拟的计算方法

◇理解各种期权定价方法的优劣

第一节　期权定价的基础知识

一、期权的基本概念

期权又称为选择权，是一种衍生性金融工具。它是指买方向卖方支付期权费（指权利金）后拥有的在未来一段时间内（指美式期权）或未来某一特定日期（指欧式期权）以事先规定好的价格（指履约价格）向卖方购买或出售一定数量的特定商品的权利，但不负有必须买进或卖出的义务，即期权买方拥有选择是否行使买入或卖出的权利，而期权卖方都必须无条件服从买方的选择并履行成交时的允诺。

由于期权交易方式、方向、标的物等方面的不同，产生了众多的期权品种，对期权进行合理的分类，更有利于我们了解期权产品。

按期权的权利划分，有看涨期权和看跌期权两种类型。

看涨期权（call options）是指期权的买方向期权的卖方支付一定数额的权利金后，即拥有在期权合约的有效期内，按事先约定的价格向期权卖方买入一定数量的期权合约规定的特定商品的权利，但不负有必须买进的义务。而期权卖方有义务在期权规定的有效期内，应期权买方的要求，以期权合约事先规定的价格卖出期权合约规定的特定商品。

看跌期权（put options）：期权买方按事先约定的价格向期权卖方卖出一定数量的期权合约规定的特定商品的权利，但不负有必须卖出的义务。而期权卖方有义务在期权规定的有效期内，应期权买方的要求，以期权合约事先规定的价格买入期权合约规定的特定商品。

一是作为期权的买方（无论是看涨期权还是看跌期权）只有权利而无义务，他的风险是有限的（亏损最大值为权利金），但在理论上获利是无限的。二是作为期权的卖方（无论是看涨期权还是看跌期权）只有义务而无权利，在理论上他的风险是无限的，但收益是有限的（收益最大值为权利金）。三是期权的买方无须付出保证金，卖方则必须支付保证金以作为必须履行义务的财务担保。

按期权的交割时间划分，有美式期权和欧式期权两种类型。美式期权是指在期权合约规定的有效期内任何时候都可以行使权利。欧式期权是指在期权合约规定的到期日方可行使权利，期权的买方在合约到期日之前不能行使权利，过了期限，合约则自动作废。中国新兴的外汇期权业务，类似于欧式期权，但又有所不同。

按期权合约上的标的划分，有股票期权、股指期权、利率期权、商品期权以及外汇期权等种类。

标准欧式期权的最终收益只依赖于到期日当天的原生资产价格。而路径相关期权（path-dependent option）则是最终收益与整个期权有效期内原生资产价格的变化都有关的一种特殊期权。按照其最终收益对原生资产价格路径的依赖程度可将路径相关期权分为两大类：一类是其最终收益与在有效期内原生资产价格是否达到某个或几个约定水平有关，称为弱路径相关期权；另一类期权的最终收益依赖于原生资产的价格在整个期权有效期内的信息，称为强路径相关期权。

弱路径相关期权中最典型的一种是关卡期权（barrier option）。严格意义上讲，美式期权也是一种弱路径相关期权。

强路径相关期权主要有两种：亚式期权（asian option）和回望期权（lookback option）。亚式期权在到期日的收益依赖于整个期权有效期内原生资产经历的价格的平均值，又因平均值意义不同分为算数平均亚式期权和几何平均亚式期权；回望期权的最终收益则依赖于有效期内原生资产价格的最大（小）值，持有人可以“回望”整个价格演变过程，选取其最大（小）值作为敲定价格。

期权交易与期货交易之间既有区别又联系。其联系是：第一，两者均是以买卖远期标准化合约为特征的交易。第二，在价格关系上，期货市场价格对期权交易合约的敲定价格及权利金的确定均有影响。一般来说，期权交易的敲定的价格是以期货合约所确定的远期买卖同类商品交割价为基础，而两者价格的差额又是权利金确定的重要依据。第三，期货交易是期权交易的基础交易的内容一般期权均为是否买卖一定数量期货合约的权利。期货交易越发达，期权交易的开展就越具有基础，因此，期货市场发育成熟和规则完备为期权交易的产生和开展创造了条件。期权交易的产生和发展又为套期保值者和投机者进行期货交易提供了更多可选择的工具，从而扩大和丰富了期货市场的交易内容。第四，期货交易可以做多做空，交易者不一定进行实物交收。期权交易同样可以做多做空，买方不一定要实际行使这个权利，只要有利，也可以把这个权利转让出去。卖方也不一定非履行不可，而可在期权买入者尚未行使权利前通过买入相同期权的方法解除他所承担的责任。第五，由于期权的标的物为期货合约，因此期权履约时买卖双方会得到相应的期货部位。

二、期权的定价

期权定价，内含价值，也称内在价值，是期权持有人因通过行权获得股票而不是直接购买股票而实现的收益。期权价值的两个基本构成要素是内含价值和时间价值。内含价值，也称内在价值，是期权持有人因通过行权获得股票而不是直接购买股票而实现的收益。期权具有时间价值的原因是，期权持有人在行权前不必支付行权价款。随着时间的推移，股票市价可能升高，从而产生额外的内含价值。只要在到期前，所有期权都具有时间价值。在风险系数等其他条件相同时，距到期时间越长，时间价值越大。时间价值根据其形成原因两个构成要素：货币时间价值和波动价值。期权持有人在等待行权的时候，可以先把资金投向其他的地方。比如无风险国债（T－bills）的回报率。货币的时间价值越高，能够推迟支付行权价的价值也就越高。波动价值代表了期权持有者从期权对应股票的市价增值中获得利润，或者同时最多损失期权价值而不是损失股票的全部市价的可能性。例如，股票的波动是指以前的或者是预计未来股票价格波动的金额。一般来说，股票的波动性越大，潜在收益就越大，即风险奖励（risk reward）。股票的波动通常是按照统计分布的标准差计量的。期权定价模型通过考虑预计股价的波动来假设未来股价的统计分布，由此估计未来股价的各种可能性。比如布莱克—斯科尔斯模型会假设股价服从对数正态分布。该假设认为股价的小幅波动比大幅波动可能性更大。股票波动性越大，市价具有较大增加幅度的可能性越高。因为大幅下跌的成本受到股票期权现行价值的限制，但股价大幅上升带来的利润却是无限的。大幅波动的股票上的期权比波动小的股票上的期权更可能带来更大的利润。

三、期权定价模型

期权定价模型（OPM）由布莱克与斯科尔斯在20世纪70年代提出。该模型认为，股价的当前值与未来的预测有关，变量过去的历史及演变方式与未来的预测不相关。模型表明，期权价格的决定非常复杂，合约期限、股票现价、无风险资产的利率水平以及交割价格等都会影响期权价格。

期权的定价方法主要有：（1）布莱克－休尔斯（Black－Scholes，B－S）公式；（2）二项式定价方法；（3）风险中性定价方法；（4）鞅定价方法等。期权定价的主要模型有：

B－S模型。期权定价模型基于对冲证券组合的思想。投资者可建立期权与其标的股票的组合来保证确定报酬。在均衡时，此确定报酬必须得到无风险利率。期权的这一定价思想与无套利定价的思想是一致的。所谓无套利定价就是说任何零投资只能得到零回报，任何非零投资，只能得到与该项投资的风险所对应的平均回报，而不能获得超额回报（超过与风险相当的报酬的利润）。从Black－Scholes期权定价模型的推导中不难看出，期权定价本质上就是无套利定价。其假设条件是：标的资产价格服从对数正态分布；在期权有效期内，无风险利率和金融资产收益变量是恒定的；市场无摩擦，即不存在税收和交易成本；金融资产在期权有效期内无红利及其他所得（该假设后被放弃）；该期权是欧式期权，即在期权到期前不可实施。

期权定价的二项式模型（BOPM）。二项式模型的假设主要有：不支付股票红利；交易成本与税收为零；投资者可以以无风险利率拆入或拆出资金；市场无风险利率为常数；股票的波动率为常数。假设在任何一个给定时间，金融资产的价格以事先规定的比例上升或下降。如果资产价格在时间t的价格为S，它可能在时间$t+\Delta t$上升至uS或下降至dS。假定对应资产价格上升至uS，期权价格也上升至Cu，如果对应资产价格下降至dS，期权价格也降至Cd。当金融资产只可能达到这两种价格时，这一顺序称为二项程序。

二项式期权定价模型和B－S期权定价模型是两种相互补充的方法。二项式期权定价模型推导比较简单，更适合说明期权定价的基本概念。二项式期权定价模型建立在一个基本假设基础上，即在给定的时间间隔内，证券的价格运动有两个可能的方向：上涨或者下跌。虽然这一假设非常简单，但由于可以把一个给定的时间段细分为更小的时间单位，因而二项式期权定价模型适用于处理更为复杂的期权。

随着考虑的价格变动数目的增加，二项式期权定价模型的分布函数就越来越趋向于正态分布，二项式期权定价模型和 B－S 期权定价模型相一致。二项式期权定价模型的优点是简化了期权定价的计算并增加了直观性，因此现在已成为全世界各大证券交易所的主要定价方式之一。

BOPM 的定价依据是在期权在第一次买进时，能建立起一个零风险套头交易，或者说可以使用一个证券组合来模拟期权的价值，该证券组合在没有套利机会时应等于买权的价格；反之，如果存在套利机会，投资者则可以购买两种产品中价格便宜者，卖出价格较高者，从而获得无风险收益，当然这种套利机会只会在极短的时间里存在。这一证券组合的主要功能是给出了买权的定价方法。与期货不同的是，期货的套头交易一旦建立就不用改变，而期权的套头交易则需不断调整，直至期权到期。

第二节　B－S 公式与二项式定价设计

一、B－S 公式的设计

（一）实验内容与步骤

【例 10－1】 B－S 期权定价公式的计算函数 blsprice。

调用方式：

[Call,Put] = blsprice(Price,Strike,Rate,Time,Volatility,Yield)

输入参数：

Price：标的资产价格；

Strike：执行价；

Rate：无风险利率；

Time：距离到期日的时间，即期权的存续期；

Volatility：标的资产的标准差；

Yield：标的资产的红利率。

输出参数：

Call：欧式看涨期权价格；

Put：欧式看跌期权价格。

股票价格为100，股票波动率标准差为0.5，无风险率为10%，期权执行价95，存续期为0.25年，试计算该股票欧式期权价格。

（二）运行命令与结果

```
>>[Call,Put]=blsprice(100,95,0.1,0.25,0.5)
Call=13.6953
Put=6.3497
```

二、隐含波动率的计算

隐含波动率（implied volatility）是将市场上的期权或权证交易价格代入权证理论价格模型，反推出来的波动率数值。由于期权定价模型（如B-S模型）给出了期权价格与五个基本参数（标的股价、执行价格、利率、到期时间、波动率）之间的定量关系，只要将其中前4个基本参数及期权的实际市场价格作为已知量代入定价公式，就可以从中解出唯一的未知量，其大小就是隐含波动率。

【例10-2】 股票价格为100，股票波动率标准差为0.5，无风险率为10%，一年到期期权执行价95，假设目前看涨期权价格 Call = 15.00元，看跌期权 Put = 7.00元。分别计算其隐含的波动率。

看涨期权隐含波动率计算函数：

```
function f = ImpliedVolatitityCallObj(Volatility, Price, Strike, Rate,
Time,Callprice)
%ImpliedVolatitityCallObj
[Call,Put]=blsprice(Price,Strike,Rate,Time,Volatility);
%fc(ImpliedVolatitity)=Call-Callprice=0
f=Call-Callprice;
```

看跌期权隐含波动率计算函数：

```
function f = ImpliedVolatitityPutObj(Volatility, Price, Strike, Rate,
Time,Putprice)
%ImpliedVolatitityCallObj
[Call,Put]=blsprice(Price,Strike,Rate,Time,Volatility);
%fp(ImpliedVolatitity)=Put-Putprice=0
f=Put-Putprice
```

（一）实验编程与结果

```
%TestImpliedVolatility
Price=100;
```

```
Strike = 95;
Rate = 0.10;
Time = 1.0;
CallPrice = 15.0;
PutPrice = 7.0;
[Vc, Vp, Cfval, Pfval] = ImpliedVolatility(Price, Strike, Rate, Time, CallPrice, PutPrice)
function[Vc, Vp, Cfval, Pfval] = ImpliedVolatility(Price, Strike, Rate, Time, CallPrice, PutPrice)
% ImpliedVolatility
% 优化算法初始迭代点;
Volatility0 = 1.0;
% CallPrice 对应的隐含波动率
[Vc, Cfval] = fsolve(@(Volatility) ImpliedVolatitityCallObj(Volatility, Price, Strike,...
    Rate, Time, CallPrice), Volatility0);
% CallPrice 对应的隐含波动率
[Vp, Pfval] = fsolve(@(Volatility) ImpliedVolatitityPutObj(Volatility, Price, Strike,...
    Rate, Time, PutPrice), Volatility0)
```

（二）运行结果

```
Vc = 0.1417          Cfval = 3.7957e-011
Vp = 0.3479          Pfval = 7.1054e-015
```

（三）期权价格与隐含波动率的关系图制作

1. 关系图的设计

```
% 标的资产价格
Price = 100;
% 执行价格
Strike = 95;
% 无风险收益率（年化）
Rate = 0.1; % 10%
% 剩余时间
Time = 3/12; % = 0.25;
% 年化波动率
Volatility = 0.1:0.01:0.5;
N = length(Volatility)
```

```
Call = zeros(1,N);
Put = zeros(1,N);
for i = 1:N
        [Call(i),Put(i)] = blsprice(Price,Strike,Rate,Time,Volatility
(i));
end
plot(Call,'b --');
hold on
plot(Put,'b');
xlabel('Volatility')
ylabel('price')
legend('Call','Put')
```

2. 运行结果

运行结果如图 10 - 1 所示。

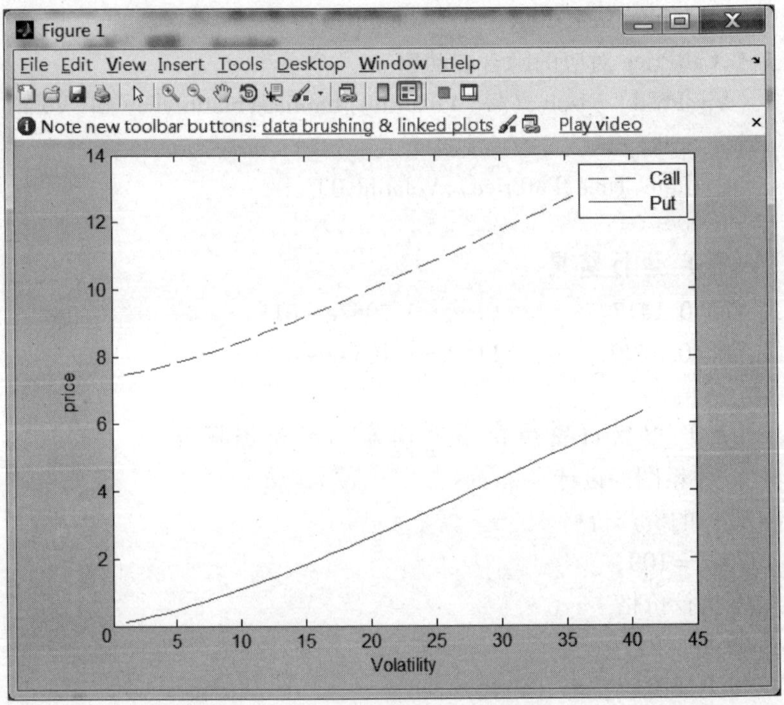

图 10 - 1　期权价格与隐含波动率的关系

三、期权定价的二叉树方法设计

【例 10 - 3】股票价格为 100，股票波动率标准差为 0.5，无风险率为 10%，期权执行价 95，存续期为半年，试计算该股票欧式期权价格。

(一)实验编程与结果

实验设计

%标的资产价格

Price = 100;

%执行价格

Strike = 95;

%无风险收益率(年化)

Rate = 0.1;%10%

%剩余时间

Time = 6/12;%;

%看涨期权

flag = 1;

%每阶段间隔 1 个月

Increment = 1/12;

%波动率

Volatility = 0.5;

[AssetPrice, OptionValue] = binprice(Price, Strike, Rate, Time, Increment, Volatility, flag)

(二)运行结果

标的资产的价格路径:

AssetPrice =

100.0000	115.5274	133.4658	154.1896	178.1312	205.7904	237.7443
0	86.5596	100.0000	115.5274	133.4658	154.1896	178.1312
0	0	74.9256	86.5596	100.0000	115.5274	133.4658
0	0	0	64.8552	74.9256	86.5596	100.0000
0	0	0	0	56.1384	64.8552	74.9256
0	0	0	0	0	48.5931	56.1384
0	0	0	0	0	0	42.0620

看涨期权的价格路径:

OptionValue =

18.7590	28.7934	42.8646	61.5351	84.7014	111.5787	142.7443
0	9.3164	15.5932	25.4266	40.0360	59.9780	83.1312
0	0	3.3699	6.2939	11.6477	21.3158	38.4658
0	0	0	0.5838	1.1945	2.4439	5.0000
0	0	0	0	0	0	0
0	0	0	0	0	0	0
0	0	0	0	0	0	0

知识拓展

更好发挥金融期货功能

金融期货市场与现货市场同根同源、紧密相连，建设好、发展好金融期货市场，是建设中国特色现代资本市场的题中应有之义。近年来，金融期货市场不断壮大。2022 年，中金所上市了中证 1000 股指期货、中证 1000 股指期权和上证 50 股指期权；上交所上市了中证 500ETF 期权；深交所上市了创业板 ETF 期权、中证 500ETF 期权和深证 100ETF 期权。金融期货市场作为金融市场的重要组成部分，为投资者提供精细化、低成本、高效率的风险管理工具，对于促进实体经济发展、实现金融风险管理和投资者资产配置等方面具有重要意义。

增强资本市场韧性。2022 年 11 月，在宏观政策调整、经济预期向好和资金面收敛的背景下，我国债券市场出现较大幅度波动。但国债期货经受住了债市剧烈波动的考验，成交量、持仓量创历史新高，对债券一、二级市场流动性起到积极促进作用，较好发挥了债市“避风港”和“减震器”功能。这是金融期货发挥市场功能的一个缩影。在市场经济大海中，企业是“汪洋中的一条船”，需要有抵御风浪的工具，进行风险管理，帮助企业平稳驾驭。期货市场最重要的功能之一就是风险管理。企业可以在期货市场上建立与现货市场方向相反、数量匹配的交易头寸，使期货市场与现货市场的盈亏形成一个相互冲抵的关系，从而实现风险在不同市场、不同时空的对冲、转移，保证自身的财务安全。金融期货对于金融机构和金融市场的作用也是同样的道理。以股指期货为例，它是国际市场最为通行和成熟的基础性金融衍生品。全球的共同基金、养老金等长期机构投资者已发展出“两条腿走路”的投资模式，即股票现货资产配置与指数衍生品相配合，利用期货、期权等衍生品对冲长期股票现货价格波动的风险。某种意义上，以股指期货为代表的金融衍生品是一个国家金融市场成熟度和竞争力的重要体现。

金融机构普遍主动运用国债期货对冲承销、做市、组合管理中的利率风险。在华泰证券证券投资部总经理江晓阳看来，中金所推出的 4 个股指期货品种，形成了较为完整的风险管理产品序列，为券商自营提供更有效的套保工具。“如果没有股指期货作为对冲工具，相当体量的稳健型投资资金就不会进入权益市场，尤其是低风险偏好的资金和境外资金。”浙商期货董事长胡军表示，股指期货的发展为权益市场提供了很好的流动性，丰富的产品线还进一步扩大了资产配置空间。

提升直接融资质效。随着全市场注册制改革推向深入，上市公司数量增加、个股质地分化等对投资者的价值识别和甄选能力提出了更高要求，个人投资者将更加倾向于通过专业投资渠道入市，指数化投资等迎来更大发展空间，这离不开金融期货期权的赋能。中金所党委书记、董事长何庆文表示，金融期货依托对风险进行市场化定价、转移和重新配置，有助于引导资金资源流向国家战略支持领域。股指期货和期权为投资者提供了管理系统性风险的有效工具，投资者得以更加专注于筛选优质企业标的，挖掘超额收益，助力市场估值合理回归，形成“科技—产业—金融”良性循环。专业机构可充分运用金融期货灵活调节风险—收益结构，创设出更多满足不同风险偏好的资产管理产品，更好满足居民财富管理需求。国债期货更是有助于投资者抵御利率风险，增强投标和持有积极性。近年来，受多种因素影响，股债汇市场波动加大、共振增强，发挥金融期货功能、扩大金融期货开放，能够塑造更加积极的开放形象，进一步满足境外投资者风险管理需求。比如，在债券市场对外开放的重要渠道——“债券通”下，境外客户对报价和服务质量要求较高，部分机构在相关做市策略中，运用国债期货提升自身定价和现货持仓管理能力，为客户提供多品种、全曲线的优质报价，在处理大额单笔交易需求时也更加从容，在微观上帮助机构有效控制风险、提升业务可持续性，在宏观上则有助于提升人民币资产的国际吸引力。

助力资本市场深化改革。近年来，我国股指期货和期权市场持续平稳运行，价格关联度好，机构投资者成交持仓占比逐步提升，功能发挥比较良好。申万宏源证券执委会成员、金融创新总部总经理汤俊表示，当前资本市场容量快速扩容，经营主体多元化发展，随着多层次资本市场构架的不断完善，衍生品未来将在资产配置、财富管理方面发挥更为重要的作用。当然，我国金融期货市场仍处于初级阶段，功能发挥仍有很大提升空间。专家建议加快上市更多金融衍生品，同时在确保稳妥的基础上，在业务层面适度放宽对于相关机构的限制，从而更好满足市场的需求。“资本市场全面深化改革带来市场环境和生态的重塑，为金融期货市场建设创造了新的广阔机遇，也提出了更高要求。”何庆文表示，下一步，中金所在证监会党委的领导下，进一步提高政治站位，主动融入国家战略和资本市场改革开放大局，扎实做好安全生产、一线监管、风险防范、市场培育等各项工作，进一步丰富产品供给，持续优化参与者结构，提升中长期资金参与的广度和深度，加快推进高水平对外开放，为建设一个规范、透明、开放、有活力、有韧性的资本市场作出新的更大贡献。

（资料来源：经济时报，2023 年 6 月 30 日，经整理而成）

本章小结

1. 期权又称为选择权，是一种衍生性金融工具，是指买方向卖方支付期权费后拥有的在未来一段时间内或未来某一特定日期以事先规定好的价格向卖方购买或出售一定数量的特定商品的权利，但不负有必须买进或卖出的义务，而期权卖方则必须无条件服从买方的选择并履行成交时的允诺。按期权的权利划分，有看涨期权和看跌期权两种类型。按期权的交割时间划分，有美式期权和欧式期权两种类型。按期权合约上的标的划分，有股票期权、股指期权、利率期权、商品期权以及外汇期权等种类。

2. 期权价值的两个基本构成要素是内含价值和时间价值。内含价值是期权持有人通过行权获得股票而非直接购买股票而实现的收益。期权具有时间价值期权持有人在行权前不必支付行权价款。随着时间的推移，股票市价可能升高，从而产生额外的内含价值。

3. 期权定价模型表明，期权价格的决定非常复杂，合约期限、股票现价、无风险资产的利率水平以及交割价格等都会影响期权价格。定价方法主要有：(1) Black－Scholes 公式；(2) 二项式定价方法；(3) 风险中性定价方法；(4) 鞅定价方法等。

4. 期权定价的主要模型有 B－S 模型和二项式模型。由 B－S 模型可以看出，期权定价本质上就是无套利定价。其假设条件是：标的资产价格服从对数正态分布；在期权有效期内，无风险利率和金融资产收益变量是恒定的；市场无摩擦，即不存在税收和交易成本；金融资产在期权有效期内无红利及其他所得（该假设后被放弃）；该期权定价方式仅适用于欧式期权，即在期权到期前不可实施。在投资过程中，对现有指标的熟悉与判断固然重要，但这只是一个基本的要求，经过多年的投资经验积累和思考，应该有自己特有的投资心得，并把它转化成自己独有的财富，以更好地、更高效地得出符合自己投资期望的观察点。

复习思考题

1. 从我国证券市场选择一只期权，计算其看涨期权与看跌期权的价格。

2. 选择一只期权，就当前的交易价格，计算其隐含波动率。

第十一章

期权定价的蒙特·卡罗模拟方法实验

【知识目标】

◇理解期权定价的理论

◇理解二叉树模型的基本原理与实现方法

【素养目标】

◇了解二叉树定价模型在期权定价中的经济价值

◇掌握二叉树模型的使用与计算编程

【技能目标】

◇了解蒙特·卡罗模拟方法进行金融模拟计算的原理

◇掌握蒙特·卡罗模拟方法的一般步骤

◇掌握多种期权的蒙特·卡罗模拟方法定价计算

第一节 蒙特·卡罗模拟方法的基础知识

蒙特·卡罗（Monte Carlo）模拟方法，又称随机抽样或统计试验方法，属于计算数学的一个分支。它所要求解的问题是某种事件出现的概率，或者是某个随机变量的期望值时，它们可以通过某种“试验”的方法，得到这种事件出现的频率，或者这个随机变量的平均值，并用它们作为问题的解。这就是蒙特·卡罗模拟方法的基本思想。蒙特·卡罗模拟方法通过抓住事物运动的几何数量和几何特征，利用数学方法来加以模拟，即进行一种数字模拟实验。它是以一个概率模型为基础，按照这个模型所描绘的过程，通过模拟实验的结果，作为问题的近似解。我们可以把蒙特·卡罗解题归结为三个主要步骤：构造或描述概率过程；实现从已知概率分布抽样；建立各种估计量。采用蒙特·卡罗模拟方法计算金融资产价格一般分为五个阶段：

（1）确定输入变量（如日收益率）的随机特征，即模拟数据产生所依据的概率分布；

（2）按照上面的分布来随机产生输入数据；

（3）根据系统逻辑（标的资产到期的价格与日复合利率的关系）生成基本变量（如标的资产的价格）的未来值；

（4）重复多次的期望值就是被模拟变量的未来值，再贴现后得现值；

（5）可以使用技术方法增加准确性。

第二节　蒙特·卡罗模拟方法的程序设计

一、实验内容与步骤

【例 11－1】 如对某 1 年期看涨期权进行定价。标的资产目前价格为 1000，期权的到期执行价格也是 1000，无风险利率为 6%，标的资产的收益率分布为非正态分布，用蒙特·卡罗方法给该期权定价。

第一步：确定标的资产的分布的统计特征值，即期望和标准差：根据具体数据计算其日收益率的期望值＝0.000455，日收益率的标准差＝0.0100694。该日收益率的标准差数可以用作模拟过程的输入变量的统计特征值。但是，由于要计算期权是期权的理论价格，而理论价格是在风险中性的假设下。因此日收益率使用日连续复利收益率，由年 6% 换算得到复利收益率为 0.000189。上面得到日收益率 0.000455 的期望值不可用，在收益率分布图中表现为左移。

第二步：预算标的资产在期权到期日的价格按照参数的分布图，随机产生 250 个（一年的交易日）日收益率，通过计算就得到了一次模拟后（一种情景）标的资产的到期价格。

第三步：重复运算多次达到误差要求，比如本例，需要模拟 125000 次，得到 125000 个标的资产的可能价格，从而也得到 125000 个期权的到期价格：

第四步：求均值，再贴现即得期权的当前价格。

二、实验编程与结果

1. 假定资产收益分布服从正态分布时的实验编程设计

【例 11－2】 对某 1 年期看涨期权进行定价。标的资产目前价格为 $S_0=1000$，期权的到期执行价是 $X=1050$，无风险利率为 6%，用蒙特·卡罗方法给该期权定价。

```
clc
clear
m = 250;                                         %% 每年的交易天数
n = 1250;                                        %% 蒙特·卡罗模拟样
                                                    本个数，该数字的
                                                    确定需要实验
mnr = normrnd(0.000189,0.0100694,m,n);           %% 250 个交易日，
                                                   12500 组样本
for i = 1:n                                      %% 每一组样本的定
                                                  价计算
    temp = 1000 * exp(sum(mnr(:,i)));            %% St = So * exp(r1 +
                                                  r2 + … + r250)
    c(i) = max((temp - 1050),0);                 %% Ct = max(St - X,0)
end
ct = mean(c);                                    %% 12500 组样本的均值
ct = ct/1.06                                     %% 贴现
figure                                           %% 创建新图
hist(mnr(:,2),300)                               %% 一次模拟样本的日收
                                                 益直方图,横轴 300 份作图
figure
hist(mnr,30)                                     %% 12500 组样本的日收益
                                                 直方图，横轴 30 份作图
                                                  %% 均匀分布图
ufr = unifrnd(1,3,[3000,5]);
figure
hist(ufr(:,2),300)
%% 指数分布图
abc = random('exp',2,1000,3,[3000,5]);
figure
hist(abc(:,2),300)
%% 正态分布图
mnr = normrnd(0,1,1000,1);
figure
hist(mnr(:,1),300)
```

2. 标的资产的收益分布模拟图

标的资产的收益分布模拟如图 11 -1（为非正态分布，设法用 B-S 公式计算）所示。

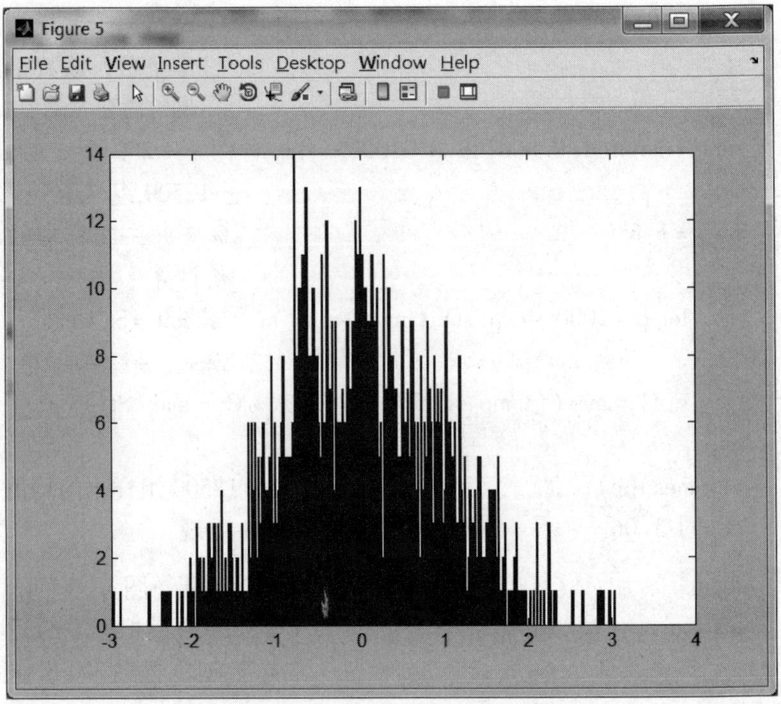

图 11 -1　标的资产的收益分布

三、标的资产服务从几何布朗运动的实验设计

【例 11 -3】 欧式期权的蒙特·卡罗模拟案例

假定股票价格服从几何布朗运动，股票现价 $S_0=50$ 元，到期执行价为 E =52 元，无风险利率 r =10%，股票波动的标准差 sigma =0.4，期权到期日 T =5/12。用蒙特·卡罗模拟方法计算该期权的价格。

1. 实验设计

```
%欧式期权的定价案例
[Price,VarPrice,CI] = BlsMCIS(50,52,0.1,5/12,0.4,1000)

function[Price,VarPrice,CI] = BlsMCIS(S0,K,r,T,sigma,NRepl)
%设置随机数状态
randn('state',0);
%生成布朗运动路径
nuT = (r-0.5*sigma^2)*T;
siT = sigma*sqrt(T);
```

```
ISnuT = log(K/S0) - 0.5 * sigma^2 * T;
%生成服从 N（0，1）的随机数
Veps = randn(NRepl,1);
VY = ISnuT + siT * Veps;
ISRatios = exp((2 * (nuT - ISnuT) * VY - nuT^2 + ISnuT^2)/2/siT^2);
%收益率计算
DiscPayoff = exp( -r * T) * max(0,(S0 * exp(VY) - K));
%用正态分布函数 normfit 对模拟结果进行拟合
[Price,VarPrice,CI] = normfit(DiscPayoff. * ISRatios);
```

2. 运行结果

```
Price = 4.4791
VarPrice = 7.8042
CI = 3.9948
     4.9634
```

运行结果表明，看涨期权的模拟价格为 4.4791 元，模拟样本拟合方差为 7.8042，期权价格 95% 的置信区间为［3.9948，4.9634］。

知识拓展

期货行业积极贡献服务实体“金融方案”

我国期货市场经过三十余年发展，市场规模体量不断扩大，服务实体经济能力稳步提升，在助力脱贫攻坚、乡村振兴、保供稳价等国家战略上发挥着重要作用。2023 年 6 月 28 日，“2023 绿色金融服务实体 期货助力乡村振兴大会”在南京举行，来自监管部门、行业协会、期货经营机构、实体产业等领域专家齐聚，共话创新服务实体经济和乡村振兴的“期货方案”。

创新完善绿色产品和服务。中国期货业协会秘书长吴亚军在会上表示，期货市场作为定价和管理风险的重要场所，在服务经济转型中承担着义不容辞的责任。一方面，帮助新兴产业建立客观公正的定价机制，为现货端生产经营提供参考；另一方面，将帮助企业优化风险管理体系，通过期货工具规避价格风险、增加抗风险能力、减少绿色转型对企业经营的冲击。上海期货交易所近年来践行高标准绿色理念，不断创新和完善绿色产品和服务。上期所副总经理张铭表示，在品种创新方面，上期所已成功推出低硫燃料油期货，助力船供油市场从高硫向低硫转换，目前正加快推进液化天然气和铝合金期货等低碳产品上市工作；体系建设方面，加快推进再生铅纳入交割体系。碳酸锂是新能源汽车产业的重要原材料，广州期货交易所日前就碳酸锂期货、期权合约公开征求意见。广期所副总经理冷冰介绍，广期所已针对碳酸锂期货期权品种举办了多轮产业培训与座谈，下一步将多措并举确保品种的平稳上市和稳定运行。广期所也将持续丰富与绿色发展相关的品种供给，继续做大做强新能源金属期货板块，同时持续推进碳排放权、电力等事关国民经济基础领域和能源价格改革的重大战略品种研发。

为乡村振兴贡献“期货智慧”。作为我国期货行业独创的服务“三农”创新模式，“保险+期货”自2016年以来已连续8年写入中央一号文件。据焦增军介绍，截至2022年底，期货行业在全国29个省（区、市）累计开展了1364个“保险+期货”项目，涉及11个农产品品种，保障现货规模1955万吨，承保土地面积4621万亩，为292万农户提供价格和收入保障。郑州商品交易所和大连商品交易所囊括了我国大部分农产品期货期权品种。郑商所副总经理王晓明表示，郑商所立足特色农产品品种优势，已连续7年开展“保险+期货”试点建设，累计支持开展试点项目148个，总保障金额173.62亿元，承保相关品种种植面积520.10万亩，服务农户41.43万户。大商所副总经理王伟军称，大商所致力于推动金融走进绿色田野并更加普惠，以“农民收入保障计划”等服务品牌为抓手，持续探索“三农”服务和乡村振兴新路，未来继续拓展“三农”服务新领域新工具，进一步展现期货市场在乡村振兴中的新担当新作为。

（资料来源：上海证券报，2023年6月29日，经整理而成）

本章小结

1. 金融衍生品的设计越来越复杂，而能够采用类似B－S式计算期权价格的品种很有限，大部分金融衍生品的定价不得不借用计算机的强大计算能力来实现，这也是计算金融学的研究领域。

2. 能用计算机程序化处理的定价都需要有一个固定的套路，因此要想借用计算机进行金融计算的前提就是必须对各种金融产品的设计过程有清晰的了解，这样才能整理出可以让计算机遵循的套路。

3. 蒙特·卡罗模拟方法模拟次数的选择是一个非常技术性的问题，达到预期精度的模拟次数与该金融产品的复杂度有关。

4. 提高蒙特·卡罗模拟效率的方法也很丰富，如对偶变量技术、控制变量技术、分层抽样技术、重要性抽样技术、条件蒙特·卡罗模拟，等等。

复习思考题

1. 通过一个金融工具的蒙特·卡罗模拟定价计算，选择不同的模拟次数，从中能得到什么？

2. 选择一个美式期权的定价进行蒙特·卡罗模拟计算。

第十二章 VaR 三种计算方法比较实验

【知识目标】

◇理解 VaR 应用于金融风险管理的原理

◇理解 VaR 多种计算方法的优劣与使用场景

【素养目标】

◇了解在险价值方法在风险管理中的经济价值

◇掌握在险价值度量风险的设计与计算编程

【技能目标】

◇了解 VaR 的基本概念，VaR 的优缺点及其改进

◇掌握 VaR 的多种计算方法

◇理解 VaR 不同计算方法的选择

第一节 VaR 模型的基础知识

一、VaR 的概念

VaR 方法（value at risk 方法，风险价值方法），也称受险价值方法、在险价值方法。传统的 ALM（asset-liability management，资产负债管理）过于依赖报表分析，缺乏时效性，利用方差及 β 数来衡量风险太过于抽象，不直观，而且反映的只是市场（或资产）的波动幅度；而 CAPM（资本资产定价模型）又无法兼顾金融衍生品。在上述传统的几种方法都无法准确定义和度量金融风险时，G20 集团在研究衍生品种的基础上，于 1993 年发表了题为《衍生产品的实践和规则》的报告，提出了度量市场风险的 VaR 方法，且已成为目前金融界测量市场风险的主流方法。稍后由摩根（J. P. Morgan）推出的用于计算 VaR 的 Risk Metrics 风险控制模型更是被众多金融机构广泛采

用。目前国外一些大型金融机构已将其所持资产的 VaR 风险值作为其定期公布的会计报表的一项重要内容加以列示。

VaR 模型在金融风险管理中的应用越来越广泛。特别是随着 VaR 模型的不断改进，不但应用于金融机构的市场风险信用风险的定量研究，而且正在与线性规划模型（LPM）和非线性规划模型（ULPM）等规划模型论有机地结合起来，成为金融机构市场风险等的最佳定量分析法，以利于金融机构对于潜在风险控制进行最优决策。

对于 VaR 在国外的应用，正如书中引言指出的，巴塞尔委员会要求有条件的银行将 VaR 值结合银行内部模型，以计算适应市场风险要求的资本数额；G20 集团建议用 VaR 来衡量衍生工具的市场风险，并且认为是市场风险测量和控制的最佳方法；SEC 也要求美国公司采用 VaR 模型作为三种可行的披露其衍生交易活动信息的方法之一。这表明，不但金融机构内部越来越多地采用 VaR 作为评判金融机构本身的金融风险，同时，越来越多的监管机构也用 VaR 方法作为评判金融机构风险大小的方法。

VaR 在险价值是指在市场正常波动下，某一金融资产或证券组合的最大可能损失。更为确切的，是指在一定概率水平（置信度）下，某一金融资产或证券组合价值在未来特定时期内的最大可能损失。

二、VaR 的主要特点

第一，可以用来简单明了地表示市场风险的大小，没有任何技术色彩，没有任何专业背景的投资者和管理者都可以通过 VaR 值对金融风险进行评判；

第二，可以事前计算风险，不像以往风险管理的方法都是在事后衡量风险大小；

第三，不仅能计算单个金融工具的风险，还能计算由多个金融工具组成的投资组合风险，这是传统金融风险管理所无法做到的。

所谓 VaR，按字面意思解释就是“按风险估价”，即正常波动情形下对投资可能损失的一种统计测度。在已知投资的未来收益分布的条件下，在给定置信水平下的投资的值即为 VaR。用数学公式表示：

$$\text{Prob}(\Delta p > -\text{VaR}) = \text{Prob}(-\Delta p < \text{VaR}) = \alpha$$

其中，Δp 为投资的收益，$-\Delta p$ 为投资的损失，VaR 即为在置信水平 α（一般为 95% 等）下处于风险中的价值，如图 12 - 1 所示。

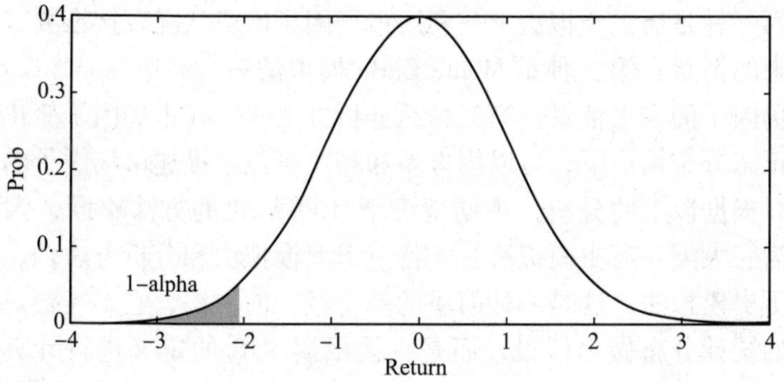

图 12-1 正态分布的密度函数，阴影部分的面积为置信度 1-α

三、VaR 的应用估计

VaR 在 1993 年由国际清算银行引入，欧盟从 1997 年，美国从 1998 年，国际上许多大的银行都用 VaR 计算交易下的可能损失。VaR 用于投资组合计算的基本思想和步骤：VaR 本质上是对证券组合价值波动的统计测量，其核心在于构造证券组合价值变化的概率分布。基本思想仍然是利用证券组合价值的历史波动信息来推断未来情形，只不过对未来价值波动的推断给出的不是一个确定值，而是概率分布。在大多数情况下，由于证券组合庞大而复杂，且保留证券组合中所有证券的历史数据不太现实，因此直接估算某种证券组合的收益（或损失）几乎是不可能的，在 VaR 的计算中将每一个证券映射为一系列“市场因子”（market factors）的组合。市场因子是指影响证券组合价值变化的利率、汇率、股指及商品价格等基础变量。

基于上述基本思想，VaR 计算的基本步骤包括：辨识市场因子，并将证券组合中的每一证券价值用市场因子表示；推测市场因子未来某一时期的变化情景；由市场因子的未来情景估测证券组合的未来价值（market-to-market）；求出损益分布，在给定置信度下计算 VaR 值。

这里计算的关键有两个：其一是市场因子未来变化的推测；其二是证券组合价值与市场因子间的关系。

证券组合价值变化与市场因子变化的关系：除了显著非线性的期权类金融工具，大多数证券价值的变化都是市场因子变化的线性函数，这类证券组合的价值变化可以用它对市场因子的敏感性来刻画。而对于期权这种特殊的金融工具，一般用模拟的方法来描述其价值与市场因子之间的非线性关系；还可以用近似的方法来处理，即在假设 Black-Scholes 期权定价公式能够准确地对期权进行估价的基础上，取该公式的一阶近似或二阶近似。

未来的市场因子变化的推测：推测市场因子未来变化的方法有三

种：第一种是历史模拟法——利用市场因子历史状况直接推测市场因子未来的情景；第二种是 Monte Carlo 模拟法——利用 Monte Carlo 模拟市场因子的未来情景；第三种是分析方法——在市场因子变化服从多元正态分布情形下，可以用方差和相关系数来描述市场因子的未来变化。根据以上的分析，不同情况下计算 VaR 的方法不同，大体上可分为三大类：历史模拟法、蒙特·卡罗模拟法和分析方法。

历史模拟法。这是一种简单的基于经验的方法，它不需要对市场因子的统计分布做出假设，而是直接根据 VaR 的定义进行计算，即根据收集到的市场因子的历史数据对证券组合的未来收益进行模拟，计算在给定置信度下的潜在损失。其具体步骤如下：首先识别基础的市场因子，并用市场因子表示出证券组合中各个金融工具的盯市价值；计算市场因子过去 N 个时期的实际变化，结合当前市场因子的价值估计市场因子未来某一时期的情景值；由定价公式得到证券组合未来的盯市价值，与当前市场因子下的证券组合价值比较得到证券组合未来的潜在损益；根据潜在损益的分布，计算在给定置信度下的 VaR 值。

蒙特·卡罗模拟法。该方法与历史模拟法十分类似，它们的区别在于前者利用统计方法估计历史上市场因子运动的参数，然后模拟市场因子未来的变化情景，而后者则直接根据历史数据来模拟市场因子的未来变化情景。其具体步骤如下：首先识别基础的市场因子，并用市场因子表示出证券组合中各个金融工具的盯市价值；假设市场因子的变化服从分布（如多元正态分布），估计分布的参数（如协方差矩阵和相关系数）；利用 Monte Carlo 方法模拟市场因子未来变化的情景，根据定价公式计算证券组合未来的盯市价值及未来的潜在损益；根据潜在损益的分布，在给定置信度下计算 VaR 值。

采用蒙特·卡罗模拟法计算 VaR 时，存在两个重要缺陷：其一是计算量大。一般来说，复杂证券组合往往包括不同币种的各种债券、股票、远期和期权等多种证券，其基础市场因子包括多种币种不同、期限不同的利率、汇率、股指等，构成一个庞大的因子集合。即使市场因子的数目比较少，对市场因子矢量的多元分布进行几千次甚至上万次的模拟也是非常困难的。其二是难以满足经济问题的时变性。蒙特·卡罗模拟的维数高、静态法产生随机序列，均值和协方差矩阵不变，而经济问题中的变量都具有时变性，用静态的方法处理时变变量时必然会产生一定的偏差；而且传统蒙特·卡罗方法难以从高维的概率分布函数中抽样。针对这两种缺陷，近年来许多学者对传统的 Monte Carlo 方法进行了改进：针对 Monte Carlo 方法计算效率低的缺陷，情景模拟方法可以弥补。传统的 Monte Carlo 模拟方法根据市场因子的分布生成大量等概率的情景，而情景模拟则采用多项分布将市场因子服从的多元正态分布离散化，生成有限数目的具有不同概率的情景，从而极大地简化了计算，这一方法目前已应用于 Sakura 全球资本公司（SGC）的风险模拟系统 Sakura Prime 中。针对 Monte Carlo 方法静态性的缺陷，Markov Chain Monte Carlo 模拟将随机过程中的马尔科夫过程引入蒙特·卡罗模拟中，利用 Gibbs 抽样方法来构造转移核，通过建立一个马尔科夫链，实现动态模拟，即随机抽取的样本分布随模拟的进行而改变。

分析方法。由于历史模拟法必须保留过去 N 个时期所有市场因子的历史数据，而且必须对证券组合中每一个证券进行估价，计算起来比较烦琐，人们便想寻求一种较为简单的方法。分析方法就是在假定市场因子的变化服从多元正态分布情形下，利用正态分布的统计特性，简化计算的方法。

四、VaR 方法的缺陷

由于 VaR 能够提供衡量市场风险的实用指标，不仅便于金融机构进行风险管理，而且有助于监管部门进行有效监控，目前已得到广泛应用。然而，经过很多学者的不断探索和实际运用部门的实践证明，VaR 无论在理论上还是在应用上都还存在巨大缺陷，主要体现在三个方面：

一是对于尾部测量不充分。根据约恩（Jorion）给出的定义，VaR 是指在给定的置信水平和投资期内投资组合可能遭受的最大损失。可见，VaR 本质上只是对应于某置信水平的分位点，故又称为分位点 VaR。因此它无法考察分位点下方的信息，即所谓的左尾损失，这就是 VaR 尾部损失测量的非充分性。VaR 方法的这一缺点使人们忽略了小概率发生的巨额损失事件甚至是金融危机，而这又恰恰正是金融监管部门所必须重点关注的。

二是 VaR 的计算量巨大，尤其对动态情形的计算难以得到认可。

三是不满足一致性风险度量的公理化要求。著名的一致性公理是由阿兹纳（Artzner）于 1997 年提出的。其内容是：若某种风险度量满足次可加性、正齐次性、单调性和传递不变性四个条件，则该风险度量是一致性风险度量（coherent risk measurement）。阿兹纳等指出，只有满足一致性要求的风险度量方法才能充当投资组合管理工具。若用向量 X，Y 表示两个投资组合的随机回报向量，ρ 是风险度量，则一致性风险度量的四个公理是：

正齐次性：$\rho(aX)=a\rho(X)$，$a>0$ 为常数。它反映了没有分散风险的效应。

次可加性：$\rho(X+Y)\leqslant\rho(X)+\rho(Y)$。它反映了组合投资具有分散风险的特点。因此，任何投资组合的风险度量应该不大于该组合中各项资产的风险度量的和。

单调性：若 $Prob(X \geq Y)=1$，则 $\rho(X) \leq \rho(Y)$。若一个投资组合优于另一个投资组合，即前者随机回报的各分量大于或等于后者随机回报对应的分量，则前者的风险至少不大于后者。

传递不变性：$\rho[X+b(1+r)]=\rho(X)-b$，其中 r 为无风险利率，$b \geq 0$。若增加无风险头寸到投资组合中，则组合的风险随着无风险资产头寸的增加而减少。

一致性公理表达的是金融风险最基本的常识。通过这些条件将检验风险度量工具对投资组合的局部和总体的风险度量是否保持一致性。在一致性公理的四大条件中，次可加性是最为重要的。当 VaR 不满足次可加性，它就不是凸性的风险度量，我们也就不能通过计算技术成熟的凸规划来求得最小风险投资组合。而且当 VaR 不满足次可加性时，投资组合的 VaR 值会大于投资组合中各项资产的 VaR 值的和，这将产生一个错误的风险规避策略：一个包含多个部门的金融机构只要将其资产分别划分给其下的各个部门，由各个部门分别计算 VaR 再求和，就能实现整个金融机构的风险降低。显然，违背次可加性将有可能给金融监管系统带来系统漏洞。另外，我们可以证明，当且仅当投资组合的损失呈正态分布时，VaR 才满足次可加性，进而满足一致性要求。但是许多文献已经给出证明，无论是在国内还是国外的证券市场，投资组合的损失分布都是厚尾和有偏的，即不满足正态性。这也意味着，用 VaR 来衡量投资组合风险是不满足次可加性的，不符合一致性公理的要求。因此研究满足一致性公理的风险度量就是非常有意义的工作。

五、VaR 方法的改进——条件在险价值（CVaR）

正是因为 VaR 方法越来越为人们所熟知和认可而广泛应用于金融系统的风险度量，但其本身又有着上述的缺陷，故研究界纷纷试图对其进行改良，找到一个既具有可操作性又满足一致性公理，特别是考虑了左尾损失极值的风险测度。其中，洛克菲勒等（Rockfellar et al.）在 2000 年提出的 CVaR 这一概念引起了证券界金融风险管理人员的重点关注，并得到了越来越多业界人士的认可。

设 $f(x, y)$ 是在决策向量 x 下的损失函数，其中向量 x 可以看作是组合中各资产的头寸或者权重，向量 y 表示对损失有影响的不确定性，如市场价格或收益率。对每一组合 x，由 y 引起的损失 $f(x, y)$ 是 R 上服从某一分布的随机变量。为方便起见，假设 y 的密度函数为 $p(y)$，$f(x, y)$ 不超过某一个阈值的概率为：

$$\psi(x, \xi) = \int_{f(x, y) \leqslant \xi} p(y) dy$$

作为在投资组合 x 固定时 ξ 的函数，$\psi(x, \xi)$ 是与 x 对应的损失的累积分布函数。在给定的置信度 α 下的 VaR 和 CVaR 定义为：

$$VaR_{\alpha}(x) = \min\{\xi \mid \psi(x, \xi) \geqslant \alpha\}$$

$$CVaR_{\alpha}(x) = \frac{1}{1-\alpha}\int_{f(x,y) \geqslant VaR_{\alpha}(x)} f(x, y)p(y)dy$$

由于 CVaR 可以通过线性计算，解决了 VaR 所具有的缺陷，因此正在被众多的金融机构所采用。

针对 VaR 的缺陷，理论界还提出了很多改进的方法，比如 Expected Regret、Expected Shortfall、Tail Contional Expectation、Tail Mean、Worst Conditional Expectation 等。由于 CVaR 是在 VaR 的基础上进行修正而得到的结果，所以具有 VaR 的优点，同时在理论上又具有良好的性质，如次可加性、凸性等。而且在投资组合优化决策时，以 CVaR 作为优化目标，可以采用线性规划方法进行求解，求解过程还可以得到投资组合的 VaR。

在险价值估计方法主要应用于风险控制。目前已有超过 1000 家的银行、保险公司、投资基金、养老金基金及非金融公司采用 VaR 方法作为金融衍生工具风险管理的手段。利用 VaR 方法进行风险控制，可以使每个交易员或交易单位都能确切地明了他们在进行有多大风险的金融交易，并可以为每个交易员或交易单位设置 VaR 限额，以防止过度投机行为的出现。如果执行严格的 VaR 管理，一些金融交易的重大亏损也许就完全可以避免。在金融投资中，高收益总是伴随着高风险，交易员可能不惜冒巨大的风险去追逐巨额利率，因此公司出于稳健经营的需要，必须对交易员可能的过度投机行为进行限制，故而有必要引入考虑风险因素的业绩评价指标。

六、VaR 的估计方法的基本步骤

VaR 的估计方法主要有三种：（1）历史模拟法（historical simulation method）；（2）方差—协方差法；（3）蒙特·卡罗模拟法（Monte Carlo simulation）

历史模拟法是借助于计算过去一段时间内的资产组合风险收益的频度分布，通过找到历史上一段时间内的平均收益，以及在既定置信水平 α 下的最低收益率，计算资产组合的 VaR 值。历史模拟法假定收益随时间独立同分布，以收益的历史数据样本的直方图作为对收益真实分布的估计，分布形式完全由数据决定，不会丢失和扭曲信息，然后用历史数据样本直方图的 P—分位数据作为对收益分布波动的估计。一般地，在频度分布图中（图 12－1，见例 12－1）横轴衡量某机构某日收入的大小，纵轴衡量一年内出现相应收入组的天数，以此反映该机构过去一年内资产组合收益的频度分布。

方差—协方差法同样是运用历史资料，计算资产组合的 VaR 值。其基本思路为：首先，利用历史数据计算资产组合的收益的方差、标准差、协方差；其次，假定资产组合收益是正态分布，可求出在一定置信水平下，反映了分布偏离均值程度的临界值；最后，建立与风险损失的联系，推导 VaR 值。

除了历史模拟法和方差—数准差法外，对于计算资产组合的 VaR 的方法还有更为复杂的“蒙特·卡罗模拟法”。这种方法基于历史数据和既定分布假定的参数特征，借助随机产生的方法模拟出大量的资产组合收益的数值，再计算 VaR 值。

根据古德哈特等人研究，计算 VaR 值三种方法的基本步骤及特征如下：

（1）确认头寸——找到受市场风险影响的各种金融工具的全部头寸。

（2）确认风险因素——确认影响资产组合中金融工具的各种风险因素。

（3）获得持有期内风险因素的收益分布——计算过去年份里的历史上的频度分布，以及过去年份里风险因素的标准差和相关系数，假定特定的参数分布或从历史资料中按自助法随机产生。

（4）将风险因素的收益与金融工具头寸相联系——按照风险因素分解头寸（Risk Mapping），将头寸的盯住市场价值表示为风险因素的函数。

（5）计算资产组合的可变性。利用从步骤 3 和步骤 4 得到的结果模拟资产组合收益的频度分布，假定风险因素是呈正态分布，计算资产组合的标准差，利用从步骤 3 和步骤 4 得到的结果模拟资产组合收益的频度分布。

（6）给定置信区间推导 VaR。

第二节 VaR 的估计方法设计

一、数据读取与保存

选择上证 180 成分股最近 2 年的日收盘价格序列作为数据源，从 Excel 表中读取上证 180 的成分股及其流通盘数量、180 成分指数，然后把数据保存为 MATLAB 数据文件 SZ180Prices. Mat。数据读取与保存的程序编码如下：

```
%% Import data from Excel
%从 Excel 中读取数据
%文件 SZ180. xls 中有两个表，分别为 SZ180 指数\SZ180 指数成分股价格序列，%SZ1800 指数成分股流通股数。
[num,txt] = xlsread('SZ180. xls','SZ180');
SZ180Dates = txt(4:end,1);  %历史交易日期
SZ180Tickers = txt(1,3:end);  %股票名称
SZ180HistPrices = num(:,2:end);  %成分股历史价格
SZ180Index = num(:,1);  %SZ180 成分指数
[num,txt] = xlsread('SZ180. xls','Weight');
Weight = num;  %股票的流通股数，单位为亿。
save SZ180Prices SZ180Dates SZ180Tickers SZ180HistPrices Weight SZ180Index
```

Excel 表的部分价格信息如表 12－1 所示。

表 12－1　　　　上证 180 成分股部分价格信息序列

日期	上证 180	浦发银行	首创股份	上海机场	包钢股份	华夏银行
	000010. SH	600000. SH	600008. SH	600009. SH	600010. SH	600015. SH
	收盘价	收盘价/元	收盘价/元	收盘价/元	收盘价/元	收盘价/元
2015/08/05	7310. 29	10. 19	3. 94	27. 6	2. 94	8. 21
2015/08/06	7304. 83	10. 24	4. 22	25. 66	2. 69	8. 46
2015/08/07	7031. 6	10. 3	4. 59	25. 55	2. 45	8. 37
2015/08/10	7332. 04	10. 52	4. 63	27. 52	2. 68	8. 44
2015/08/11	7167. 77	10. 37	4. 56	26. 35	2. 66	8. 23
2015/08/12	7186. 64	10. 25	4. 61	26. 46	2. 73	8. 14
2015/08/13	7282. 28	10. 29	4. 45	27. 17	2. 76	8. 11
2015/08/14	7351. 09	10. 32	4. 67	27. 43	2. 77	8. 19
2015/08/17	7164. 62	10. 2	4. 81	26. 43	2. 66	7. 98
2015/08/18	7208. 58	9. 88	4. 58	27. 36	2. 68	8. 01
2015/08/19	7125. 86	9. 98	4. 64	27. 3	2. 6	8. 15
2015/08/20	7119. 28	9. 75	4. 18	27. 36	2. 61	8. 06
2015/08/21	6976. 28	9. 43	3. 98	26. 81	2. 52	7. 91
2015/08/24	7030. 85	8. 49	4. 37	26. 85	2. 54	7. 97
2015/08/25	7216. 03	8. 15	4. 19	27. 78	2. 6	8. 1
2015/08/26	7314. 59	8. 59	4. 3	27. 7	2. 64	8. 13
2015/08/27	7531. 18	9. 26	4. 4	27. 7	2. 76	8. 29

数据调入系统内存后，在 MATLAB 在工作区中可以见到如图 12－2 中的各数据结构及相关信息。

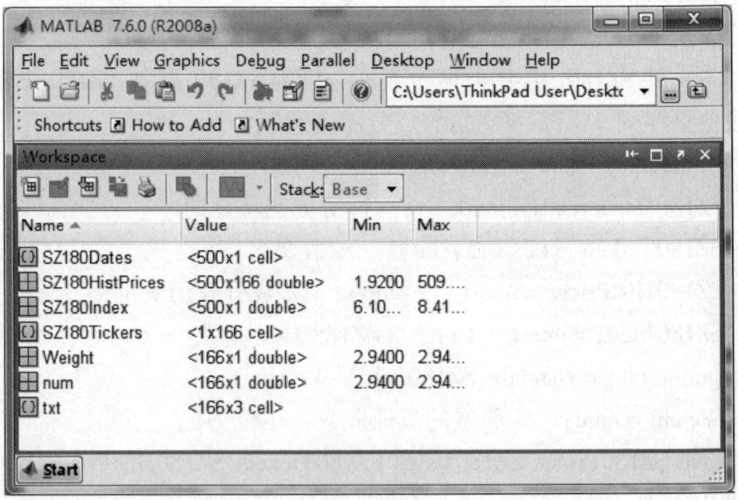

图 12－2　VaR 计算数据源在工作区中的数据结构

二、数据标准化与可视化

选择三种成分股代表进行数据的标准化与可视化，下载数据时注意除权数据的复权等处理，可视化效果与数据的预处理有相关性。其 MATLAB 设计如下：

1. 程序设计

```
%% Convert price series to return series and visualize historical returns
%将数据转为收益率序列并画出历史收益曲线
clear
load SZ180Prices. mat

%% Visualize price series
%可视化价格序列
%标准化价格，初始价格为 1.00
normPrices = ret2tick( tick2ret( SZ180HistPrices) ) ;
%绘制选定股票的标准化价格，'浦发银行'，'首创股份'，'上海机场'
%选定股票
mypick = strcmpi( SZ180Tickers，'浦发银行') | strcmpi( SZ180 Tickers，'首创股份') ...
    | strcmpi( SZ180Tickers，'上海机场') ;
%选定股票价格序列
```

```
mypickStockPrices = SZ180HistPrices(:,mypick);
%选定股票的标准价格
mypickNormPrices = normPrices(:,mypick);
%选定股票的名称
mypickSZ180Tickers = SZ180Tickers(mypick);
%绘制图形
plot(mypickNormPrices,'DisplayName','mypickNormPrices','YDataSource','mypickNormPrices');figure(gcf)
legend(mypickSZ180Tickers)
normIndexPrice = ret2tick(tick2ret(SZ180Index));    %指数标准价格
hold all
plot(normIndexPrice,'DisplayName','Index','YDataSource','normIndexPrice');figure(gcf)
```

2. 运行结果

三种代表成分股的 2 年价格曲线如图 12－3 所示。

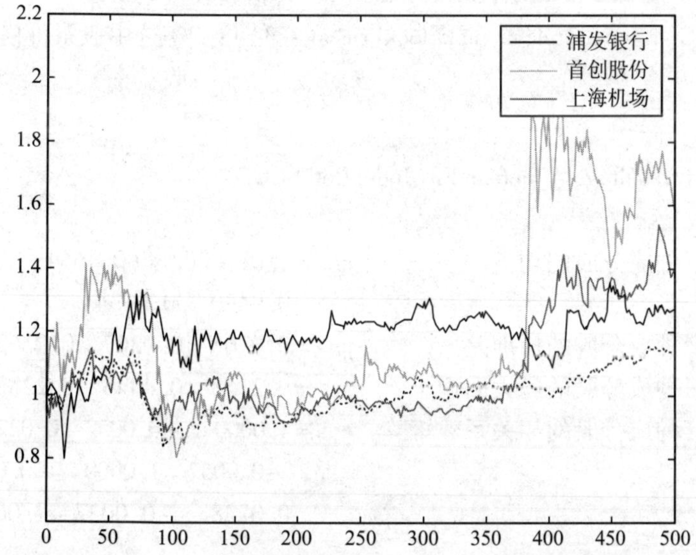

图 12－3　500 个交易日的三种成分股与成分股指数的同步行情

三、相关统计参数的计算

计算上述三种股票的均值、标准差、相关系数与 beta 系数等指标，其编码如下：

1. 程序设计

```
%%Simple data analysis, mean, std, correlation, beta
%样本股票价格分析，均值、标准差、相关性与 beta
```

```
clear
load SZ180Prices. mat
%选定股票
mypick = strcmpi(SZ180Tickers,'浦发银行') | strcmpi(SZ180Tickers,
'首创股份')...
    | strcmpi(SZ180Tickers,'上海机场');
%选定股票价格序列
mypickStockPrices = SZ180HistPrices(:,mypick);
%价格转收益率
mypickRet = tick2ret(mypickStockPrices,[],'Continuous');
mean(mypickRet)  %均值
std(mypickRet)  %标准差
maxdrawdown(mypickStockPrices)  %最大回撤
corrcoef(mypickRet)  %相关性
%简单 Beta 计算
IndexRet = tick2ret(SZ180Index);  %指数收益率
SCGF = tick2ret(mypickStockPrices(:,3));  %选中股票价格转为
                                          收益率
%自动生成图片(cftool)
[fitresult,gof] = createFit(IndexRet,SCGF)
```

2. 运行结果

三种成分股的均值　　ans = 1. 0e - 003 * (0. 4664　0. 9470　0. 6634)

三种成分股的标准差　　ans = 0. 0165　0. 0307　0. 0163

三种成分股的最大回撤　　ans = 0. 2253　0. 4345　0. 2282

三种成分股的相关系数矩阵　　ans =

1. 0000	- 0. 0052	0. 0228
- 0. 0052	1. 0000	- 0. 0037
0. 0228	- 0. 0037	1. 0000

Beta 系数的计算结果:

```
Linear model Poly1:
fitresult(x) = p1 * x + p2
Coefficients(with 95% confidence bounds):
p1 =        0. 6855   (0. 582,0. 789)
p2 =   0. 0005728   ( - 0. 0006677,0. 001813)
```

相关统计变量 gof =

sse:0. 0988

rsquare:0. 2541

dfe:497

adjrsquare:0.2526

rmse:0.0141

首创股份的 Beta 计算结果如图 12-4 所示。

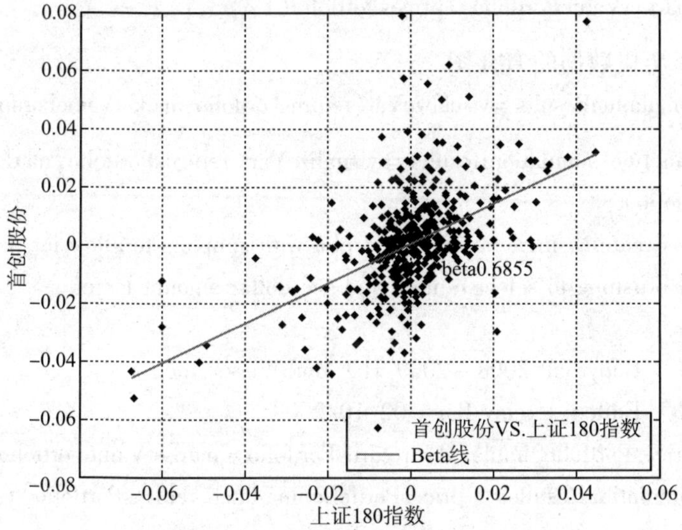

图 12-4 首创股份的 Beta 计算结果

四、估计 VaR 的数据预处理

将上证 180 成分股作为投资组合，投资组合中的股票数量选择最新流通股本数量，计算该投资组合的组合收益率序列，等等。投资组合的净值及其收益率分布如图 12-5 所示，图形显示时调用了 visualizeVar 程序。

1. 程序设计

```
%% Convert price series to return series and visualize historical returns
%将数据转为收益率序列并画出历史收益曲线
%如果数据已储存
clear
load('SZ180Prices.mat')
%% Calculate return from price series
%根据价格序列计算收益率
returnsSecurity = tick2ret(SZ180HistPrices,[],'Continuous');

%% Historical Simulation visually
%历史模拟方法，计算投资组合价值
```

```
pricesPortfolio = SZ180HistPrices * Weight;
%投资组合的收益率
returnsPortfolio = tick2ret(pricesPortfolio,[],'continuous');
%投资组合最后一日的市值
marketValuePortfolio = pricesPortfolio(1:end,1)';
%历史数据的 Hist 图
simulationResults = visualizeVar(returnsPortfolio,marketValuePortfolio);

function simulationResults = visualizeVar(returnsPortfolio, marketValuePortfolio)
% Create a single variable and plot with subplots to allow for data
% brushing to select returns and see dollar amount losses.
%
%   Copyright 2008 - 2009 The MathWorks,Inc.
%   Edited:Jeremy Barry 02/10/2009
pricesPortfolioSimulated = returnsPortfolio * marketValuePortfolio;
simulationResults = [pricesPortfolioSimulated returnsPortfolio];
subplot(2,1,1)
plot(simulationResults(:,1))
title('Simulated Portfolio Returns')
xlabel('Time(days)')
ylabel('Amount(MYM)')
subplot(2,1,2)
hist(simulationResults(:,2),100)
title('Distribution of Portfolio Returns')
xlabel('Return')
ylabel('Number of occurences')
```

2. 运行结果

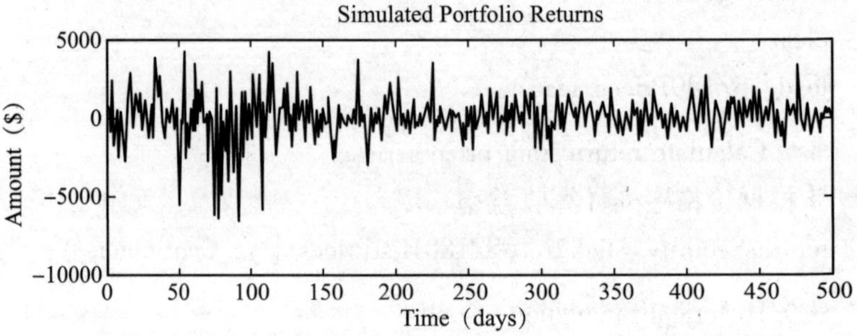

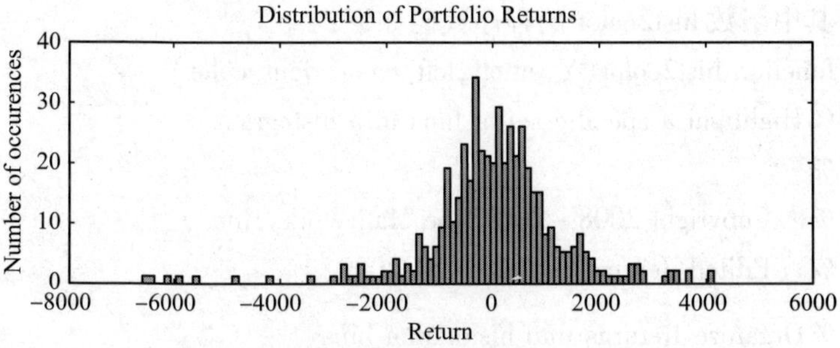

图 12-5　投资组合的净值与收益率分布

五、历史数据模拟法的计算方法

1. 历史数据模拟法计算 VaR 编码

```
%% 计算投资组合风险价值（VaR）-2
clear variables% 清空变量空间
load SZ180Prices. mat

%% Calculate return from price series
% 根据价格序列计算收益率
returnsSecurity = tick2ret(SZ180HistPrices,[ ],'Continuous');

%% Historical Simulation visually
% 历史模拟方法，计算投资组合价值
pricesPortfolio = SZ180HistPrices * Weight;

% 投资组合的收益率
returnsPortfolio = tick2ret(pricesPortfolio,[ ],'continuous');

% 投资组合最后一日的市值
marketValuePortfolio = pricesPortfolio(end);

%% Historical Simulation programatically
% 历史模拟法程序
% 收益率在 1% 与 5% 的置信水平
confidence = prctile(returnsPortfolio,[1 5]);

% 历史模拟法的可视化
figure;
hist2color(returnsPortfolio,confidence(2),'r','b');
% 具体见 hist2color 程序
% 历史方法 99% 与 95% 水平的风险价值
hVar = -marketValuePortfolio * confidence;
displayVar(hVar(1),hVar(2),'hs');
```

其中函数 hist2color 的程序代码如下:

```
function hist2color(Y,cutoff,left_color,right_color)
% Highlight a specific set of bins in a histogram.
%
%   Copyright 2008 -2009 The MathWorks,Inc.
%   Edited:Jeremy Barry 02/10/2009

% Organize Returns into historgram bins
[count,bins] = hist(Y,100);

% Create 2nd data set that is zero above cutoff point
count_cutoff = count. * (bins < cutoff);

% Plot full data set
bar(bins,count,right_color);
hold on;
% Plot cutoff data set
bar(bins,count_cutoff,left_color);
grid on;
hold off;
```

其中函数 displayVar 的程序代码如下:

```
function displayVar(onePercent,fivePercent,method)
% Display the Value at Risk as with a percentage and dollar amount.
%
% Copyright 2008 -2009 The MathWorks, Inc.
% Edited:Jeremy Barry 02/10/2009

switch method
case 'hs'
    methodString = 'Historical Simulation';
case 'p'
    methodString = 'Parametric';
case 'mcp'
    methodString = 'Monte Carlo Simulation(portsim)';
case 'mcg'
    methodString = 'Monte Carlo Simulation(GBM)';
case 'mcs'
    methodString = 'Monte Carlo Simulation(SDE)';
case 'mcsec'
    methodString = 'Monte Carlo Simulation(by security)';
```

```
end
outString = sprintf('Value at Risk method:%s\n',methodString);
outString = [outString sprintf('Value at Risk@99%% = %s\n',...
    formatCurrency(onePercent))];
outString = [outString sprintf('Value at Risk@95%% = %s\n',...
    formatCurrency(fivePercent))];
disp(outString)
```

2. 历史模拟法运行结果

历史模拟法计算 VaR 的结果如图 12－6 所示。

Value at Risk method：Historical Simulation

Value at Risk@99% = ¥6125.17

Value at Risk@95% = ¥2140.50

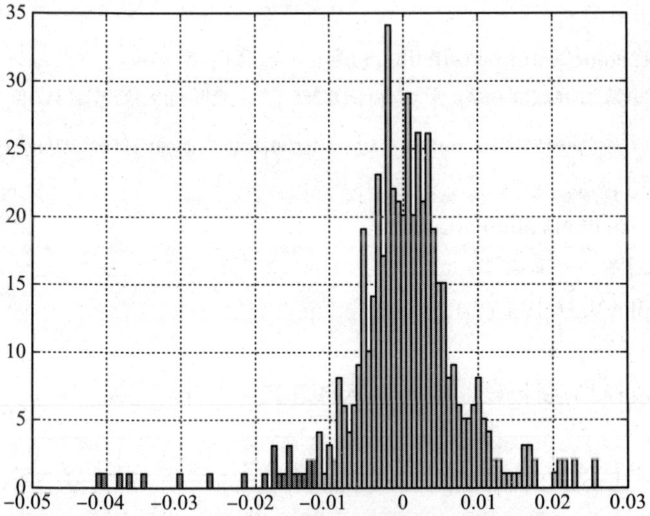

图 12－6 历史模拟法计算 VaR 结果

六、参数模型法的 VaR 计算

1. 程序设计

```
%% 计算投资组合风险价值（VaR）-2
% 本程序使用三种不同的方法计算投资组合风险价值

clear variables% 清空变量空间
load SZ180Prices.mat
%%Calculate return from price series
%根据价格序列计算收益率
returnsSecurity = tick2ret(SZ180HistPrices,[],'Continuous');
```

```
%% Historical Simulation visually
%历史模拟方法，计算投资组合价值
pricesPortfolio = SZ180HistPrices * Weight;
%投资组合的收益率
returnsPortfolio = tick2ret(pricesPortfolio,[],'continuous');
%投资组合最后一日的市值
marketValuePortfolio = pricesPortfolio(end);
%% Parametric
%参数模型
%收益率在1%与5%的置信水平
confidence = prctile(returnsPortfolio,[1 5]);
%历史模拟法的可视化
figure;
hist2color(returnsPortfolio,confidence(2),'r','b');
%计算99%与95%水平的风险价值，假设收益率服从正态分布。
pVar = portvrisk(mean(returnsPortfolio),std(returnsPortfolio),
[.01.05],...
    marketValuePortfolio);
%画图
displayVar(pVar(1),pVar(2),'p')
```

2. 运行结果

参数模型法计算 VaR 的结果如图 12-7 所示。

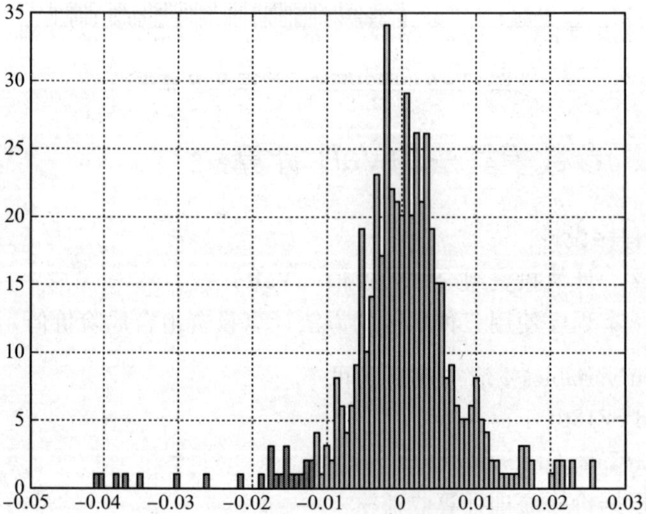

图 12-7 参数模型法计算 VaR 结果

Value at Risk method：Parametric
Value at Risk@99% = ￥3420.12
Value at Risk@95% = ￥2400.51

七、蒙特·卡罗模拟方法的VaR计算

1. 程序设计

```
%%计算投资组合风险价值（VaR）-2
%本程序使用三种不同的方法计算投资组合风险价值

clear variables%清空变量空间
load SZ180Prices.mat

%%Calculate return from price series
%根据价格序列计算收益率
returnsSecurity = tick2ret(SZ180HistPrices,[],'Continuous');
%%Historical Simulation visually
%历史模拟方法，计算投资组合价值
pricesPortfolio = SZ180HistPrices * Weight;

%投资组合的收益率
returnsPortfolio = tick2ret(pricesPortfolio,[],'continuous');

%投资组合最后一日的市值
marketValuePortfolio = pricesPortfolio(end);

%%Monte Carlo using portsim
%蒙特·卡罗模拟方法
[marketValuePortfolio,weightsPortfolio] = getPortfolioWeights(...
    SZ180HistPrices,Weight);
%具体参见getPortfolioWeights程序。

numObs = 1;  %样本个数
numSim = 10000;  %模拟次数
%预期期望与方差
expReturn = mean(returnsSecurity);
expCov = cov(returnsSecurity);
%rng Control the random number generator
%——rng(12345)
%生成资产收益率矩阵
simulatedAssetReturns = portsim(expReturn,expCov,numObs,1,num-
Sim,'Exact');
```

```
%指数收益率
simulatedAssetReturns = exp(squeeze(simulatedAssetReturns)) - 1;
mVals = weightsPortfolio * simulatedAssetReturns;
mVar = -prctile(mVals * marketValuePortfolio,[1 5]);

%可视化模拟组合
plotMonteCarlo(mVals)

%风险价值
displayVar(mVar(1),mVar(2),'mcp')
%%使用 GBM 对象进行蒙特·卡罗模拟
expReturn = mean(returnsSecurity);
sigma = std(returnsSecurity);
correlation = corrcoef(returnsSecurity);
X = SZ180HistPrices(end,:)';
dt = 1;
numObs = 1;% Number of observation
numSim = 10000;% Number of simulation
%——    rng(12345)
GBM = gbm(diag(expReturn),diag(sigma),'Correlation',correlation,'StartState',X);

% Simulate for numSim trials
simulatedAssetPrices = GBM.simulate(numObs,'DeltaTime',dt,'ntrials',numSim);
simulatedAssetReturns = tick2ret(simulatedAssetPrices,[],'continuous');
%simulatedAssetReturns = squeeze(simulatedAssetReturns);
simulatedAssetReturns = exp(squeeze(simulatedAssetReturns)) - 1;
gbmVals = weightsPortfolio * simulatedAssetReturns;
gbmVar = -prctile(gbmVals * marketValuePortfolio,[1 5]);

% Visualize the simulated portfolios
plotMonteCarlo(gbmVals)
% Value at Risk
displayVar(gbmVar(1),gbmVar(2),'mcg')

function [portfolioMarketValue portfolioWeights securityMarketValue lastPrice] = getPortfolioWeights(prices,positions)
% Compute the portfolio market value,the security market value,the weight
% for each security in the portfolio and the last price of the security.
```

```
%  Copyright 2008 - 2009 The MathWorks,Inc.
%  Edited:Jeremy Barry 02/10/2009

portfolioMarketValue = prices(end,:) * positions;
securityMarketValue = prices(end,:).* positions';
portfolioWeights = securityMarketValue/portfolioMarketValue;
lastPrice = prices(end,:);

function plotMonteCarlo(returnSeries)
% Plot all of the simulation returns from the Monte Carlo simulation.
%
%  Copyright 2008 - 2009 The MathWorks,Inc.
%  Edited:Jeremy Barry 02/10/2009

percentiles = prctile(returnSeries,[1 5]);
hist(returnSeries,100)
var1 = line([percentiles(2) percentiles(2)],ylim,'color','g','linewidth',2,'displayname','VaR@5%');
var2 = line([percentiles(1) percentiles(1)],ylim,'linestyle','--','color','g','linewidth',2,'displayname','VaR@1%');
title('Simulated Returns')
xlabel('Simulated Return')
ylabel('Number of Observed Returns')
legend([var1 var2])
```

2. 运行结果

蒙特·卡罗模拟法计算 VaR 的结果如图 12 - 8 所示。

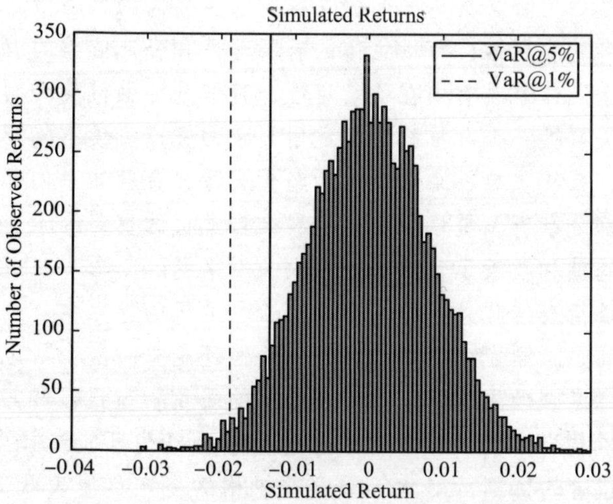

图 12 - 8　蒙特·卡罗模拟法计算 VaR 结果

Value at Risk method：Monte Carlo Simulation（GBM）

Value at Risk@ 99% = ¥3464.43

Value at Risk@ 95% = ¥2451.18

知识拓展

警惕金融业加速开放过程中爆发系统性金融风险

“遵循金融发展规律，紧紧围绕实体经济、防控金融风险、深化金融改革三项任务”，这是党中央、国务院面对国内外复杂多变的经济金融风险形势做出的重大战略部署。对于确保我国不发生系统性金融风险和经济金融危机具有十分重大的意义。

金融业开放过程中系统性风险不容忽视。系统性金融风险是由金融系统内部产生的，不能通过资产组合分散而爆发的整体性风险。系统性风险一般具有整体性、不可分散性、传染性等特征，与非系统性风险相比，系统性风险是跨机构、跨产品、跨市场的风险传播与积累，系统性风险进一步演进就是金融危机。从系统性金融风险和金融危机爆发后的影响看，会出现股市暴跌、资本外逃、银行信用关系遭到破坏，并伴随银行挤兑、流动性奇缺和金融机构大量破产倒闭等现象，以及官方外汇储备大量减少，货币大幅度贬值和通胀、偿债困难等现象。金融领域所有或大部分金融指标急剧恶化，影响相关国家或地区乃至全世界经济的稳定与发展。

从系统性金融风险和金融危机爆发的规律看。新兴市场金融体系在金融业全面开放之初的3~5年之内爆发金融危机的可能性非常大。

从系统性风险和金融危机的成因看。在时间维度方面，金融机构与监管的顺周期性是导致系统性风险的主要原因之一。在空间维度方面，主要是因为金融机构之间的关联度以及共同的风险敞口。在内因方面，金融的脆弱性、市场主体的有限理性和资产价格的波动性等因素决定了金融体系具有内在不稳定性，特别是金融机构之间业务及资产负债的关联性、金融杠杆过度运用导致的资产负债结构不匹配、风险同质化、系统重要性金融机构的经营失败、金融体系内部存在的道德风险等都是孕育系统性金融风险和金融危机的重要因素。在外因方面，经济周期和政策干预失当是两大长期来源。

资产负债表恶化是系统性金融风险和危机的导火索。一是政府总负债水平高企。国家主权负债过高无法偿还是每一次金融危机爆发的导火线。二是金融机构资产负债表状况的恶化。当银行和其他从事贷款的金融机构资产负债表状况恶化时，金融机构可能选择两种战略：削减贷款或者增加新的资本。当这些机构的资产负债表状况恶化时，它们很难以合理的成本增加新资本。金融机构的一般战略反应就是收缩贷款，从而导致经济活动减速。高杠杆操作恶化了商业银行的资产负债表，加深了资产负债表恶化风险。如果资产负债表恶化的状况非常严重，银行机构将同时陷入困境。在发生银行恐慌的情况下，储蓄者就可能从银行系统提取存款，引起贷款和储蓄的成倍收缩，从而导致其他银行陷入困境。国内宏观经济不均衡和国际金融危机的传播也有可能导致金融机构资产负债表状况的恶化。例如，资本的大量流入通常会带来信贷繁荣和资产价格泡沫，这样银行在经济处于高速增长的过程中更加难以区分信贷风险的高低。同时，由于银行贷款可能集中于房地产和股票市场，房地产和股票市场价格的大幅波动也会对银行产生巨大的破坏作用。三是利率汇率大幅度波动和金融市场丧失稳定性。在经济低迷的形势下，具有较高风险项目的借款人则愿意支付较高利率，因为如果高风险项目取得成功，他们就成为主要受益人，如果项目失败，这些借款人就会采取逃废债务或者老板跑路的方式逃避相应责任。由于贷款人认识到更高的利率意味着潜在借款人质量的下降，贷款人可能采取的措施就是减少金融中介活动，限制贷款数量，而这样对经济复苏将是雪上加霜。当国内利率处于高水平时，借款人非常希望到国外借款，以降低借款成本，但是一旦本国货币贬值，银行或借款企业将面临巨大汇率风险，大幅增加债务规模，大量的外币债务将使银行摆脱危机更为困难。如果利率上升使银行长期资产下降的幅度超过短期负债上升的幅度，就可能直接导致银行净价值的下降。金融市场不稳定性的增加使银行等贷款人难以区分信用风险的优劣，减少发放贷款的愿望，导致全社会投资和经济活动水平的下降。四是开放金融业可能恶化非金融企业资产负债表。如果存在大量的资产负债表严重恶化的企业借款人或者“僵尸”企业，就会加剧非对称信息所引起的逆向选择和道德风险，增加金融不稳定性。例如，贷款人通常将抵押作为解决非对称信息的重要方式。抵押减轻了逆向选择和道德风险对贷款人的损害程度，在发生贷款拖欠的情况下，抵押物的存在可以减少贷款人的经济损失。但是，如果资产价格下跌，抵押物的价值就会下降，非对称信息问题就会突然给贷款人造成麻烦。在经济持续下行的情况下，中国经济进入到一个风险周期，包括债务和各种杠杆在内的风险考验中国经济的安全系统。企业净值可能对抵押物发挥类似的作用，在净资产价值下跌的情况下，贷款人更易于受到逆向选择的损害，从而迫使贷款人减少发放贷款的数量，导致总体经济活动水平的下降。在大部分资产以国内货币标记的情况下，价值的下降会导致企业净值的进一步下降。本国货币的贬值还会引发居民的“羊群效应”，当居民因为恐慌而出现集中的非理性购汇，可能短期之内极大消耗外汇储备。考虑到中国所面临的复杂地缘政治环境和国际经济金融市场巨大的不确定性，以及外汇储备额消耗速度，确保外汇储备保持在一个安全水平对于防范系统性风险至关重要。

防范系统性金融风险和金融危机的对策。我国应未雨绸缪，尽快从宏观、银行和企业微观等多个层面，强化金融风险预警和反金融危机对策。加强宏观动态管理和风险监控。面对当前世界经济复苏乏力，金融市场大幅动荡的复杂形势，我国应在宏观层面未雨绸缪，做好应对国际金融市场动荡冲击的挑战。一是建立健全金融危机预警体系。加强法制法规建设，按照国际标准规范金融市场，规范金融机构经营，预先强化金融机构的财务、审计等制度，增加金融机构运作的透明度。建立健全金融风险预警和防范机制，加强中央银行对金融风险的监控能力和金融机构对风险的抵御能力。二是加强对国际资本流动的研究。追踪短期资本的流动方向，了解投机资本的炒作方法，争取在开放资本账户前，尽可能深入地掌握国际投机资本的运动规律，提前出台相关措施加以防范和应对。除此之外，还应当在 WTO 原则和与主要谈判伙伴国签订的有关协议范围内，对国际金融机构的进入应当制定适当限制性政策。三是减少金融体系中的非对称信息。国外金融危机的教训表明，投资者愿意为治理良好的公司付出 30% 的溢价，管理者也可以通过多维度的公司治理改进实现公司市值 10% ~ 12% 的增值。国有金融机构必须按照现代企业治理的通行标准，建立合理的企业治理结构，增强经营过程的透明度，减少由于非对称信息引起的金融风险。为提高金融机构竞争力，必须逐渐实现金融经营体制的转型，逐步从分业经营体制转向综合金融经营体制。要加快推进国有金融机构的混合所有制改革，通过增量性金融产权结构调整，完善金融宏观治理结构。四是推动国际监管体系改革与合作。要加强国际金融监管合作，信息交换、政策的相互协调、危机管理和联合行动，促进国际金融监管向相对集中统一、公开透明、务实高效的方向发展。要积极推动和落实巴塞尔新资本协议等国际普遍性规定，推动完善国际会计准则，促进评级机构强化自身制度和能力建设，更加客观公正地对我国主权和金融机构进行评级。

（资料来源：银行家，2017 年 11 月 5 日，经整理而成）

本章小结

1. 所谓 VaR，按字面意思解释就是“按风险估价”，即正常波动情形下对投资可能损失的一种统计测度。在已知投资的未来收益分布的条件下，在给定置信水平下的投资的值即为 VaR。VaR 作为金融机构的风险评估指标，有特殊的应用价值。

2. VaR 在 1993 年由国际清算银行引入，国际上许多大的银行都用 VaR 计算交易下的可能损失。VaR 用于投资组合计算的基本思想和步骤包括：辨识市场因子，并将证券组合中的每一证券价值用市场因子表示；推测市场因子未来某一时期的变化情景；由市场因子的未来情景估测证券组合的未来价值（market-to-market）；求出损益分布，计算在给定置信度下的 VaR 值。

3. 计算 VaR 的方法不同，大体上可分为三大类：历史模拟法、蒙特·卡罗模拟法和分析方法。历史模拟法是一种简单的基于经验的方法，它不需要对市场因子的统计分布作出假设，而是直接根据 VaR 的定义进行计算，即根据收集到的市场因子的历史数据对证券组合的未来收益进行模拟，计算在给定置信度下的潜在损失。蒙特·卡罗模拟法与历史模拟法类似，它们的区别在于前者利用统计方法估计历史上市场因子运动的参数，然后模拟市场因子未来的变化情景，而后者则直接根据历史数据来模拟市场因子的未来变化情景。采用蒙特·卡罗模拟法计算 VaR 时，存在两个重要缺陷：其一是计算量大。一般来说，复杂证券组合往往包括不同币种的各种债券、股票、远期和期权等多种证券，其基础市场因子包括多种币种不同、期限不同的利率、汇率、股指等，由此构成一个庞大的因子集合。即使市场因子的数目比较少，对市场因子矢量的多元分布进行几千次甚至上万次的模拟也是非常困难的。其二难以满足经济问题时变性的需求。蒙特·卡罗模拟的维数高、静态法产生随机序列，均值和协方差矩阵不变，而经济问题中的变量都具有时变性，用静态的方法处理时变变量时必然会产生一定的偏差；而且传统蒙特·卡罗方法难于从高维的概率分布函数中抽样。分析方法是在假定市场因子的变化服从多元正态分布情形下，利用正态分布的统计特性简化计算的方法。

4. 条件在险价值 CVaR 具有可操作性，且满足一致性公理，特别是考虑左尾损失极值的风险测度。在投资过程中，对现有指标的熟悉与判断固然重要，但这只是一个基本的要求，经过多年的投资经验积累和思考，投资人应该有自己特有的投资心得，并把它转化成自己独有的财富，以更好地、更高效地得出符合自己投资期望的观察点。

复习思考题

1. VaR 比较适于度量哪一类金融风险，应用该指标作为风险估值应该注意哪些方法的问题。

2. 采用某个方法，选择一个局部金融市场，估计其风险价值。

第十三章
线性规划实验

【知识目标】

◇理解线性规划问题的原理

◇理解线性规划在金融问题中的使用场景

【素养目标】

◇了解线性规划在金融优化中的经济价值

◇掌握线性规划问题的设计与计算编程

【技能目标】

◇了解线性规划基础知识

◇掌握 linprog 函数的使用

◇掌握用线性规划求解资产组合问题的计算方法

第一节　线性规划基础知识

凸集合和凸线性规划是运筹学的支柱性理论，优化理论也是主要建立在凸集合和凸规划的基础之上。根据优化问题的可行解集合及目标和约束函数是否为凸，可将优化问题的解分为局部最优解和全局最优解。现在，优化算法种类繁多，根据其优化理论，将现有优化算法分为经典优化算法与启发式优化算法。运筹学及最优化的发展与其他科学理论的发展密切相关，如金融工程、数值计算等。

线性规划是运筹学中应用最广泛的模型之一。由于其理论与方法研究比较成熟，许多问题常借助线性规划模型来求解。自然科学和社会科学中许多问题都可以近似转化为线性规划问题。

一、基本概念

在现实生活中，许多重要的问题都涉及选取一个最好的目标，或者为达到这个目标而选择某些参数，确定某些值，这些问题都可以归结为最优化问题。对于一个最小值问题，其形式的描述为数学规划模型的一般形式，即：

$$(fs)\begin{cases}\min f(x)\\ s.t.\ x\in S\end{cases}$$

其中，$S\in R^n$ 为约束集合或可行集；$f: S\rightarrow R$ 为目标函数；若 $x\in S$，则称 x 为问题（fs）的可行解。显然，只要改变目标函数的符号，最大值问题就可以转变为最小值问题，因此，在本章中都是以最小值问题为标准化问题，即优化问题的目标函数为 $\min f(x)$ 的形式。

二、线性最优化

线性最优化又称为线性规划，是运筹学中应用最广泛的一个分支，这是因为自然科学和社会科学中许多问题都可以近似转化为线性规划问题。

线性规划的一般形式为：

$$\min z = c_1x_1 + c_2x_2 + \cdots + c_nx_n$$

$$s.t.\begin{cases}a_{11}x_1 + a_{12}x_2 + \cdots + a_{1n}x_n \leqslant b_1\\ a_{21}x_1 + a_{22}x_2 + \cdots + a_{2n}x_n \leqslant b_2\\ \qquad\vdots\\ a_{m1}x_1 + a_{m2}x_2 + \cdots + a_{mn}x_n \leqslant b_m\\ x_1,\ x_2,\ \cdots,\ x_n \geqslant 0\end{cases}$$

线性规划理论和算法的研究发展共经历了三个阶段，每个阶段都引起了社会的极大关注。线性规划研究的第一次高潮是著名的单纯形法的研究。这一方法是乔治·伯纳德·丹齐格（George Bernard Dantzig）在 1947 年提出的，它以成熟的算法理论和完善的算法及软件统领线性规划达 30 多年。随着 20 世纪 60 年代发展起来的计算复杂性理论的研究，单纯形法在 70 年代末受到了挑战。1979 年，苏联数学家日涅夫·哈奇杨（Leonid Khachiyan）提出了第一个理论上优于单纯形法的所谓多项式时间算法——椭球法，曾成为轰动一时的新闻，并掀起了研究线性规划的第二次高潮。但遗憾的是广泛的数值试验表明，椭球法的计算不及单纯形法。1984 年，卡玛卡（Karmarkar）提出了求解线性规划的另一个多项式时间算法。这个算法从理论和数值上都优于椭球法，因而引起学术界极大关注，并由此掀起了研究线性规划的第三次高潮。从那以后，许多学者致力于改进和完善这一算法，得到了许多改进算法。这些算法运用不同的思想方法均获得通过可行域内部的迭代点列，因此统称为解线性规划问题的内点算法。目前内点算法正以不可抗拒的趋势超越和替代单纯形法。

第二节 linprog 函数

linprog 函数在 MATLAB 优化工具箱 Optimization - Toolbox 中，针对线性函数模型。

$$\min f^T x \quad s.t. \begin{cases} A \cdot x \leqslant b \\ Aeq \cdot x = beq \\ lb \leqslant x \leqslant ub \end{cases}$$

where f, x, b, beq, lb and ub are vectors and A and Aeq are matrics

linprog 函数计算算法：

（1）约束优化问题的拉格朗日乘法（即内点法）。该算法本章不讲，可以参看约束规划问题相关章节。

（2）单纯形法 Simplex。

linprog 函数格式如下：

[x,fval,exitflag,output,lambda] = linprog(f,A,b,Aeq,beq,lb,ub,x0,options)

输入参数：

>> f：目标函数系数向量；

>> A：不等式约束系数矩阵；

>> b：不等式约束常数向量；

>> Aeq：等式约束系数矩阵；

>> Beq：等式约束常数向量；

>> lb：x 的可行域下界；

>> ub：x 的可行域上界；

>> x0：初始迭代点（这个与 linprog 使用的算法有关）；

>> options：优化参数设置。

输出参数：

>> x：线性优化问题最优解；

>> fval：最优目标函数值；

>> exitflag：算法停止原因；

>> output：优化结果的约束信息；

>> lambda：结果 x 对应的拉格朗日乘子。

输出参数说明如下：

（1）exitflag：返回算法迭代停止的原因。

>>1 算法收敛于解 x，即 x 是线性规划的最优解；

>>0 算法达到最大迭代次数停止迭代，即 x 不一定是线性规划的最优解；

>> -2 算法没有找到可行解，即算法求解失败，问题的可行解集合为空；

>> -3 原问题无界，即最优解可能为正（负）无穷大；

>> -4 在算法中出现除零问题或其他问题导致变量出现非数值情况；

>> -5 线性规划的原问题与对偶问题都不可解；

>> -7 可行搜索方向向量过小，无法再提高最优解质量。

（2）lambda：返回解的拉格朗日乘子与约束符合情况。

>> lower 求得的解越下界；

>> upper 求得的解越上界；

>> neqlin 求得的解不满足不等式约束；

>> eqlin 求得的解不满足等式约束。

（3）output：返回算法信息。

>> aAlgorithm 计算时使用的优化算法；

>> cgiterations 共轭梯度迭代次数（只有大规模算法时有）；

>> iterations 算法迭代次数；

>> exit message 返回结束信息。

【例 13 -1】线性优化问题如下：

$$\min f = -x_1 - x_2 - x_3$$

$$\text{s. t.}\begin{cases}7x_1 + 3x_2 + 9x_3 \leqslant 1\\ 8x_1 + 5x_2 + 4x_3 \leqslant 1\\ 6x_1 + 9x_2 + 5x_3 \leqslant 1\\ x_1,\ x_2,\ x_3 \geqslant 0\end{cases}$$

使用[x,fval,exitflag,output,lambda] = linprog(f,A,b,Aeq,Beq,lb,ub)的对应程序 Atest1. m 的代码如下：

```
f = [ -1, -1, -1]  %目标函数系数
A = [7,3,9;8,5,4;6,9,5]  %不等式约束的系数矩阵
b = [1,1,1]  %不等式约束 Ax < b 中的 b
Aeq = [ ]  %等式约束的系数矩阵（该问题无等式约束，Aeq 为空）
beq = [ ]  %等式约束的 beq（该问题无等式约束，beq 为空）
lb = [0,0,0]  %变量的下界
ub = [ ]  %变量的上界（无上界约束，ub 为空）
[x,fval,exitflag,output,lambda] = linprog(f,A,b,Aeq,beq,lb,ub)
```

计算输出结果如下：

```
Optimization terminated. （优化算法计算结束）
x =
    0.0870
    0.0356
    0.0316              （最优解）
fval =
      -0.1542           （最优解对应的函数值）
exitflag =
         1              （算法收敛于解 x，即 x 是线性规划的最优解）
output =
       iterations：7（算法迭代 7 次）
algorithm：'large-scale：interior point'（使用的算法是内点法）
cgiterations：0         （共轭梯度迭代 0 次，没有使用共轭梯度迭代）
message：'Optimization terminated.'   （算法正常停止）
lambda =
         ineqlin：[3x1 double]
         eqlin：[0x1 double]
         upper：[3x1 double]
         lower：[3x1 double]
lambda.ineqlin = [0.0593,0.0079,0.087]（符合约束条件）
```

第三节　线性规划求解资产组合问题

【例 13－2】 某资产组合中有 3 种资产，各资产收益率分别为 0.2、0.1、0.15。要求资产 1 与资产 3 权重之和小于资产 2 的权重，且没有卖空。求解使得上述收益率最大的投资组合。

首先确定目标函数为：

$$\max 0.2x_1 + 0.1x_2 + 0.15x_3$$

资产约束条件可写为：

$$x_1 + x_3 \leqslant x_2,\ x_1 + x_2 + x_3 = 1 \text{ 且 } 0 \leqslant x_1、x_2 \leqslant 1,\ 0.1 \leqslant x_3 \leqslant 1$$

在 MATLAB 中执行如下命令：

```
>> f = [ -0.2 -0.1 -0.15];  % 目标函数的向量
>> a = [1 -1 1];
>> b = 0;
>> aeq = [1 1 1];
>> beq = 1;
```

```
>> lb = [0 0 0.1];
>> ub = [1 1 1];
>> x = linprog(f,a,b,aeq,beq,lb,ub)
```

程序运行结果为：

```
Optimization terminated.
x =
    0.4000
    0.5000
    0.1000
```

最后得出资产1、2、3权重分别为0.4、0.5、0.1。

本章小结

1. 在现实生活中，许多重要的问题都涉及选取一个最好的目标，或者为达到这个目标而选择某些参数，确定某些值，这些问题都可以归结为最优化问题。如果目标函数及约束条件均为线性的，则要解决的问题即线性规划问题。

2. 求解线性规划问题经常用到的函数是linprog函数。此函数在进行调用时要注意各个输入参数和输出参数的意义。

3. 线性规划可应用到寻找最优的投资组合问题，也涉及linprog函数的调用。

复习思考题

1. 生产计划问题。

假设某厂计划生产甲、乙两种产品，现库存主要材料有A类3600公斤，B类2000公斤，C类3000公斤。每件甲产品需用材料A类9公斤，B类4公斤，C类3公斤。每件乙产品需用材料A类4公斤，B类5公斤，C类10公斤。甲单位产品的利润为70元，乙单位产品的利润为120元。问：如何安排生产，才能使该厂所获的利润最大？

2. 求解线性规划问题：

$$\min f = 5x_1 + x_2 + 2x_3 + 3x_4 + x_5$$

$$\text{s. t.}\begin{cases} -2x_1 + x_2 - x_3 + x_4 - 3x_5 \leqslant 1 \\ 2x_1 + 3x_2 - x_3 + 2x_4 + x_5 \leqslant -2 \\ 0 \leqslant x_j \leqslant 1 \quad j = 1,\ 2,\ 3,\ 4,\ 5 \end{cases}$$

第十四章 二次规划实验

【知识目标】

◇理解二次规划问题的原理

◇理解二次规划在金融问题中的使用场景

【素养目标】

◇了解二次规划在金融优化中的经济价值

◇掌握二次规划问题的设计与计算编程

【技能目标】

◇了解二次规划的基本原理

◇掌握 quadprog 函数的调用方法

◇掌握二次规划求解资产组合问题的计算方法

第一节 二次规划基础知识及应用实例

一、二次规划简介

二次规划是非线性优化中的一种特殊情形，它的目标函数是二次实函数，约束函数都是线性函数。由于二次规划比较简单，便于求解（仅次于线性规划），并且一些非线性优化问题可以转化为求解一系列的二次规划问题，因此，二次规划的求解方法较早引起人们的重视，成为求解非线性优化的一个重要途径。

二次优化问题简称为 QP（quadratic programming）问题（二次规划），标准形式如下：

$$\min q(x)=\frac{1}{2}x^{T}Hx+f^{T}x$$

$$\text{s.t.}\quad A_1x_1\leqslant b_1$$

$$A_2x_2=b_2$$

其中，$H\in R^{n\times n}$为 n 阶对称阵，$f\in R^{n}$，$x\in R^{n}$。下标 1 表示不等

式约束，下标 2 表示等式约束。

注：若 H 正定，则问题为凸二次规划问题，有唯一的全局解。

二、马柯维茨均值—方差模型

（一）理论背景

资产投资组合指的是投资者同时投资于多种证券，如股票、债券、银行存款等。投资组合不是券种的简单随意组合，它体现了投资者的意愿和投资者所受到的约束，即受到投资者对投资收益的权衡、投资比例的分配、投资风险的偏好等的限制。

现代资产组合理论最初是由美国经济学家哈里·马柯维茨（Markowits）于 1952 年创立的，是投资者对各种风险资产的选择而形成的投资组合。由于资产投资收入受到多种因素的影响而具有不确性，因此，人们在投资过程中往往通过分散投资的方法来规避投资中的系统性风险和非系统性风险，实现投资效用的最大化。资产投资组合管理的主要内容就是研究风险和收益的关系。一般情况下风险与收益呈正相关的关系，即收益越高，风险越大；反之，收益越小，风险越小。理性的投资者在风险一定的条件下，选择收益大的投资组合；在收益一定的条件下，选择风险小的资产投资组合。

马柯维茨认为最佳投资组合应当是具有风险厌恶特征的投资者的无差异曲线和资产的有效边界线的交点。威廉·夏普（Sharpe）则在其基础上提出了单指数模型，并提出以对角线模式来简化方差—协方差矩阵中的非对角线元素。他据此建立了资本资产定价模型（CAPM），指出无风险资产收益率与有效率风险资产组合收益率之间的连线代表了各种风险偏好的投资者组合。根据上述理论，投资者在追求收益和厌恶风险的驱动下，会根据组合风险收益的变化调整资产组合的构成，进而会影响到市场均衡价格的形成。

（二）理论主要内容

马柯维茨认为投资者都是风险规避者，他们不愿意承担没有相应期望收益加以补偿的外加风险。投资者可以用多元化的证券组合，将期望收益的离差减至最小，因此马柯维茨根据一套复杂的数学方法来解决如何通过多元化的组合规避资产风险的问题。

1. 假设条件

（1）证券市场是有效的，且不存在交易费用和税收，每个投资者都是价格接受者。投资者考虑每次投资选择时，其依据是某一持仓时间内的证券收益的概率分布。

（2）投资者的目标是在给定的风险水平上收益最大或在给定的收益水平上风险最低。投资者根据证券的期望收益率估测证券组合的风险。

（3）投资者的决定依据的仅仅是证券的风险和收益。在一定的风险水平上，投资者期望收益最大；相对应的是在一定的收益水平上，投资者希望风险最小。

（4）投资者将基于收益的均值和标准差或方差来选择最优资产投资组合，如果要他们选择风险（方差）较高的方案，他们都会要求超额收益作为补偿。

2. 基本原理

利用马柯维茨模型，在承认市场是有效的，且在不考虑交易成本的基础上，将收益率作为衡量单只股票的收益指标，而将收益率标准差作为衡量单只股票的风险指标。当然，标准差越大，说明该只股票的投资风险也越大，反之亦然。而一种股票收益的均值衡量的是该股票的平均收益情况，收益的方差则衡量该种股票的波动程度，收益的标准差越大，代表收益越不稳定。两种及两种以上股票之间的协方差表现为这些股票之间的相关程度。它们的协方差为0时，表现为其中一个股票的变化对其他股票没有任何影响，即为不相关；协方差为正数时表现为他们正相关，协方差越大则正相关性越强；协方差为负数时表示他们负相关，协方差越大则负相关越强。

3. 主要内容

假定投资者有一笔资金投资两种风险资产，则投资者在证券1和证券2上的初期资产比例就是W和（1 - W）。随着两种证券相关性的不同，资产组合收益率的方差会发生变化，且相关性越低，组合的方差越低。因此，通过在这两种证券之间的适当比重，可以构造一个方差比原来两种证券方差都要小得多的资产组合。

（1）风险的度量。在一定时期内，资产收益率是该资产期初与期末价格差额的相对数，即：

$$r_{it} = \frac{(P_{it} - P_{it-1}) + D_{it}}{P_{it-1}}$$

其中，r_{it}为资产i在第t期的收益率；P_{it}、P_{it-1}分别为资产i在第t、t - 1期的期末价格；D_{it}为资产i在第t期的现金股利；t = 1，2，…，T。

对于任意资产而言，由于其未来的收益存在一定的不确定性，因此存在着风险。为了对其风险进行度量，可将资产的收益率视为随机变量，并根据其收益率概率分布的历史信息，利用收益率的均值和方差估计该资产的未来收益和风险，即：

$$\mu_i = E(r_i) = \frac{1}{T}\sum_{t=1}^{T} r_{it}$$

$$\sigma_i^2 = var(r_i) = \frac{1}{T}\sum_{t=1}^{T} (r_{it} - \mu_i)^2$$

$$\sigma_{ij} = cov(r_i, r_j) = \frac{1}{T}\sum_{t=1}^{T} (r_{it} - \mu_i)(r_{jt} - \mu_j)$$

对于由 N 种资产构成的资产组合 p 中，其收益和风险为：

$$\mu_p = E(r_p) = E(\sum_{i=1}^{N} x_i r_i) = \sum_{i=1}^{N} x_i \mu_i$$

$$\sigma_p^2 = var(r_p) = var(\sum_{i=1}^{N} x_i r_i) = X' \sum X$$

其中，x_i 为资产 i 在资产组合 p 中所占权重，$X = [x_1, \cdots, x_N]'$，σ_{ij}为证券 i 与 j 收益率之间的协方差，代表证券间的相关程度，当 i - j 时表示证券收益率的方差；$\sum$ 为证券收益率的方差协方差矩阵。

不难发现，资产组合的收益是组合中各资产收益的加权平均，而资产组合的风险除依赖于组合中各资产风险和该资产所占权重外，还取决于各资产收益率之间的协方差。投资分散化原则就是根据不同资产间相关程度的差异对资产组合风险的影响，进行多元化投资以达到分散风险的目的。

(2) 均值方差模型。马柯维茨根据资产组合收益与风险的关系，提出资产组合的选择原则，即在既定风险水平下，收益最大；或者在既定收益水平下，风险最小。依据这一原则，加入卖空与否的限制条件便可得到均值—方差模型。在不允许卖空的条件下的模型为：

$$\min\sigma_p^2 = \sum_{i=1}^{N} x_i^2 \sigma_i^2 + \sum_{i=1}^{N} \sum_{\substack{j=1 \\ j\neq i}}^{N} x_i x_j \sigma_{ij}$$

$$s.t.\begin{cases} \sum_{i=1}^{N} x_i \mu_i = \mu_p \\ \sum_{i=1}^{N} x_i = 1 \\ x_i \geqslant 0 (i = 1, 2, \cdots, N) \end{cases}$$

在允许卖空的条件下的模型为：

$$\min\sigma_p^2 = \sum_{i=1}^{N} x_i^2 \sigma_i^2 + \sum_{i=1}^{N} \sum_{\substack{j=1 \\ j\neq i}}^{N} x_i x_j \sigma_{ij}$$

$$s.t.\begin{cases} \sum_{i=1}^{N} x_i \mu_i = \mu_p \\ \sum_{i=1}^{N} x_i = 1 \end{cases}$$

第二节　二次规划函数的调用

一、quadprog 函数的调用

二次优化问题是指以目标函数为自变量的二次函数，约束条件全是线性函数的问题。

其标准形式为：

$$\min_{x}\frac{1}{2}x^{T}Hx+f^{T}x$$

$$\text{s.t.}\quad A\cdot x\leqslant b$$

$$Aeq\cdot x=beq$$

$$lb\leqslant x\leqslant ub$$

其中，H，A 和 Aeq 为矩阵，f，b，beq，lb，ub 和 x 为向量。

在 MATLAB 中，二次优化问题用 quadprog 函数进行求解。

功能：求解二次规划问题。

格式：

```
x = quadprog(H,f,A,b)
x = quadprog(H,f,A,b,Aeq,beq)
x = quadprog(H,f,A,b,Aeq,beq,lb,ub)
x = quadprog(H,f,A,b,Aeq,beq,lb,ub,x0)
x = quadprog(H,f,A,b,Aeq,beq,lb,ub,x0,options)
x = quadprog(H,f,A,b,Aeq,beq,lb,ub,x0,options,p1,p2,...)
[x,fval] = quadprog(...)
[x,fval,exitflag] = quadprog(...)
[x,fval,exitflag,output] = quadprog(...)
[x,fval,exitflag,output,lambda] = quadprog(...)
```

说明：

x = quadprog(H,f,A,b)——返回向量 x，最小化函数 1/2 * x' * H * x + f' * x，其约束条件为 A * x≤b。

x = quadprog(H,f,A,b,Aeq,beq)——仍求上面的解，但添加了等式约束条件 Aeq * x = beq。

x = quadprog(H,f,A,b,Aeq,beq,lb,ub)——定义设计变量的下界 lb 和上界 ub，使得 lb≤x≤ub。

x = quadprog(H,f,A,b,Aeq,beq,lb,ub,x0)——同上，并设置初

值 x0。

x = quadprog(H,f,A,b,Aeq,beq,lb,ub,x0,options)——根据 options 参数指定的优化参数进行最小化。

x = quadprog(H,f,A,b,Aeq,beq,lb,ub,x0,options,p1,p2,...)——将参数 p1，p2 等直接输给 Hessian 乘子函数，如果存在，用 options 参数中的 HessMult 属性指定。

[x,fval] = quadprog(...)——返回解 x 处的目标函数 fval = 1/2 * x' * H * x + f' * x。

[x,fval,exitflag] = quadprog(...)——返回 exitflag 参数，描述计算的退出条件。

[x,fval,exitflag,output] = quadprog(...)——返回包含优化信息的结构输出 output。

[x,fval,exitflag,output,lambda] = quadprog(...)——返回解 x 处包含 Lagrange 乘子的 lambda 参数。

各变量的意义同前。

【例 14-1】 求解：

$$\min y = (x_1 + x_2)^2 + (x_1 + x_3)^2 - x_1^2 - 2x_1 - 4x_2 - 6x_3$$

$$\text{s.t.}\quad \begin{aligned} & x_1 + x_2 \leqslant 2 \\ & x_3 + x_2 \leqslant 3 \\ & x_1 + x_3 \leqslant 4 \\ & x_1 + x_2 + x_3 = 3.5 \\ & x_1,\ x_2,\ x_3 \geqslant 0 \end{aligned}$$

【实验内容与步骤】

第一步，化为标准形式：

由 $y = x_1^2 + x_2^2 + 2x_1x_2 + 2x_1x_3 - 2x_1 - 4x_2 - 6x_3$

$$= \frac{1}{2}(2x_1^2 + 2x_2^2 + 4x_1x_2 + 4x_1x_3) - 2x_1 - 4x_2 - 6x_3$$

可知：

$H = \begin{pmatrix} 2 & 2 & 2 \\ 2 & 0 & 2 \end{pmatrix}$ 为不定矩阵，约束不必改动。

第二步，在编辑窗口建立一个存放各种信息的 M 文件。

【实验编程与结果】

输入如下指令：

```
H=[2 2 2;2 2 0;2 0 2];
f=[-2 -4 -6];
A=[1 1 0; 0 1 1; 1 0 1];
b=[2;3;4];
C=[1 1 1];
```

```
d = [3.5];
xm = [0;0;0];
xM = [ ];
[x,y] = quadprog(H,f,A,b,C,d,xm,xM)
```

输出以下结果：

```
Warning: Large-scale method does not currently solve this problem formulation, switching to medium-scale method.
> In C:\MATLAB6p5\toolbox\optim\quadprog.m at line 213
Optimization terminated successfully.
x =
    0.5000
    1.0000
    2.0000
y =
   -8.7500
```

二、二次规划求解资产组合问题

【例 14-2】资产组合中有 5 种资产，各资产收益率和协方差矩阵如表 14-1 所示。

表 14-1　　各资产收益率和协方差矩阵

项目		资产 1	资产 2	资产 3	资产 4	资产 5
协方差矩阵	资产 1	0.02	0.05	-0.01	0.03	0.05
	资产 2	0.05	0.3	0.015	0.01	0.03
	资产 3	-0.01	0.015	0.1	0.02	0.01
	资产 4	0.03	0.01	0.02	0.1	0.015
	资产 5	0.05	0.03	0.01	0.015	0.15
预期收益率		0.2	0.14	0.12	0.05	0.07

要求：寻找最优投资组合，使得资产组合收益率为 0.1，且该组合为方差最小资产组合。

输入以下指令：

```
H = [0.02,0.05, -0.01,0.03,0.05;0.05,0.3,0.015,0.01,0.03;
-0.01,0.015,0.1,0.02,0.01;…0.03,0.01,0.02,0.1,0.015;0.05,
0.03,0.01,0.015,0.15]%各资产协方差矩阵
q = [0 0 0 0 0];
aeq = [1 1 1 1 1;0.2,0.14,0.12,0.05,0.07];   %等式约束条件
```

```
beq = [1;0.1];
lb = [0 0 0 0 0];   %权重下界
ub = [1 1 1 1 1];   %权重上界
quadprog(H,q,[],[],aeq,beq,lb,ub)
```

输出结果为:

```
H =
    0.2000    0.0500    -0.0100    0.0300
    0.0500    0.3000     0.0150    0.0100
   -0.0100    0.0150     0.1000    0.0200
    0.0300    0.0100     0.0200    0.1000
    0.0500    0.0300     0.0100    0.0150
Warning: Large-scale method does not currently solve this problem formulation, using medium-scale method instead.
 > In quadprog at 267
   In Untitled2 at 8
Optimization terminated.
ans =
    0.1067
    0.0743
    0.3379
    0.2984
    0.1826
```

本章小结

1. 二次规划作为非线性优化的一种特殊情形，目标函数为二次实函数，约束函数为线性函数。应当了解二次规划的原理，只有对原理进行清晰的了解，才能熟练掌握。

2. 掌握马柯维茨均值—方差模型，并且将二次规划应用于最优投资组合的选择。

复习思考题

求解二次规划:

$$\min y = x_1^2 + x_2^2 - 2x_1 - 4x_2 - 6x_3$$

$$\text{s. t. } x_1 + x_2 \leqslant 2$$

$$x_3 + x_2 \leqslant 3$$

$$x_1 + x_3 \leqslant 4$$

$$x_1,\ x_2,\ x_3 \geqslant 0$$

附录　金融工具箱中的主要功能函数及其分类

一、利益期限结构计算

prbyzero：从零息票利率曲线对债权定价

disc2zero：将贴现曲线转化为零息票利率曲线

pyld2zero：将正向曲线转化为零息票利率曲线

termfit：使用样条工具箱对期限结构进行拟合

zbtprice：利用 BOOTSTRAP 方法根据债券价格计算零息票利率曲线

zbtyield：利用 BOOTSTRAP 方法根据债券收益计算零息票利率曲线

zero2disc：将零息票利率曲线转化为贴现曲线

zero2fwd：将零息票利率曲线转化为远期利率曲线

zero2pyld：将零息票利率曲线转化为平均收益曲线

二、期权估值与敏感度分析

blkprice：使用 black scholes 方法进行期权定价

glsgamma：black scholes 敏感度分析

blsprice：black scholes 公式计算看涨买权和看跌落期权价格

三、现金流回报率的计算

annurate：计算养老金周期利率

annuterm：计算回收期

irr：计算内部回报率

mirr：根据现金流计算修订内部回报率

nomrr：计算实际回报率

pvfix：计算固定周期支付的现值

四、投资组合优化分析

portsim：多资本回报时间序列模拟

portalloc：资本分配

portopt：任意约束条件的边界条件

portvrisk：投资组合风险值

portstats：可行域计算

参 考 文 献

1. 邓留保、李柏年、杨桂元编著:《MATLAB 与金融模型分析》，合肥工业大学出版社 2007 年版。

2. 金斯伯格、王正林著:《问道量化投资: 用 MATLAB 来敲门》，电子工业出版社 2012 年版。

3. 马孝先编著:《金融经济学》，清华大学出版社 2014 年版。

4. 张树德著:《MATLAB 金融计算与金融数据处理》，北京航空航天大学出版社 2008 年版。

5. 郑振龙、陈蓉主编:《金融工程》（第四版），高等教育出版社 2016 年版。

6. 郑志勇编著:《金融数量分析——基于 MATLAB 编程》（第三版），北京航空航天大学出版社 2016 年版。

7. Don L. McLeish. *Monte Carlo Simulation and Finance* [M]. John Wiley & Sons Inc Hoboken Nj, 2005.